SACHBUCH

Margret Arminger

Und plötzlich war ich nicht mehr Dein Kind . . .

Briefe einer Tochter an ihre Mutter

WILHELM HEYNE VERLAG
MÜNCHEN

HEYNE SACHBUCH
Nr. 19/2015

Meiner Mutter, die mir als Kind
die Kraft zu diesem Buch gab.

Genehmigte und ungekürzte Taschenbuchausgabe
im Wilhelm Heyne Verlag GmbH & Co. KG, München

Printed in Germany 1992
Umschlaggestaltung: Atelier Adolf Bachmann, Reischach
Satz: Typobauer Filmsatz GmbH, Ostfildern
Druck und Verarbeitung: Ebner Ulm

ISBN 3-453-06018-0

»Um sie kein Ort, noch weniger
eine Zeit. Von ihnen sprechen
ist Verlegenheit.
Die Mütter sind es ...«

Goethe, *Faust II*

Mit einem weinenden und einem lachenden Auge ...

Normalerweise führen Gedanken zu einem Buch, mehr oder minder schwere, leicht verständliche oder komplizierte. Zu diesem Buch führte ein Lachen.

Es war ein mitleidiges Lachen, die Antwort auf die Frage: »Warum schreibst du nicht einmal ein Buch über Frauen?« Es war ein Mann, der diese Frage stellte, und die Antwort auf mein Lachen war eine männliche: »Es muß ja nicht der übliche feministische Quatsch sein.«

Was ist Feminismus, was ist Quatsch?

Meinem Lachen folgte ein noch mitleidigeres Lächeln, und ich verwies ihn auf die Frauen-Männer-Abteilung in meiner Bibliothek. Da wurden die Grenzen des jeweiligen Geschlechts abgesteckt, gerätselt, was typisch weiblich und typisch männlich ist, da war von selbstbewußten und verunsicherten Männern die Rede, von kleinen und größeren Unterschieden, da entdeckten Töchter im eigenen Spiegelbild die Mütter, da wurde die Stärke weiblicher Schwäche verherrlicht oder den Frauen das Recht auf mehr Männer zugesprochen. Den feministischen Büchern machten mehr oder weniger frauenfeindliche Konkurrenz; dazwischen suchten zaghaft Männer nach einem neuen Rollenbild.

Quatsch war nichts davon. Irgendwo hatte jeder für seinen Teil recht und versuchte, dies auch noch mit wissenschaftlichen Daten zu untermauern.

Angesichts des Berges Fachliteratur zum Thema Geschlechterkampf unterstrich ich mein mitleidig-geringschätziges Lachen mit der Feststellung: »Bücher über Frauen sind out!« Die vielen mehr oder minder spektakulären Thesen über das Zusammenleben von Mann und Frau erschienen mir als der sprechendste Beweis dafür.

In Jahren voller Emanzipationsgerede war zuviel zerredet worden. Längst waren auch die Zeiten vorbei, in denen ich als Journalistin begierig über neue Frauenbücher, feministische Zeitschriften oder Frauentagungen geschrieben hatte, längst galt es, sich mit atomarer Bedrohung, Waldsterben, dem Krieg der Sterne und anderer chemisch-geistiger Verschmutzung auseinanderzusetzen.

Das neue Schlagwort hieß *New Age,* und das heraufziehende Wassermann-Zeitalter war zu aufregend und geheimnisvoll, um sich den Kopf weiterhin über männlich oder weiblich zu zerbrechen. So viel Unbekanntes war über den Menschen und seine Umwelt zu entdecken, und diesmal war nicht von Rechten der Frauen und Männer die Rede, sondern von Yin und Yang und davon, daß Männlein freudig Weibliches in sich begrüßen durften und Weiblein die aktive männliche Kraft in sich entdecken sollten.

Nicht, daß ich über diesen neuen Männern und Frauen, über dem neuen, sanfteren »Feeling«, das sich überall breitmachte, die Verdienste des Feminismus vergessen hätte – im Gegenteil: In einem gewissen Sinne war die Frauenbewegung für mich die Geburtshelferin einer neuen Art von Lebensqualität, aus der ich mir jeweils das geholt hatte, was mir gerade ins Konzept paßte. Ich war damit nicht die einzige. Viele sogenannte emanzipierte Frauen hatten neue Rechte und neues Bewußtsein flugs vereinnahmt, um dann die Befreiung der Frau als überholt hinter sich zu lassen. Auf der anderen Seite holte sich auch die Zurück-zum-Herd-Bewegung ihre Ideen von neuer Weiblichkeit vom Feminismus, ebenso wie karrieresüchtige Damen, die in der Männerwelt noch rauhere Sitten als gewohnt einführten, auf die Frauenbewegung pochten. Dazwischen lag die große Schar jener, die sich beim Gerede von mehr Freiheit die Ohren zuhielten.

Kein Wunder also, daß nach dem ersten, ebenso erfolgreichen wie turbulenten Jahrzehnt die Sache der Frauen auf der Stelle zu treten schien.

»Echte Wandlungen dauern Generationen, und jeder liest aus Büchern immer nur das heraus, was er selber braucht. Darum ist zum Thema Frauen nichts Neues mehr zu sagen!« So ähnlich unterstrich ich – abermals lachend – meine Behauptung: »Frauenbücher sind out.«

Eine Woche später lachte ich nicht mehr. Meine Sicherheit in puncto überholte Frauenbücher wurde angeknackst, und dahinter steckte nicht irgendeine Theorie, sondern der praktische Alltag dreier Generationen von Frauen. Wie der Zufall manchmal so spielt, geriet ich in eine Frauenrunde – in keine feministische, sondern eher in ein Frauentreffen, das überall und immer stattfinden könnte: in der Stadt, auf dem Land, heute, morgen oder gestern.

Ich schrieb gerade an einem Artikel über den Menschen von morgen, als das Telefon läutete und meine Mutter mich bat, ich möge sie bei einer Freundin abholen, da ihr Auto streike.

Ich schob die Zeilen über den zukünftigen Artgenossen zur Seite – nicht ahnend, daß seine »Fertigstellung« länger als die kurze Autofahrt dauern würde.

Aus dem bloßen Abholen wurde natürlich nichts. Ins Haus zu einer Tasse Kaffee eingeladen, fand ich mich plötzlich in einer äußerst gegensätzlichen Damenrunde. Die Freundin meiner Mutter entpuppte sich als verunsicherte Mutter einer BH-verbrennenden Feministin. Sie wußte nicht, ob sie auf den Protest der Tochter stolz sein sollte oder nicht, und diskutierte darüber heftig mit einer naturverbundenen Nachbarin, die vom »grünen

Weg zurück« sprach, der solche Proteste lächerlich mache. Dazwischen platzte eine junge berufstätige Mutter, die ihren kleinen Sohn von der Gastgeberin abholte – sie wußte von anderen, schwererwiegenden Problemen zu sprechen, die in der Welt der Männer auszustehen seien. Meine Mutter beschwor schließlich die gute alte Zeit herauf, in der niemand auf solch abwegige Ideen gekommen wäre. Von der Scheiterhaufenzeremonie für Unterwäsche kam man auf streitbare Frauen zu sprechen, auf mehr oder minder arme Männer und natürlich auf die Kinder als Opfer.

Der Sohn der gestreßt dreinblickenden berufstätigen Mutter hatte sich in eine Ecke zur Tochter der »grünen Dame« verflüchtigt, und für beide schien die Welt nur aus Holzklötzen zu bestehen. Oder doch nicht? Verstanden die beiden Vierjährigen etwas von der Diskussion, deren Sprachregelung für die Opfer ebenso verschieden war wie für die Verfechterinnen? Aus Schlüsselkindern egoistischer und ehrgeiziger Mütter wurden die Sprößlinge von Nur-Hausfrauen, die unter einem »Mama-Syndrom« litten; aus der Naturecke heraus wurde die allgemeine Wurzellosigkeit beklagt, und ich – in Gedanken noch immer ein wenig bei meinem neuen Menschen – wies auf zunehmende Lieb- und Verständnislosigkeit hin.

Wahrscheinlich war gerade dies verständnislos. Auf der Heimfahrt und in einem Restaurant beim Abendessen, das den verlängerten Nachmittag abschloß, bekam ich von meiner Mutter die Lieblosigkeit zurückgezahlt. Nicht nur ich sei verständnislos, sondern auch all die anderen Frauen, »die meinen, sie müßten nur mit ihren Theorien kommen, um irgend etwas zu ändern«!

Ich wußte keine Antwort. Die Sprachlosigkeit, die sich zwischen Kindern und Müttern so gerne breitmacht, erschien mir plötzlich auch als die Sprachlosigkeit eines ganzen Geschlechts.

In meine Wohnung und zum neuen Menschen zurückgekehrt, schob ich diesen zur Seite. Plötzlich war ein alter Mensch wichtiger: der alte Mensch in mir, der in meiner Mutter, die vorgefaßten Ansichten und Meinungen der Freundin meiner Mutter, das Mädchen, aus dem die protestierende Verbrennerin geworden war – all die vielen Frauenschicksale, die ihr Jetzt aus der Vergangenheit heraus interpretieren.

Und wieder stand ich vor dem Bücherregal mit den vielen gescheiten Theorien, die meine Mutter angegriffen hatte. Haben wir die Frauenthemen nicht nur zerredet, sondern haben wir auch alle aneinander vorbeigeredet, fragte ich mich. Diese Frage war wahrscheinlich der zweite Taufpate zu diesem Buch. Nachdem ich es zuerst in die Welt gelacht hatte, folgten eine Woche später durch die Laune des Zufalls, der mich in die Frauenrunde geführt hatte, ernstere Gedanken, ernster vor allem darüber, wie man über Theorien hinweg eine neue, gemeinsame Sprache findet. Mir fiel jener alte orientalische Spruch ein, der meint: »Zeige einem Menschen zu viele Kamelknochen oder zeige sie ihm zu oft, und er wird ein lebendiges Kamel nicht erkennen, wenn ihm eines begegnet.«

War dies den Büchern, den Feministinnen und auch mir anzukreiden? Verbreiteten wir alle nur Wissen und keine Erfahrung, nur theoretische Informationen, die auf einem weißen Blatt Papier schön aussahen, aber deswegen nicht besser verstanden wurden? Zwischen all den bunten Bücherumschlägen fiel mein Blick plötzlich auf einen schmalen schwarzen Band: Oriana Fallacis berühmte *Briefe an ein niegeborenes Kind.* Irgendwann einmal während einer Zugfahrt verschlungen, war mir dieses seltsam berührende Werk viel besser in Erinnerung geblieben als die geschliffensten Reportagen und Interviews der Starjournalistin. In einfachen Worten schildert die Italienerin darin die fremde unbekannte Welt, die auf ihr Kind, auf alle Kinder zukommt. Kinder ... eine werdende Mutter ... Briefe.

Dies war wohl der ausschlaggebende Punkt. Mir fielen die Kinder in der uneinigen Frauenrunde ein, und ich fragte mich, wie sich die Unsicherheit der Mütter auf ihr Leben auswirken würde. Und mir fielen die verunsicherten Blicke meiner Mutter ein. Da entschloß ich mich, ebenfalls Briefe zu schreiben: Briefe, mit deren Hilfe ich von der Sprachlosigkeit der Sprache wegkommen wollte, Briefe, die das kleine Mädchen in mir entdecken sollten – und jenes kleine Mädchen, das einstmals meine Mutter war.

Ich weiß nicht, ob mir dies gelungen ist. Ich weiß aber wohl, daß ich nicht nur kleine Mädchen entdeckte, sondern auch Mißverständnis, Haß und Liebe, Leid und Trauer. Aus den Briefen, die Brücken schlagen sollten, wurden zeitweise aufgerissene Gräben. Die Männer spielen in diesen Briefen leider keine Rolle, weil sie in einer Männerwelt leben. Gegen diese Welt können wir aber nur ankämpfen, wenn wir bei uns selbst, bei den Frauen und Müttern, beginnen. Daher wurden es Briefe über die Erbsünde der Mutterschaft, weil Frausein heute vor allem noch immer Mutter- und nicht Menschsein heißt – eine Lektion, die wir bald erteilt bekommen: von der eigenen Mutter.

Darum folgte dem anfänglichen Lachen ein weinendes Auge. Heute, nach den vielen Briefen, betrachte ich dieses Buch sowohl mit einem weinenden wie mit einem lachenden Auge. Zuerst trauernd, dann aber hoffnungsvoll lachend, weil es gerade die Mütter waren, die mich zurück zu jenem Menschen von morgen führten, der zuerst zwischen Frauenproblemen unterzugehen drohte.

Darum sind dies keine Briefe ausschließlich an Frauen; es sind ebensogut Briefe an Männer, an Väter und Söhne. Vor allem aber sind es Briefe an Menschen, denen das enge Kostüm des Geschlechts langsam, aber sicher unbehaglich wird.

Margret Elisabeth Arminger

Der Weg zurück …

Und plötzlich war ich nicht mehr Dein Kind.

Wir saßen uns gegenüber, am anonymen Tisch in irgendeinem anonymen Gasthaus. Längst vergessen, wann und wo, vergessen auch das belanglose Gespräch. Nicht aber der Blick. Auge in Auge, dazwischen Fremdheit.

In meinen Augen viele Fragen, in den Deinen der Ruf nach Wärme, Liebe, Zärtlichkeit, Verständnis. Ich appellierte wegen einer Nichtigkeit an Deine Logik, Du an mein Herz.

Dann der Schatten in Deinen Augen. Es war der Augenblick, der uns trennte. Nach dreißig Jahren war ich plötzlich nicht mehr Dein Kind, war erstmals eine eigenständige Person.

Die Kühle in Deinen Augen: undurchdringbares Schwarz, ein analysierender, schneidender Blick. Nicht mehr länger das warme Haselnußbraun. Ich war nicht mehr nur die Tochter, nicht mehr Dein erweitertes Selbst.

Die Nabelschnur war gerissen.

Nicht mehr der alles umschlingende und alles verschlingende Mutterblick, sondern Augen, die Grenzen aufrichteten, Grenzen zwischen Dir und mir. Ich habe sie mir gewünscht, solange ich denken kann. Jetzt bin ich nicht mehr so sicher, ob ich sie will. Mich fröstelt. Wir waren nicht mehr Mutter und Tochter. Deine kühlen dunklen Augen: Es waren die Augen einer Frau, die eine andere mustert. Nicht mehr mit Liebe, sondern mit Haß.

Der Haß tut weh, klagt an.

Es ist grotesk: Das Kind in mir bettelt um Liebe, will das Haselnußbraun zurück. Und es ist dieses Kind, das plötzlich weiß, daß es den Weg zurück selber gehen muß. Einen Weg ohne Pflastersteine der Logik, auf die ich immer so stolz war, einen Weg, gepflastert mit Verständnis für Dich und mich. Für die Frau von gestern, die in der Erinnerung an Großmutter noch immer in Dir wohnt, für die Frau von heute, die wir beide sind, für die Frau von morgen. Vielleicht verblaßt dann auch wieder der Haß in Deinen Augen.

Vielleicht gelingt es mir, Logik und graue Theorie, meine Fragen und meine Klagen in Verständnis umzuwandeln. Weil Verständnis die Enttäuschung lindert. Die Enttäuschung, die uns Frauen zum hassenden Geschlecht gemacht hat.

1. Januar

Der Babykorb unter dem Christbaum spiegelte sich in Deinen strahlenden Augen. Ich war ein richtiges Christkind. Du erzählst sie auch heute noch gern, die Geschichte vom ersehnten Wunschkind, so freudig erwartet, wie Kinder dem Christkind entgegenfiebern.

Das Foto fiel mir gestern in die Hände. Die übliche Aufräumsucht am letzten Tag des alten Jahres. Das Staubtuch in der einen, Dein gerade eine Woche altes Mutterglück in der anderen Hand, vor allem aber im Kopf, blieb ich auf dem Boden vor der Truhe sitzen, versunken in hoffnungsvolle Augen und in ein zerknittertes Neugeborenengesicht, häßlich sogar unter dem schmeichelhaften Licht der Christbaumkerzen. Doch für Dich war ich sicherlich nicht häßlich, sondern die Erfüllung aller Träume, die Hoffnung auf so vieles: Schön würde ich sein, lustig und intelligent. Ein hübsches braves kleines Mädchen zuerst, später die Schülerin mit guten Noten, dann eine moderne junge Frau, die Mutter Deiner Enkelkinder.

Eile ich wieder einmal voraus?

Die Christbaumidylle – zeigt sie nur die Freude an dem neuen kleinen Wesen, das endlich nach neun langen Monaten des Wartens, der Vorfreude, aber auch des Bangens, auf der Welt ist?

Gefreut hast Du Dich. Du warst nicht eine jener Frauen, die enttäuscht sind, weil das erste Kind kein Junge ist. Als Mädchen war ich sogar besonders willkommen, hineingeboren in eine Familie, in der die Frauen – Du, die Tanten und die Großmutter – immer wieder auf ihre Vorliebe für Mädchen hinwiesen. Mit übergekreuzten Beinen noch immer auf dem Boden sitzend, hörte ich Großmutters Stimme: »Mit Söhnen kann man nicht rechnen, die gehören ihren Frauen; mit Töchtern ist das etwas anderes!« Und ich sah Dich vor mir, auf einem anderen Foto, sah uns beide: ich in meinem ersten Kleidchen mit dicken Babyfüßen und Babyspeck an den Händchen, aber bereits mit aufmerksamem Blick, der an Deinem Mund hängt; Du nickst mir aufmunternd zu, aufmunternd und wiederum hoffnungsvoll ...

Die Zeit, die am 31. Dezember noch schneller abläuft als sonst, riß mich von den Bildern los. Das Christbaumglück wurde im Album versteckt, das andere Bild wollte ich irgendwo im hintersten Winkel meines Gehirns unterbringen, aber es ließ mich nicht mehr los. Sogar am Nachmittag, beim Lockenwickeln für den festlichen Rutsch ins neue Jahr, sah ich noch Deine Augen – die Hoffnung darin.

Ich habe sie enttäuscht, ich weiß, enttäuscht nicht nur, weil ich nicht die gute Schülerin wurde, wie Du es erwartet hast, oder weil ich mich sträubte, ein hübsches und vor allem braves Mädchen zu sein, sondern weil ich auch nicht die Frau wurde, wie Du sie Dir vorgestellt hast.

Die Frau, die Du Dir noch immer vorstellst.

Irgendwann kurz vor Mitternacht, bei zuviel Sekt und zu lauter Musik, sah ich wieder Deine Augen, die hoffnungsvollen und die enttäuschten, und zwischen den vielen anderen guten Vorsätzen, die Jahreswechsel mit sich bringen, beschloß ich, mit Dir zu reden, wenigstens brieflich, mit geschriebenen Worten. Die gesprochenen sind längst nur mehr Plaudereien, denn zu reden, miteinander zu reden, wirklich miteinander zu reden, haben wir nie gelernt. Wir haben unsere Kaffeerunden und Familienfeste, auf denen getratscht und geplaudert wird. Wir jammern über Politik, Wetter, Teuerung und die schlechte Wirtschaftslage, aber reden, über uns sprechen, das können wir nicht.

»Das können die wenigsten Menschen«, wirst Du sagen, und ich gebe Dir recht, doch für Mütter und Töchter scheint ein Gespräch, scheinen Worte, die nicht auf der Oberfläche dahinplätschern, eine ganz besondere Hürde zu sein.

Ob es daran liegt, daß ich niemanden kenne, der für mich so schwer zu beschreiben ist wie Du?

Du bist alles und nichts.

Mächtig und erdrückend, dann wieder verschwindend klein, fast überflüssig. Bist wichtig und unwichtig zugleich, voll mit Liebe und ohne ein Fünkchen Verstehen.

Du bist der Mensch, den ich am längsten und besten kenne und von dem ich doch nichts weiß.

Immer warst Du nur: meine Mutter. Nie habe ich Dich als selbständige Person gesehen, als Mensch mit eigenen Ansichten, eigenem Willen, als Mensch, der aus und für sich lebt.

Ich habe Deinen Willen zwar zu spüren bekommen, Deine festen Ansichten kennengelernt – nur war es nie der Wille eines selbständigen Menschen, sondern der Wille meiner Mutter. Du darfst ruhig protestieren; ich weiß, Du bist eine starke Persönlichkeit – aber vielleicht kann ich es Dir anders erklären.

Ich sah Dich nie als die verführerische junge Frau im knappen Badeanzug, als die ich Dich jetzt mit dreißigjähriger Distanz im Familienalbum bewundern kann. Immer warst Du nur der Mensch, der mich von meinen selbstgebackenen Sandkuchen wegzog und das Kosten von Erde verhinderte. Das Parfüm, vor großen Bällen verschwenderisch hinter Deine Ohrläppchen getupft, roch genauso komisch, wie mir das raschelnde schwarze Taftabendkleid fremd war, wenn Du Dich vor einem Ball von uns verabschiedet hast. Du warst die Königin des Abends, doch wir Kinder sahen nur die Mutter, die uns plötzlich fremd war.

Manchmal treffe ich alte Bekannte von Dir, die mir vorschwärmen, wie phantasievoll, wie erfinderisch Du warst, lustig und geistreich zugleich. Dann bekomme ich beinahe Lust, Dich auch so kennenzulernen. Nicht als Mutter, sondern als Mensch …

5. Januar

Als ich vor einer Stunde heimkam, saß sie auf der Treppe: zehn schmollende Jahre alt, Jeans statt Faltenrock, Tennisschuhe anstelle von Lackschuhen – und eine gute Generation jünger als ich. Trotzdem saß ich plötzlich neben ihr in Gedanken an viele trotzige Stunden. Ein Trotz, der Dir galt. Dann, einen Stock höher, stand ich neben der Mutter des Mädchens. Sie rief besorgt nach ihm, besorgt, aber auch wütend.

Da beschloß ich, den nächsten Brief zu schreiben, in dem von jenem Teufelskreis die Rede sein soll, der vor allem Mütter und Töchter aneinanderschmiedet. Das weiße Briefpapier, mit dessen Hilfe ich mich auf den Weg zu Dir mache, scheint die Dinge zu filtern: Plötzlich sehe ich Dich mit den Augen einer Frau, nicht länger mit denen des Kindes. Für dieses warst Du nie jung, nie verführerisch oder intelligent, nie strahlender Mittelpunkt, nie begehrt. Für das Kind warst Du nur Mutter, was zuviel Strenge bedeutete und zuwenig Fröhlichkeit. Jahre später, für das junge Mädchen, warst Du zuviel da, wolltest zuviel wissen. Wie bei vielen Müttern und Töchtern: immer ein wenig zuviel und ein bißchen zuwenig.

So, wie ich Dir heute mit zuviel grauer Theorie komme und mit zuwenig Zuneigung.

So, wie ich Dich zuwenig als Mensch gesehen habe und zuviel als Mutter.

So, wie Du mich immer nur als Kind, als Dein Kind gesehen hast, bis ich plötzlich nicht mehr Dein Kind war, bis der heimliche Haß in Deinen Augen die Liebe überdeckte. Es war der Haß der Mutter und der der Frau.

Stelle ich als Tochter, die anders lebt, die anders leben will als Du, alles in Frage, was Dir lieb und teuer ist: Ehe, Familie, Mutterschaft?

Tut es noch immer weh, daß ich nicht in Deine weiblichen Fußstapfen getreten bin?

Ich weiß, Du hast sie Dir und mir ein wenig größer und bequemer gewünscht, als Deine eigenen es waren: mehr Geld, mehr finanzielle Freiheit, einen schönen Beruf, aber trotzdem und an erster Stelle Ehemann, Familie und Kinder.

Ich habe meinen eigenen Weg gewählt, habe einen Beruf, der mir Spaß macht, Spaß, Arbeit, manchmal auch Ärger, eine Mischung, die mich in Atem hält, in der kein Platz, vor allem keine Zeit für Kinder ist, auch nicht Geduld für einen Ehemann. Du hast die Wahl dieses Weges noch immer nicht ganz verwunden, hast noch immer nicht die vielen Wege nebeneinander akzeptiert. Nicht akzeptiert für uns Frauen. Und trotzdem bist auch Du jetzt verunsichert, glaubst, daß Deine Art zu leben nicht richtig war.

Deswegen die Haßgefühle?

Oder der Groll auf die Frau in der Tochter, die mit der Sache der Frauen auf dem Banner Deine angekratzte Selbstsicherheit noch mehr ins Wanken bringt? Aber wie sieht sie aus, diese Sache der Frauen?

Ich erzähle vom Feminismus, von Rechten, die äußerlich erkämpft werden müssen, damit sich auch innen, in den Frauen selbst, etwas tut. Du hörst zu und siehst nur all das sinnlos werden, was dreißig Jahre lang der Sinn Deines Lebens war.

Am liebsten möchte ich wieder aufhören zu reden, will wieder übers Wetter und die Babys von Bekannten und Verwandten plaudern, weil ich nicht weiß, ob ich das Recht habe, Dir von meiner Welt zu erzählen. Von einer Welt, welche die Deine verunsichert. Doch dann nehme ich wieder Deinen Blick wahr, die Verbitterung darin, nicht nur über mich, die Tochter, die Hoffnungen zerstört und Illusionen; ich sehe auch den schlimmsten Haß darin: den auf Dich selbst.

Das Selbstzerstörerische, das in so vielen Frauenaugen aufflakkert. Die Enttäuschung über ein aufopferungsvolles Leben, das nur durch andere Menschen Sinn bekommt, das bestimmt wird von Männern, Kindern, Familie. Und das deswegen enttäuschte, enttäuschen mußte, denn Sinn findet man nur in sich selber. Aber das wurde uns Frauen nie beigebracht.

Vor allem wurde es uns von den Frauen nicht beigebracht, von den Müttern, die selber enttäuscht sind und diese Enttäuschung als Teufelserbe immer wieder weitergeben. Die Erbsünde der Mutterschaft.

Daran hat sich auch in den über dreißig Jahren nichts geändert, seitdem Simone de Beauvoir, die große französische Theoretikerin, die Benachteiligung von uns Frauen mit drei Wörtern zu einem Begriff gemacht hat: das andere Geschlecht.

Wenn ich in die Augen der Frauen um mich blicke, ihnen zuhöre, wenn ich an das Jeans-Mädchen im ersten Stock und die Mutter auf der Treppe darüber denke, ist es für mich nicht nur das andere, sondern auch das hassende Geschlecht: das Geschlecht, das sich selber haßt und andere Frauen mit gleichem Haß bestraft.

Die Braut trug trotz der eisigen Februarkälte ein leichtes weißes Hochzeitskleid aus Seide. Die Kälte schien ihr nichts anzuhaben. Die Braut strahlte vor Hochzeitsglück, nicht nur für den Fotografen, der die Abfahrt aus dem Elternhaus dokumentierte, oder für die Kamera, die in der Hand irgendeines Verwandten vor sich hinsurrte; das Glück, die Freude und die Hoffnung waren sogar noch auf meinem Fensterplatz am Ende der Straße zu spüren. Hinter den Vorhängen wohlgemerkt, von wo ich heimlich dem aufgeregten Hochzeitstreiben zusah.

Heimlich hinter den praktischen durchsichtigen Einblickverwehrern über meine weibliche Neugier schimpfend. Du hast Dich nicht verhört. Gerade ist mir wieder eines der dümmsten Vorurteile in die Quere gekommen.

Weibliche Neugierde!

Als ob irgend etwas daran besonders neugierig wäre, wenn man ein Hochzeitspaar bewundert! Oder besonders weiblich! Doch warum lehnte ich mich nicht aus dem Fenster und winkte den beiden zu? Sie hätten sich sicherlich darüber gefreut. Die Braut vor allem. Unter dem breitrandigen weißen Hut lächelte sie glücklich dem Bräutigam zu. Ein richtiges »Schönster-Tag-im-Leben-Lächeln«. Ein anderes Bild schiebt sich darüber. Das Bild eines verrunzelten Gesichts. Zahnlos …

Das glückliche Bild von der Straße, vom »Schönster-Tag-Lächeln«, wandelt sich zum Bild eines zahnlosen Mundes, verbittert und verkniffen. Er gehört einer Frau namens Antonia. Ich sah sie zum erstenmal, in einem Rollstuhl sitzend, mitten im großen Krankenzimmer eines Provinzkrankenhauses. Die weißen Haare zu einem straffen Zopf gebunden, kerzengerade im weißen Krankenhaushemd sitzend, wartete sie zwischen sieben anderen Betten auf ihr achtes, das erst frisch bezogen werden mußte. Als ich sie zum zweiten und letzten Male sah, flüsterte sie, bevor ich ging: »Dabei war ich so eine schöne Braut!«

Zwischen der schönen Braut von heute und der von damals liegt ein halbes Jahrhundert und so vieles, das sich nicht zählen und wägen läßt: Liebe und Glück, Leid und Haß ...

Ich weiß so wenig davon, kenne nur die Schattenrisse eines Lebens, dessen vorläufige Schlußepisode mir bei den beiläufigen Besuchen einer guten Bekannten zugeflüstert wurde: »Das eigene Haus hat sie angezündet!«

»Gleich an allen vier Ecken!« flüsterte es vom Nebenbett.

»Drei Kinder hat sie, und keines kümmert sich um die Mutter!« entrüstete sich meine Freundin, die mit Besuch überhäuft wurde. Zu sechst standen wir um ihr Bett, und mitten im Besuchswirbel rund um die sieben anderen Betten fiel es nicht auf, als ich mich beim zweiten Male an das achte heranschlich, mit einem kleinen Strauß Rosen, die kurz vor drohendem Novemberfrost im Garten besonders schön blühten, und mit einem flauen Gefühl im Magen. Eine Woche zuvor hatte ich Antonia D., so stand es mit Kreide auf der Schiefertafel über dem Bett geschrieben, beobachtet, wie sie zwei ehrsame Damen aus dem Krankenzimmer gewiesen hatte. Mitsamt dem kleinen Päckchen und den mitleidigen Rügen, welche die beiden karitativen Weltverbesserinnen aus ihrem Dorf mitgebracht hatten, und mitsamt der Nächstenliebe, die sich anscheinend auf solche Krankenhausbesuche beschränkte.

»Früher hätten sie kommen müssen!« beklagte sich Antonia bei der unbeholfenen Rosenüberbringerin. Früher, als wochenlang kein Mensch mit ihr gesprochen hatte.

»Sechs Wochen lang kein einziges Wort!« flüsterte sie mir immer wieder zu. »Kein einziges Wort!«

Das Grauen schwang in den wenigen Worten genauso mit wie die entschlossene Wut, mit der sie sich eine halbe Stunde später weigerte, ihren Sohn zu kennen. Vier Jahre lang hatte er nichts von sich hören lassen; jetzt wollten er und die Polizei wissen, wo Versicherungspapiere und Sparkassenbücher seien. Antonia drehte sich zur Wand.

Eine halbe Stunde zuvor noch hatte sie mir von diesem ihrem Lieblingssohn erzählt, dem sie immer alle Fehler verziehen hatte. So lange, bis ihm nicht mehr zu verzeihen war. Bis er nicht mehr kam, nicht einmal zu Weihnachten. Zwischen großen und kleinen Festen, zwischen Geburten und Todesfällen tauchten in Wortfetzen auch die kleineren Dinge dieses Lebens auf, und zwischen den großen Ausrufezeichen »Arbeit!«, »Sparen!« und »Opfer für die Kinder!« lernte ich vor allem die Einsamkeit kennen, hingeworfen in alltäglichen Sätzen wie: »Der Mann ging arbeiten, ich war für das Haus da!« Oder: »Es mußte schließlich immer jemand für die Kinder dasein!« Die ersten zwanzig Jahre ihrer Ehe sei sie nie aus dem Dorf herausgekommen, immer hieß es nur: Haus, Garten und Kinder, erzählte sie mir. Natürlich hätte es ihr Spaß gemacht, aber eigentlich sei sie immer einsam gewesen. Der Mann kam spät am Abend heim, am Sonntag ging er schon früh in die Gastwirtschaft. Aber schließlich, sie lächelte dabei sogar, hätte sie damals noch genug mit den Kindern zu tun gehabt. Die Einsamkeit sei ihr kaum aufgefallen. Als dann der Älteste, der Lieblingssohn, aus dem Haus gegangen sei, hätte sie sich zum erstenmal richtig allein gefühlt: die ersten Stunden, die nicht mit Arbeit ausgefüllt waren, die ersten Stunden auch, in denen sie zum Nachdenken kam. Damals begann sie, oft ohne jeden Grund zu weinen – oder ihre beiden Töchter mit Wutanfällen zu tyrannisieren. »Ganz ohne Grund!« wußte sie dreißig Jahre später zu berichten und davon, wie dann, von einem Tag zum anderen, plötzlich alle Kinder aus dem Haus waren und der Mann in die langersehnte Rente ging. Und wie aus dem »langersehnt« eine schreckliche Zeit wurde: zehn Jahre, in denen jeder seinen eigenen Weg ging, schweigsam und einsam, weil sie nie gelernt hatten, miteinander zu leben. Wie er seinem Beruf nachtrauerte und traurig-wütend ihre Arbeit in Haus und Garten schlechtmachte. Wie sie nebeneinander die einsamsten Tage und Nächte ihres Lebens verbrachten, verbunden nur durch das Haus, für das sie gemeinsam gearbeitet, ja geschuftet hatten. Dieses Haus, für das Antonia gelebt und das sie dann an allen vier Ecken angezündet hatte. »Dabei«, versicherte sie zum Schluß immer wieder, »war ich so eine schöne Braut.« Als ich mich von ihr verabschiedete, um an das Bett meiner Freundin zurückzugehen, bedankte sie sich für das Zuhören; noch immer kämpfe ich innerlich mit der Träne, die dabei über Antonias rechte Wange lief, und mir fällt das alte spanische Sprichwort ein, das heißt: »Es sind nicht alle im Narrenhaus, die hineingehören, und nicht alle, die darin sind, sind auch Narren.« Beim nächsten Besuch war Antonia nicht mehr da. Sprachlosigkeit und verzweifeltes Zündeln waren zur psychischen Krankheit erklärt und die einsame, einstmals schöne Braut ins Irrenhaus, pardon: in die psychiatrische Klinik der Landeshauptstadt eingeliefert worden.

Antonias Träne belastet noch heute mein Gewissen, weil auch ich nichts gegen die Sprachlosigkeit getan habe, weil ich zwar in der Landeshauptstadt wohne, aber Antonia nicht besuche, weil ich in meinen guten Vorsätzen zwar hundertmal bei ihr vorbeisehe, mit ihr spreche, aber den geschäftigen Alltag mit seinen vielen »Wenn« und »Aber« über guten Willen und das Verständnis für die Einsamkeit siegen lasse.

Aus Antonias verkniffenem siebzig- oder achtzigjährigem Mund wird plötzlich ein fester, entschlossener Mund.

Und aus der schönen Braut, die für Antonia wahrscheinlich ein halbes Jahrhundert lang das Symbol für all die Liebe und Hoffnung war, mit denen sie damals vor den Traualtar trat, wird die Gattin in einer Mußehe der siebziger Jahre, die trotz oder vielleicht wegen des zu erwartenden Kindes mit viel Optimismus und Lebensfreude geschlossen worden war.

Und aus der wutentbrannten Hausanzünderin wird die Frau, die mir manchmal hilft, die resolute Mutter von drei Kindern, die erst vor zwei Wochen nach gemeinsamem Fensterputz bei gemeinsamem Kaffee halb lachend, halb weinend immer wieder über ihre Sorgen mit den Kindern und dem Mann berichtete, um sich zu fragen: »Wofür bin ich eigentlich auf der Welt? Nur, um ihre Wäsche zu waschen, ihre schmutzigen Hemden gegen saubere auszutauschen? Oder bin ich für sie auch ein Mensch – nicht nur die praktische Mutter?«

Zehn Jahre lang wußte auch sie sehr wohl einen Sinn: die Kinder, der Mann, der Mann und die Kinder. Die Reihenfolge verschob sich nach Bedarf, aber immer war jemand da, der ihre Liebe, ihr Immer-da-Sein brauchte. Kleine Enttäuschungen wurden schnell mit einem Baby- oder Kinderlächeln aufgewogen. Jetzt lächelt niemand mehr, jetzt wird die Zeit der Mutter nur mehr beim Putzen, beim Kochen, manchmal auch noch beim Lernen in Anspruch genommen, sonst sind sie meistens unterwegs, die drei »Racker«, wie sie ihre drei Söhne liebevoll nennt. Und der Mann hockt müde und abgeschlafft vor dem Fernseher, zu müde, um »auch nur drei Worte zu reden«.

Auch sie ist müde vom Putzen daheim, vom Putzen bei fremden Leuten, aber sie will dennoch reden, will hinaus, will wieder einmal das Leben »da draußen« genießen. Dieses Leben, von dem sie nicht weiß, welchen Sinn es hat. »Schön dumm ist man«, schimpft sie vor sich hin, und plötzlich entdecke ich in ihren Augen dieselbe Wut wie damals in Antonias Augen. Und ich erinnere mich an eigene Haßgefühle, sehe eigene wütende Tränen, als ich ein gutes Jahr meines Lebens verschenkt hatte, verschenkt an die Liebe und an die Zukunftshoffnungen eines Mannes.

Damals waren mir eigene Karriere, eigenes Leben, eigene Zukunft unwichtig gewesen. Oder doch nicht unwichtig? Auf jeden Fall verknüpfte ich all meine Hoffnungen mit den seinen, machte seine Zukunft zu der meinigen. Und das sehr erfolgreich. Glücklich und verliebt übersah ich den schleichenden Haß in meinen Augen, wenn ich daheim vor dem Spiegel saß, wenn ich auf ihn wartete, seine Manuskripte tippte, seine Lieblingsbücher las, um mit ihm darüber diskutieren zu können. Er stritt mit mir über meine Lieblingsautoren, ohne sie je gelesen zu haben.

Aber das bemerkte ich damals nicht, nahm auch nicht wahr, wie mein Selbstvertrauen schwand, wie ich plötzlich nur mehr eine Marionette meiner selbst war – natürlich eine sehr lebendige Marionette, mit Wutausbrüchen, die ich damals nicht verstand, mit einer Sucht nach neuen Kleidern, neuem Schmuck, ausgefallenen Möbeln und Antiquitäten, die mir heute beinahe lächerlich erscheint. Heute weiß ich, daß vieles davon als Trostpflaster gedacht war, listig von meinem Unterbewußtsein ausgesucht, das sich andere Zuckerl dafür ersann, daß es nicht mehr die Hauptperson war, daß eigene Interessen, eigener Wille und eigene Vorstellungen so bereitwillig denen einer anderen Person untergeordnet wurden.

Dabei war es eine glückliche Zeit, und erst heute, mit zehnjährigem Abstand, bemerke ich, wie wenig ich damals ich selbst war. Mit gelindem Entsetzen überlege ich, was aus mir geworden wäre, wenn sich die große Liebe nicht nach einem Jahr als doch nicht ganz so groß entpuppt hätte. Wenn ich nicht danach trotz Weltschmerz und Liebeskummer wieder zu meinen eigenen Vorlieben, zu meiner eigenen Arbeit zurückgefunden hätte.

Diese Fallgrube der Liebe, diese völlige Identifizierung mit dem Partner, scheint eine besondere weibliche Vorliebe zu sein.

Noch heute ertappe ich mich dabei, daß ein männliches Wesen plötzlich so interessant wird, daß seine Hobbys, seine Lieblingsschriftsteller, seine bevorzugten Zeitungen die meinen werden. Glücklicherweise taucht dann immer wieder mein Blick vor mir auf, wütende Augen und ein Haß, der gegen mich selbst, meine eigene Selbstaufgabe gerichtet war, in letzter Zeit auch Antonias einsame Träne zum Abschied, und ich denke an die Volksweisheit, daß Haß nur aus Liebe entstehen kann, aus den vielen stürmischen Gefühlen, die gerade wir Frauen hegen und pflegen und so gerne weitergeben, ohne daß sie erwidert werden. Und ich sehe enttäuschte Frauengesichter, die nicht zulassen, daß sie all diejenigen hassen, die sie einst geliebt haben, ihre Männer und ihre Kinder. Eher ertragen sie die Enttäuschungen, schieben sich selber die Schuld für Einsamkeit, für Wort- und auch Sprachlosigkeit zu und fragen nach Jahren, die randvoll mit Liebe und Liebesdiensten waren: »Warum das alles?«

Ich krame den letzten Brief an Dich hervor. Beinahe fünf Wochen sind seitdem vergangen, wahrscheinlich, weil ich erschrokken war, als ich niederschrieb, was ich bis damals nur als unbehagliches Gefühl mit mir herumgetragen hatte: daß das Anderssein als Frau, dieses andere Geschlecht, uns nicht nur benachteiligt, unsere Rechte schmälert, unsere Startchancen im Leben herabsetzt, sondern daß es auch hinter der Verbitterung steht, die wir Frauen so eifrig zu speichern verstehen. Heute spreche ich es sogar laut aus, nicht ohne gleichzeitig dieses Anderssein, dieses Andersgemacht-Werden, anzuklagen, das die Liebe in Haß verwandelt.

Die Liebe, die immer am Anfang steht. Geborgenheit, Arme, die immer für einen da sind, Knie, auf denen man nach Herzenslust schaukeln kann. Ich kann mich nicht daran erinnern, aber ich kenne Fotos, kenne Deine Schilderungen über das lustige Kind, das ich war, und kann mir gut vorstellen, daß wir beide ein Herz und eine Seele waren.

Du hattest das lang ersehnte Kind und ich den sicheren Mutterschoß. Auf Deine Knie konnte ich mich immer zurückflüchten, Deine Arme waren der schützende Hintergrund, wenn ich die Welt erforschte.

Eine Ahnung von diesen unseren herrlichen Zeiten bekomme ich, wenn ich jetzt, dreißig Jahre später, in den Spiegel schaue und darin nicht nur Ähnlichkeit mit Dir vorfinde, sondern sehr ausgeprägte eigene Züge. Ich wage es heute, meinen eigenen Weg zu gehen, auch wenn er manchmal verdammt steinig ist. Und wenn das Wort Selbstsicherheit nicht so schrecklich selbstsicher klänge, sondern auch die vielen Fragen und Zweifel einschließen würde, die den Selbstsicheren erst selbstsicher machen, würde ich sogar zu behaupten wagen: Ich bin meiner selbst sicher.

Es ist eine Sicherheit, die auf Deinem Schoß aus der Liebe und Geborgenheit geboren wurde, die Du dem kleinen Mädchen gabst. Du hattest immer Zeit, vermitteltest mir das Gefühl, das Wichtigste auf der Welt zu sein. Die ganze Welt drehte sich damals um mich. Und wenn ich heute die Welt so drehe, wie es mir gefällt, es wenigstens versuche, so war es meine Kindheit, die mir das Rüstzeug dafür lieferte.

Wir spielten ungezählte Spiele, schmusten miteinander; ich war Deine schönste Puppe und trotzdem ein Teil von Dir, eine kleine Schöpfung für den Hausbedarf. Das Muttersein hatte Dein Leben verändert, so, wie es das Leben aller Frauen verändert. Plötzlich hat alles einen höheren Sinn, es beginnt eine neue Epoche. Man (eigentlich wäre gerade hier »Frau« angebracht, aber Trotz um des Trotzes willen liegt mir nicht) ist nicht mehr nur der gerade erwachsen gewordene Mensch, sondern bekommt auch gleich eine neue Rolle mitgeliefert, eine Rolle, die zuerst noch ungelernt, schauspielernd bewältigt wird. Die meisten Frauen schlüpfen in Kostüme, die ihnen bereits bekannt sind: entweder in die großen Kleider der eigenen Mutter oder in die viel kleineren der eigenen Kindheit.

Sie blicken zurück in ihre Kindheit, in die Babykörbe ihrer Geschwister, und machen sich mit diesem Blick zurück in die Vergangenheit ganz unbewußt in die Zukunft ihrer Kinder auf – als Mutter, welche die eigene Mutter imitiert, oder als Mutter, die in ihrer Erinnerung eigentlich immer das Kind bleibt. Ein Kind, das liebevoll seine Puppen umhegt.

Ist es Dir auch so ergangen?

Hast Du damals neue Fäden zur Großmutter gesponnen, sie von Mutter zu Mutter besser verstanden?

Hörtest Du plötzlich ihre Stimme, wenn Du mir irgend etwas befahlst, wenn ich ausgeschimpft oder auch nur liebevoll gerügt wurde?

Oder warst Du das kleine Kind, an das Du Dich plötzlich wieder erinnern konntest, als ich Dir Säuglingsgreinen oder Baby- und Kleinkindlachen vorführte?

Erinnerten Dich meine Tränen an selbst geweinte? Unverständlicher Kinderschmerz an die eigene Eifersucht auf die kleine Schwester? Welche Rolle war die Deine: die Mutter- oder die Kinderrolle? Trugst Du die Kleider eines Kindes, das, obzwar erwachsen, nur eine neue Puppe, zur Abwechslung eine lebendige, bekommen hat?

15. Februar, abends

Die beiden verschiedenen Rollen, in die Frauen als Mütter schlüpfen, haben mich den ganzen Tag lang nicht so recht losgelassen, und so bekommst Du heute nach meiner mehr als einmonatigen Schweigezeit gleich einen zweiten Marathonbrief. Weil Deine Rolle, Dein Kostüm für mich auf jeden Fall gut waren. Ob Mutter- oder Puppenmutterrolle – sie war liebevoll.

Der Himmel gehörte mir und nicht den anderen, denen man nur als Stern leuchten darf. Manchmal als ziemlich matter, unbeachteter Stern. So wie das kleine Mädchen der Ärztin im Haus nebenan. Ich weiß nicht einmal seinen Namen; seine Mutter nennt es ständig Trampel.

»Du Trampel, siehst du nicht, daß du mir nur Arbeit machst! Kannst du nicht aufpassen, wohin du trittst?«

Der Bruder wird gehätschelt, mit ernster, gewichtiger Stimme wird ihm die Welt erklärt.

Die beiden sind ein so vordergründiges Beispiel für unterschiedliche Behandlung von Jungen und Mädchen, daß es beinahe nach der berühmten Ausnahme von der Regel aussieht. Trotzdem frage ich mich immer wieder, welche schrecklichen Kindheitserlebnisse die Frau an dem kleinen Mädchen abreagieren muß.

Spielt sie unbewußt ein Spiel, das sie selber als Mädchen erfahren hat? Verwandelt sie ihre eigene, längst weit zurückliegende kindliche Ohnmacht in elterliche Macht, die sie jetzt das kleine Mädchen spüren läßt?

Du lächelst? Denkst: »Mein Gott, diese Psychologie!« Hältst alles für Hirngespinste aus meinen »komischen« Büchern?

Doch ich sehe das Trampelmädchen und den fröhlichen Bruder daneben und glaube jetzt all den Statistiken, die widerspiegeln, was versteckte Kameras gefilmt haben: daß Mütter sich mit kleinen Jungen in den ersten drei Monaten ihres Lebens länger und intensiver beschäftigen als mit kleinen Mädchen. Daß sie Buben öfter hochnehmen und mehr streicheln als deren Schwestern. Ich sehe mit den Augen der Kamera die Mobiles, jene Bewegungsspiele über den Kinderbetten, die für kleine Jungen öfter gedreht werden als für kleine Mädchen. Ich höre auf dem Tonband das Geplapper, mit dem Mütter die Stimmen ihrer kleinen Töchter imitieren.

Es sind unbestechliche Zeugen, die berichten, daß den männlichen Babys die Welt anhand von kleinen Dingen gezeigt wird, daß Mädchen die Welt erst viel später kennenlernen. Zuvor hören sie immer nur das eigene babyhafte Kauderwelsch und das Nachgeplapper der Mütter. In der Psychologie nennt man dies: auf sich selbst zurückwerfen.

Du glaubst es nicht, sie war Dir ja schon immer verdächtig.

Erinnere Dich daran, daß Mädchen bekanntlich schneller und besser reden lernen. Später ist es dann Frauen- und nicht Männergewäsch. Sieh den Männern zu, wie sie mit der Umwelt umgehen, und Du siehst den Knaben in der Wiege, dessen Augen so liebevoll geleitet wurden.

Schon das Neugeborene, das zwei, drei Monate alte Baby, lernt seine erste Lektion in Sachen Geschlecht.

Ich höre Deinen Einwand. Und Du hast recht!

Natürlich war ich nicht sonderlich benachteiligt. Ich war das lang erwartete Wunschkind. Wahrscheinlich hast Du mich sogar öfter hochgenommen, öfter gehätschelt als meinen Bruder ein

Jahr danach. Aber sei ehrlich: Hättest Du, falls ich eine Schwester bekommen hätte, diese genauso behandelt wie mein Brüderchen?

Schließlich sind auch Babys schon Männer. Zukünftige Männer. Und Du bist eine Frau. Mütter sind Frauen. Das ist wohl der Grund dafür, daß Mütter Buben mehr liebkosen, sich mehr mit ihnen beschäftigen als mit den Kindern des eigenen Geschlechts. So, wie sie instinktiv ein paar Monate später den Buben die Freiheit geben, die den Schwestern nicht gegönnt wird.

Die Mütter im Park sind ein Paradebeispiel dafür. Ein Paradebeispiel und der Anstoß für diesen Brief. Beinahe den ganzen Nachmittag lang sitzen sie schon auf der Bank vor dem Sandkasten. Das kleine Mädchen (ich tippe mit Hilfe der schrecklichen Farbe Rosa darauf, die als Erkennungszeichen ganz praktisch sein kann) spielt zwischen ihnen. Es muß ungefähr so alt sein wie der Knirps in der Lederhose, der im Sandkasten spielt. Es gehört zu den Frauen, hört ihnen zu. Hängt es mit einem Jahr schon am Schürzenzipfel der Mutter? Wahrscheinlich unfreiwillig.

Ganz bestimmt, wenn man noch einmal die Statistikkamera zu Rate zieht. Eigentlich befrage ich sie ungern, doch bei unglaublichen Dingen hilft die exakte Methode unseres wissenschaftsgläubigen Zeitalters immer am besten. Sie räumt mit der vorherrschenden Meinung auf, daß Mädchen anders sind als Jungen. Denn sogar als bewiesen angenommene Geschlechtsunterschiede wie etwa die größere Wortgewandtheit der Mädchen oder die größere Lebendigkeit, der Forschertrieb, die Aktivität der Jungen werden in den ersten drei Monaten von der Mutter unbewußt mitbestimmt.

Sie hat den Knirps in der Lederhose herumgetragen und so seine Augen auf die verschiedensten Gegenstände gelenkt. Sie hat für ihn die Außenwelt so interessant gemacht, daß er schon mit vier Monaten um einiges lebendiger, neugieriger und lebhafter war als das Mädchen in Rosa. Darum sitzt *er* jetzt im Sandkasten und baut seine ersten unbeholfenen Traumburgen. Sie sind zwar aus Sand, aber es sind bereits Burgen; bald werden sie fest sein, bald dürfen sie in den Himmel wachsen.

Seine Freundin hört den Müttern zu, manchmal plappert sie auch dazwischen. Natürlich ist sie die Gescheitere. Nicht nur Mütter, auch Schule und Lehrer bestätigen immer wieder, um wieviel eifriger und gescheiter Mädchen sind.

Kleine Mädchen!

Sie haben es auch gelernt. Haben bei Mutters Plappern eifrig im Babykorb gelauscht, später nachgeplappert und so viel schneller sprechen gelernt. Deswegen fanden sie keine Zeit für viele Blicke auf die Welt rund um sie. Die Augen waren Stiefkinder gegenüber den Ohren. Und es sieht ganz so aus, als ob Mädchen es diesen beiden Sinnesorganen nachmachen würden: zuwenig hinausschauen, zuviel hineinhören. Zwei, drei Monate später sind sie schon nicht mehr so neugierig auf die Welt rundherum und geben damit auch gleich ihren Müttern die Ausrede in die Hand, daß kleine Mädchen schutzbedürftiger seien, daß sie länger behütet werden müssen. Daß sie, die Mütter, diese Ausrede zuvor selber geschaffen haben, daß sie es waren, die schon im Babykorb das Mädchen zur kleinen Sprachvirtuosin, den Buben zum Miniabenteurer machten, daran denken sie nicht.

Das Mädchen in Rosa murmelt den ganzen Nachmittag vor sich hin. Ob wir Frauen so viel in uns hineinmurmeln, hineintun, hineinverstecken, weil wir innen hohl sind? Das Loch im Bauch, das Mutterschaft und Kinder graben, in das dann alles hineingefressen wird: Enttäuschung, Gram und Haß. Sogar schon in den Augen des Rosamädchens.

Gegen *diese* Augen schreibe ich, denn ich weiß nicht, ob Du meine Briefe, meine Blätter mit Gedanken gegen den Haß auch lesen wirst. Sie liegen fein säuberlich geordnet in der untersten Schublade meines Schreibtischs, beschwert mit einem großen Fragezeichen: Darf ich mit ihnen Deine angefranste Sicherheit zerstören?

Sollen und wollen wir miteinander reden? Oder bleibt es beim Plaudern und beim Schimpfen?

Wenn ja, müssen wir neue Worte finden, nicht nur Vokabeln benutzen, die inzwischen auswendig gelernt wurden, Argumente, die längst noch nicht richtig sitzen. Ich frage mich oft, wie lange Wandlungen dauern, wie viele Generationen? Ob die Frau von morgen nicht immer noch die von heute sein wird, wenn nicht gar noch die von gestern? Ob die Töchter von morgen nicht nur biologisch, sondern auch in ihrem Denken die Enkel und Urenkel von gestern sein werden?

Da fällt mir wieder das Loch im Bauch ein. Ich muß lachen, wenn ich daran denke, wie ich zum erstenmal darauf stieß, besser gesagt: mit meinem Kopf dagegen anrannte. Natürlich im übertragenen Sinn. Ich war fünfundzwanzig und vollgestopft mit Theorien, für die nur der Kopf galt, der Bauch keine Rolle spielte; Theorien, in denen der Intellekt alles beherrschte. Irgendein Freund brachte damals hellauf begeistert die Bücher des amerikanischen Anthropologen Carlos Castaneda mit, die Geschichten des Zauberers Juan, die inzwischen eine ganze Generation von Jugendlichen beeinflußt und verzaubert haben, die in den Bann gezogen wurden von den wunderlichen Geschichten von Dämonen und Zauberern, aber auch von seinen Gedanken über den Einklang von Natur und Geist, über die geheimnisvollen Verbindungen zwischen Pflanzen, Tieren und Menschen. Ich ließ mich von den Büchern nicht so schnell verzaubern, blätterte damals eher skeptisch in ihnen und stieß auf Anhieb auf einen Satz, der mir die Lehren des Don Juan für die nächsten Jahre versalzen sollte.

Vielleicht kannst Du ihn erraten?

Es war die Rede von jenem Loch im Bauch. Don Juan erklärte seinem Schüler, daß Frauen als Zauberer nicht besonders geeignet seien, weil sie ein Loch im Bauch hätten, das Kinder und Mutterschaft graben würden.

Entrüstet schlug ich das Buch wieder zu, um es für die nächsten fünf Jahre nicht mehr aufzuschlagen – trotz der vielen Legenden, die sich um Castaneda woben, trotz der Berühmtheit des inzwischen salonfähig gewordenen Zauberers. Der Hohlraum in uns Frauen vertrug sich nicht mit den feministischen Ideen, widersprach allen psychologischen Vorstellungen und war zu alledem meinem »Kopf« zutiefst zuwider.

An den Bauch dachte ich damals noch nicht, auch nicht daran, daß das Loch darin nicht nur ein Fehler, ein Makel sein könnte, etwas, das uns Frauen viel wegnimmt, sondern daß es für uns auch eine Chance sein könnte.

Ich saß, wie so oft, wieder einmal auf der Leitung, auf der meiner so hochgeschätzten Logik.

Zwar tauchten inzwischen überall die neuen Mütter auf, diejenigen, die mit Stolz ihren runden Babybauch vor sich hertrugen; später begegneten sie einem stillend oder mit schaukelnden Indianertüchern, in denen die Kleinen am Bauch oder Rücken stets Hautkontakt zu den Müttern hatten. Auch kämpfte die Frauenbewegung längst einen heroischen Kampf gegen die neue Innerlichkeit in den eigenen Reihen, gegen den Rückzug an den Herd, gegen lustvolles biologisches Brotbacken und gegen Schafwollpullover-Stricken, aber ich saß noch immer inmitten meiner schönen Theorien.

Und irgendwie stehe ich heute noch immer mit einem Bein darin, während sich das andere neugierig auf den großen Marsch machen will, auf den Weg zurück zur Natur, der in Intellektuellenkreisen schon vor Jahren beschritten wurde. Wenn das eine Bein glaubt, sicheren Halt gefunden zu haben, beginnt das andere wieder zu kitzeln und zu kratzen; wenn mir die neue Bescheidenheit und ein einfacheres Leben gerade besonders gefallen, beginnen die Theorien wieder lautstark zu protestieren, vor allem die über uns Frauen, über gleiche Rechte und gleiche Aussichten. Und natürlich taucht auch der schreckliche Hohlraum erneut auf, weil die große Naturwelle vor allem einmal wieder in den weiblichen Alltag hereingebrochen ist, vor allem auch zur rechten Zeit.

Während es kurze Zeit so aussah, als ob weiblich und männlich irgendwann einmal völlig veraltete Ausdrücke sein könnten, verdient heute »er« die selbstgebackenen Brötchen in einem meist schicken Intellektuellenberuf, der dem Marsch zurück zur Natur natürlich nicht allzu sehr widersprechen darf, und »sie« darf wieder zurück an den Herd. Wohlgemerkt: darf! Diesmal nicht, weil der Mann oder die Gesellschaft es so will, sondern in den meisten Fällen aus eigenen Gnaden. Schließlich sind diese neue Innerlichkeit und dieser neue Haushalt ein unbekanntes und interessantes Aufgabengebiet!

Nach fünfzehn »Konserven«-Jahren, während deren die Industrie in Sachen Fertigmahlzeiten letzte traurige Triumphe in Europa feierte, sind nun die jungen Frauen und Mädchen die ersten, die wieder einkochen; in den Kellern wird biologisches Obst gehortet, werden biologische Säfte gelagert, die Familie hat ihren eigenen, ganz besonders biologischen Schafbauern, der den besten, den naturreinsten Schafskäse herstellt, natürlich auch Fleisch, biologische Wurst und Wolle für Pullover, die selbstgestrickt zu Weihnachten mit viel Stolz und neuem Lebensgefühl verschenkt werden.

Dir, Mama, erscheint dies alles natürlich nicht ganz so neu. Du hast jahrelang Marmelade eingekocht, die Wäsche noch mit der Hand gewaschen und selbstverständlich für uns Kinder genäht und gestrickt. Für die Frauen und Mädchen aber, die sich meist von der Universität weg in diese neue, auf den ersten Blick so heil aussehende Naturwelt hineinkochen, ist es nicht so selbstverständlich, ist es wahrscheinlich sogar eine andere Art von Karriere. Oder der Ersatz für männliches Nach-oben-Streben.

Darum bin ich auch ein wenig skeptisch, stehe immer mit einem Bein auf der andren Seite. Ich glaube nicht ganz an diese neue Nabelschnur zur Natur inmitten verkabelter Betonklötze und übertechnisierter Bauernhäuser.

Beim neuesten gelungenen Brot meiner Freundin beginne ich zu zweifeln, ob das noch Rückzug zur Natur ist. Obwohl ich heute Trost von einer anderen Seite bekomme, nämlich von jenem Don Juan, dessen Zaubereien ich erst vor kurzem mit anderen Augen und vielleicht gereifterem Kopf entdeckt habe, entdeckt und gelesen, nicht nur einen Satz herausgepickt. Plötzlich tauchen bei ihm sehr wohl Zauberinnen auf, und das Loch im Bauch bekommt einen neuen, umfassenden Sinn, wenn er seinem Zauberlehrling erzählt, daß Frauen durch die Mutterschaft nicht nur ein Loch im Bauch haben, sondern eine viel engere Beziehung zur Natur. Vieles, was ihnen angeboren sei, müßten Männer erst mühsam erlernen. Daher können seine Magierinnen auch von Natur aus zaubern; sie haben ihre Kunst, die Natur zu durchschauen und so manches Unwahrscheinliche zu vollbringen, als Frau bereits bei der Geburt mitbekommen.

Ob sie wohl Ähnlichkeiten haben mit den Hexen unseres Mittelalters? Mit jenen Frauen, welche die Kräuter so genau kannten, mit Erdstrahlen und Magnetismus umzugehen wußten, daß sie der neuen Wissenschaft der Medizin eine zu große Konkurrenz wurden? Der Medizin und natürlich auch der Kirche. Weswegen dann so viele von ihnen auf dem Scheiterhaufen landeten.

Ob die Künste der indianischen Zauberinnen jenen der Schamaninnen in Tibet, der Mongolei oder Sibirien gleichen, welche die Gesetze von Raum und Zeit durchbrechen? Oder denen der Wunderheilerinnen, deren Magnetismus angeblich östliche Politiker fit hält?

Ich weiß, Du hörst Dir diese Zaubergeschichten immer recht belustigt an, ohne daran zu glauben. Trotzdem glaubst auch Du im tiefsten Deiner Seele daran, daß Du als Frau eine andere Beziehung zu Kindern, Tieren und Pflanzen hast. Auch ich glaube an diese Nabelschnur, an die weibliche Kraft, dieses chinesische Yin, weich und weiblich, das aber doch Kraft beinhaltet, die oftmals mehr vermag als männliche Stärke. Trotzdem können mich selbstgetöpferte Suppenschalen und köstlichste Käserezepte nicht von diesem neuen Weg der Frauen überzeugen. Das bestgeschorene Schaf und sogar das selbstgebaute Biohaus bleiben immer nur der Versuch, einen Weg zurück in ein Paradies zu gehen, das es nicht mehr gibt – sicherlich ein lobenswerter Versuch, aber auch einer, der neue Grenzen und Hindernisse aufrichtet, Barrieren vor allem für die Kinder, denen wieder einmal nur *eine* Art zu leben vorgeführt wird.

Für die Mädchen sind es wie immer doppelte Hürden. So gönne ich meiner Freundin zwar den Spaß am Brotkneten und an dem herrlichen Duft aus dem Backofen, freue mich über ihre selbstgemachten phantasievollen Geschenke und genieße ein Wochenende in der Stille des kleinen Bauernhofs, den sie und ihr Mann bewirtschaften; als großes Fragezeichen steht jedoch dahinter immer wieder Nuemi, mein vierjähriges Patenkind. Sie ist natürlicher als alle anderen Kinder, die ich kenne, unproblematischer, unkomplizierter, von keiner Konsumwelt verwöhnt. Sie kennt nicht die Großstadt, vor der die Eltern flüchteten, dafür aber die Natur, die gerade in diesem Alter ja das größte Geheimnis, das größte Abenteuer ist. Und sie läuft eifrig hinter der Mutter her, die auf dem Bauernhof die traditionellen weiblichen Aufgaben übernommen hat. Irgendwann wird sie einmal hinauslaufen, hinaus in eine völlig fremde und ebenso aufregende wie wahnsinnige andere Welt.

Davor habe ich schon heute Angst. Und ich frage mich, ob Eltern, vor allem Mütter, das Recht haben, in dieser so verschiedenartigen Welt nur einen einzigen Weg vorzuleben und vor allem auch vorzuzeichnen.

Ich frage es leise, weil ich keine Antwort darauf weiß.

25. Februar

Ich habe wieder einmal die Zeit völlig vergessen. Es ist halb zwölf, und ich kaue noch immer an meinem Kugelschreiber herum. Mir fällt ein, daß Du jetzt mit mir schimpfen und dabei an Großmutter denken würdest, die ebenfalls immer als letzte das Licht im Haus löschte.

Großmutter ... Die Großmütter ...

Wieder ein Thema für einen Brief, vielleicht sogar für mehrere. Stoff genug würden sie ja dafür hergeben, Deine Mutter, Vaters Mutter: beide eigenwillig, klug, Persönlichkeiten, wie man sie nicht so schnell findet. Für mich waren sie immer etwas Besonderes: zwei Menschen, zwei Frauen, die allein sein konnten, allein sein wollten, die sich selbst genügten.

Vielleicht sitze ich deshalb so gern allein unter der Stehlampe in meinem Schaukelstuhl und grüble vor mich hin. Vielleicht gibt es deshalb nichts auf der Welt, auf das ich mich mehr freue, als zwei Tage allein, völlig allein zu sein.

Die Großmütter als Vorbild?

Nein, sie waren keine Vorbilder!

Allein-sein-Können genügt nicht!

Sie waren es, die entschieden, daß nur die Söhne studieren durften, sie, die selber so überlegen waren, die ihre Männer derart an die Wand spielten, daß ich heute von beiden Großvätern nicht viel mehr weiß als von irgendeinem Nachbarn. Ich höre Dich schon protestieren! Keine Angst! Die anderen Zeiten, die ihr immer so gern ins Spiel bringt, sind mir geläufig, und trotzdem lasse ich es mir nicht nehmen: Es waren die Mütter, die damals wie heute das übliche »Sie heiraten doch und bekommen Kinder!« aussprachen, weil sie es am eigenen Leib erfahren hatten.

So, wie Deine Mutter, meine Oma, die gern Schriftstellerin geworden wäre, die so selbständig war, daß sie sich, wie Du immer erzählst, sogar einsperrte, um in Ruhe ihre Bücher lesen zu können, die aber trotzdem ihrer Tochter das heißersehnte Studium verwehrte. Reinen Gewissens und mit Frauenaugen, die nur die akademische Laufbahn des Sohnes sahen und für die Tochter die traditionelle Familienkarriere programmierten.

Sind in Wirklichkeit die Frauen die Steigbügelhalter der Männergesellschaft?

Es ist Mitternacht geworden. Ich habe ein Glas Wein zuviel getrunken. Der geeignete Moment, um sich selber zu beschwindeln.

Doch ich habe genug! Endgültig genug vom Selbstmitleid und vom Schwindel! Nachdem ich den Haß in den Augen geschaut habe, bin ich auch bereit für eine andere traurige Wahrheit; sie ist nicht in den Augen zu lesen, sondern steht in der Geschichte geschrieben: daß es Frauen sind, welche die beschimpfte Männergesellschaft erst möglich machen. Sie sind die Drücker am Programm, das nicht nur die Psyche der Kinder beeinflußt, sondern auch das gesellschaftliche Sein.

Sie machen aus uns starke Frauen und schwache Frauen. Es sind selbst die starken Frauen, welche die Sache der Frauen schwächen. Die ihre Söhne zu Medizinern und Rechtsanwälten, zu Handwerksmeistern und Lehrherren machen, ihre Töchter aber zu Sekretärinnen, Lehrerinnen, zu Gehilfinnen und ungelernten Arbeiterinnen. Die den Söhnen von erfolgreichen Männern und großen Karrieren erzählen, den Mädchen jedoch von Mutterglück und Müttern berühmter Männer.

Aber sie machen aus ihren Kindern nicht nur richtige Männer und richtige Frauen, sondern sie sind es auch, die dieses »Richtig« nach ihrem Augenmaß bestimmen. Geh in einem südlichen Land in ein Gasthaus, in eine Kneipe! Am besten im tiefsten Süden, und natürlich als Frau. Es sind nicht die Männer, die Dich anstarren, die den Eintritt allein schon mit Blicken beinahe unmöglich machen. Es sind die Mammas, die draußen in den Autos warten, die selber nicht hineingehen, die jahrhundertelang nur wenige Schritte außerhalb ihres eigenen Reichs gesetzt haben und dieses männliche Vorrecht auch keiner anderen Frau gönnen.

Bei uns sind es andere ungeschriebene Gesetze: Ein Mädchen raucht nicht auf der Straße; Frauen sind zuerst zu grüßen, dies und das gehört sich nicht für eine Frau. Die Liste ist länger, als man glaubt, wenn man nur genau hinhört, und es sind die Frauen, welche die eigene schwarze Liste der Tabus aufstellen.

So, wie sie auch Gesellschaftspolitik machen. Zuerst im Kleinen, indem sie ihre Kinder zu Buben und Mädchen erziehen. Später dann im Großen, ganz unbemerkt und heimlich, ohne daß jemals zuviel von der grauen Eminenz sichtbar wird, die sie im Hintergrund sind. Oder auch sichtbar und stolz, ohne daß dieser bescheidene Stolz Verdacht erwecken würde. Denk an die Mütter, die Hitlers Mutterkreuz so stolz an die Brust drückten! Harmlos und sicherlich ohne jeden Hintergedanken. Mit einer einzigen Geste machten sie Politik im Großen. Nicht zu sprechen von den verängstigten, hungernden Frauen der Arbeitslosen, die das viel hinterfragte Dritte Reich indirekt erst möglich machten. Sie riefen hungrig nach einer starken Hand, die Brot und Butter für die vielen offenen Münder bringen sollte, die sie stopfen mußten. Es erscheint nur zu natürlich, daß sie inmitten einer vor Hunger weinenden Kinderschar die unsicheren politischen Zustände anklagten, daß sie den Arbeit suchenden Mann aufstachelten.

Wer kann es ihnen übelnehmen, daß sie gesicherte Verhältnisse wollten? Ihre Unzufriedenheit war der geeignete Nährboden, aus dem später die Nürnberger Rassengesetze und noch später die Konzentrationslager mit ihren grauenhaften Tötungsmaschinen erwachsen sollten.

Später, mit gestopften Mäulern, klatschten sie eifrig, als der Ruf nach Krieg erklang, weil ein Feind noch immer der beste Blitzableiter für eigene Ängste und eigenen Haß ist.

Waren sie die heimlichen Mütter des Faschismus? Könnten sie es wieder sein? – Sie, die nie gelernt haben, nein zu sagen. Frauen, denen nur das Kopfnicken beigebracht wurde. Von Müttern, die auch nur nicken konnten.

Sie alle nickten brav, im Namen von Kirche, Kindern und Küche, den drei berühmten »K«, die still und heimlich im Kämmerlein große Politik ernähren.

Sie erzogen ihre Kinder, wie die Gesellschaft, die geheiligte blutrünstige Gesellschaft der Männer, es von ihnen forderte.

26. Februar

Es wurde also doch zu spät gestern!

Zur mitternächtlichen Stunde dürfte wieder mein feministisches Element mit mir durchgegangen sein, das andere wahrscheinlich nicht als feministisch, sondern als nestbeschmutzend bezeichnen würden. Und mich plagt jetzt ein schlechtes Gewissen, weil ich Gräben zuschütten will und dabei welche aufreiße, weil ich wieder einmal den Müttern den Schwarzen Peter in die Schuhe schiebe und nicht den Vätern.

Aber die spielen momentan keine Rolle. Noch keine. Obwohl ich mich schon auf die Töchter freue, die ihren Vätern, zukünftigen Mütter-Vätern, vielleicht auch Väter-Müttern, ehrliche Briefe schreiben. Nur müssen diese Väter wahrscheinlich erst geboren werden, geboren und dann anders erzogen, dürfen nicht länger in Klischees von kleinen Jungen gepreßt werden, die tapfer sein und Tränen und Gefühle hinunterschlucken müssen, dürfen nicht länger auf Erfolg und Tapferkeit getrimmt werden.

Der Sandkastenbub aus einem der letzten Briefe, der munter seine Burg baute, während seine Freundin in Rosa der Mutter zuhörte, er wird auch später nicht geduldig und einfühlsam zuhören können. Die Burg (später: seine Arbeit) wird ihm fast immer wichtiger sein als ein Gespräch oder das Mitgefühl, das seine Frau vergeblich fordert.

Wie soll der Vater von nebenan mit seinem Baby umgehen

können, wenn er als Kind von seiner Mutter auf den Fußballplatz geschickt wurde, während die Schwester auf die kleineren Geschwister aufpassen mußte? Angeblich konnte sie besser mit ihnen umgehen, so, wie heute die Ehefrau besser mit dem Kind umgehen kann. Natürlich war und ist er auch heute noch nicht besonders geschickt im Umgang mit Kindern; wer mag es ihm auch verargen, wenn er niemals die Gelegenheit hatte, ein solch kleines, zerbrechliches Geschöpf auf den Arm zu nehmen?

Seine Frau schimpft ihn einen Elefanten im Porzellanladen, dem man das Kind nicht überlassen kann, und beklagt sich bei mir, weil er nicht im Traum auf die Idee kommen würde, ihr zu helfen. Wenn die Kinder ihrer Schwester zu Besuch kommen, darf, besser: muß die kleine Nichte beim Spülen des schmutzigen Geschirrs und beim Abtrocknen helfen; der Neffe wird zum Onkel geschickt, der vor dem Fernsehapparat Fußballtore beklagt oder beklatscht.

Dort im Wohnzimmer bekommt der Junge nicht nur Fußballeinmaleins beigebracht, sondern auch gleich zwei getrennte Welten vorgeführt. Diese separate Männer- und Frauengesellschaft, das Wohnzimmer und die Küche, die Welt draußen, die Arbeitswelt, und die der Frau daheim bei Mann und Kindern, wird der Neffe der Nachbarin wahrscheinlich genauso wenig vergessen wie viele andere Männer, die zwar manchmal freiwillig im Haushalt mithelfen, aber hinter ihrer Frau trotzdem immer die eigene Mutter, Tante oder Großmutter sehen, die ihnen diese getrennte Gesellschaft so vortrefflich vorgeführt haben. Noch immer vorführen – sogar in den vielen Familien, in denen Frauen und Mütter arbeiten gehen. Darum bin ich mir nicht so sicher, ob der Kampf der Frauenbewegung gegen die Männerwelt strategisch richtig ist, ob hier nicht gegen vordergründige Feinde gekämpft wird, hinter denen sich ein viel schlimmerer Feind versteckt: der Feind in uns selbst.

Ob wir nicht vor dem Ansturm gegen die gepanzerten Wände

der Männerwelt, verbunden mit Forderungen nach echter Gleichberechtigung und mehr Verständnis, auch diejenigen im Auge behalten sollten, welche die Grundfeste für Eisenwälle, für Gefühllosigkeit und Ignoranz legen? Ob nicht vor dem Ruf nach neuen Männern der Ruf nach neuen Müttern stehen sollte?

Du siehst, ich bin schon nicht mehr ganz so zerknirscht. Schuld daran ist auch der Satz, der mir heute morgen einfiel, als ich die ketzerischen Zeilen von gestern neben dem Schaukelstuhl entdeckte und mir an die eigene Brust klopfte. Es ist ein Satz von Dir, der meine Kindheit begleitete: »Denk nicht immer an die anderen, kehre zuerst vor deiner eigenen Tür!« Es waren diese Worte, die Du mir vorhieltest, wenn ich eigene schlechte Leistungen mit noch schlechteren Noten von Freundinnen aufpolieren wollte.

In diesem Sinne war gestern wohl Großreinemachen vor der eigenen Tür.

2. März

Endlich wieder zurück von einer Reise!

Ich genieße das Daheimsein. Auch das habe ich von Dir. Während ich Blumen verteile, sehe ich mich als Dreijährige, deren liebste Beschäftigung Du bist. Den ganzen Tag laufe ich hinter Dir her, beobachte, was Du gerade arbeitest, um es später in meinem Puppenheim mit meinen Puppen nachzumachen. Ich lüfte Betten, staube ab, pflücke Gänseblümchen, um mein Heim damit zu schmücken.

Heute sind es keine Gänseblümchen, sondern, dem Monat entsprechend, Märzenbecher aus dem Garten. Ich habe ein schlechtes Gefühl, weil ich sie abschneide; ein schlechtes Gefühl auch deshalb, weil ich mit dieser Schmucksucht wieder einmal viel Zeit vergeude, Zeit, die ich für Wichtigeres verwenden könnte, Zeit, die mein Bruder nicht verliert. Dabei mag er üppige Blumensträuße genauso gern wie ich. Pflücken würde er sie nie. Er vergeudet seine Zeit nicht für überflüssige Dekoration.

Vielleicht sind diese Dinge aber gar nicht überflüssig.

Ist Schönheit überflüssig?

Ein Thema, über das ich mit Vorliebe mit mir streite: wenn ich vor dem Spiegel stehe und mich schminke, wenn ich in der Stadt an einer Auslage vorbeigehe, obwohl ich lieber stehenbleiben würde, wenn ich mir vorrechne, wieviel Bücher ich statt eines neuen Kleides kaufen könnte.

Unter dem Balkon kurvt die jüngste der drei Töchter einer Nachbarsfamilie mit dem Fahrrad herum. Sieben Jahre alt, langes blondes Haar, Bermudaanzug in den Schockfarben dieses Sommers. Ein hübsches, lustiges Bild!

Seitdem die Kleine laufen kann, ist sie angezogen wie jene Kindermannequins, die eintönige Modeberichte manchmal etwas lebendiger machen. Die Mutter dagegen bevorzugt mausgraue Farben und Graue-Maus-Kleider. Oft wünsche ich ihr ein wenig von den fröhlichen Farben der Tochter; vielleicht dürfte diese dann zur Abwechslung die bequeme Alltäglichkeit von Jeans genießen.

Wahrscheinlich ist es dafür jedoch längst zu spät. Das Mädchen ist nicht mehr drei Jahre alt. Die Zeit, die unsere kleinen Vorlieben und Gewohnheiten prägt, ist vorbei. So, wie ich mit drei Jahren in zu langer Hausfrauenschürze nicht nur die große Schauspielerin war, welche die Mutter imitierte, sondern theaterspielend auch gleich lernte, den Grundstein für den Alltag der Frau von dreißig zu legen: für meine Putzwut etwa, die zwar nicht übertrieben, aber nicht zu leugnen ist, obwohl ich Menschen verehre, die gesunden Schmutz um sich vertragen. Natürlich nur in Gedanken verehre.

Das Kind meiner Mutter verabscheut Schmutz und Schlamperei ebenso, wie es Blumen liebt, schöne Häuser und schöne Möbel, noch schönere Kleider und wie es sich selber gerne schön macht. Genauso schön, wie Du einst die Dreijährige gemacht hast. Farbfotos waren damals noch nicht üblich, aber auch auf den vergilbten Schwarzweißschnappschüssen kann man die blütenweißen Kleider erkennen, die ich trug, die niedlichen Schleifchen im Haar. Das Kind meiner Mutter kocht auch gern, obwohl es eigentlich den Zeitaufwand für überflüssig hält; es kocht deswegen mit Leidenschaft, weil es Dich mit drei Jahren leidenschaftlich gern kochen gesehen hat.

Es scheint so, als ob es diesmal ein friedlicher Brief wird. Zur

Abwechslung einer über schöne und angenehme Dinge. Oder doch nicht?

Das Mädchen unten auf dem Fahrrad: Es hat sich heute schon zum drittenmal umgezogen, wie ich in meinen besten Zeiten, als schon am Morgen vor dem Kleiderschrank etliche Minuten verstrichen. Von der Prozedur für die abendliche Party nicht zu sprechen.

Die Eitelkeit der Frauen, ihr Sinn für alles Schöne – es ist kein Sinn, der von vornherein einen weiblichen Namen hat. Das Mädchen unter dem Balkon wollte mit drei Jahren lieber Hosen, in denen es hätte klettern können, die hätten schmutzig werden dürfen. Heute liebt es kanariengelbe Minikleider, rosarote Jogging-Anzüge und bunte Bermudas. Das Mädchen liebt all diese Dinge für und anstelle der Mutter, die ihre eigene mausgraue Eitelkeit mit den vielen bunten Kleidern der Töchter befriedigt. Selbstverständlich freut sie sich mit ihren Kindern über die neuen Kleider. Ob sie je auf die Idee kommt, daß sie, indem sie die Eitelkeit der Mädchen fördert, auch ihre Neugierde für andere Dinge abwürgt? Denkt sie daran, daß sie damit wieder einmal den Status quo, die festverankerte Männergesellschaft, kräftig absichert?

Das kanariengelbe Kleid, die bunten Bermudas verschwinden plötzlich aus meinen Augen; statt dessen tauchen rauchende Schlote, riesige Industrien auf. Sie alle könnten ohne unsere wunderschöne und schrecklich übertriebene Schmucksucht nicht leben. Nicht nur die Kleidermacher, die großen in Rom und Paris, die kleinen hierzulande und in den unterentwickelten Ländern; auch die Möbel-, die Elektroindustrie, die ... die ... die ... Ich brauche nicht weiter aufzuzählen.

Stell Dir unsere Wohnungen, unsere Häuser, unsere Küchen, Wohn- und Badezimmer und vor allem unsere Kleiderschränke ohne den weiblichen Hang zum Schönen vor, der von Mutter zu Tochter weitergegeben wird!

Wie, wenn wir weniger hätten? Wie, wenn wir nur diejenigen Dinge hätten, die notwendig sind? Nicht all den Überfluß, den Frauen kaufen, weil sie gelernt haben, sich, ihre Kinder, ihren Mann, ihr Heim schmücken zu müssen. Und sie kaufen vielleicht auch deshalb, weil sie außer ihrem Interesse für neue hübsche Sachen nichts haben, wofür sie sich wirklich interessieren. Kaufen, damit wenigstens einen Augenblick lang die Enttäuschung verschwindet.

Der neue Mikrowellenherd, der neueste Staubsauger sind jedoch ebenso trügerische Gesellen wie das Backrohr, das Kuchen, Braten und Kekse auf einmal bäckt und sich auch noch selbst reinigt. Sie sparen zwar Zeit, füllen diese jedoch nicht aus; vor allem können sie den gewonnenen Stunden keinen Sinn geben. Darum werden sie auch so schnell wieder gegen neuere, modernere ausgetauscht, von enttäuschten Frauen, ohne welche die Wirtschaft zusammenbrechen würde. Sie sind es, die eine neue Küche planen, weil die alte schon wieder zehn Jahre auf dem Buckel hat, die Kästen und Truhen mit Dingen vollstopfen, die nie gebraucht werden, dafür aber irgendwelche neue Erfindungen sind, die man ganz einfach haben muß.

Und stell Dir auch gleich die Wohnung, das Haus vor, das ohne all diese Überflüssigkeiten auskommt, die zum Beispiel Dich, Mutter, den ganzen Tag in Trab halten. In dem Kinder keine Vasen und keine Vasenuntersetzer hinunterwerfen können, weil Blumen im Freien blühen; in dem Babys keine Tischtücher und keine Deckchen herunterziehen können, in dem sich keine überflüssigen Staubfänger finden, die jeden Tag Deine Schuldgefühle aufwirbeln.

Stell Dir eine Industrie vor, die nicht auf eine zweifelhafte und unsichere Nachfrage warten muß, auf künstliche Bedürfnisse, die sich täglich ändern können, sondern die auf die echten Bedürfnisse der Menschen eingehen kann, die ausgerichtet ist auf ein einfacheres Leben, in dem die Menschen nicht einen ganzen Tag lang für nebensächliche Überflüssigkeiten arbeiten müssen, sondern mehr Zeit für sich haben.

Freizeit, die das Konsumgut von morgen sein könnte. Weil freie Zeit, mehr Stunden, die Männer und Frauen, die Familien miteinander verbringen könnten, anders aussehen würde als die freien Abende von heute, die dem Fernsehen gehören, und die freien Wochenenden, an denen vielen nichts Besseres einfällt, als das Auto zu putzen.

Die Freizeit von morgen würde vielleicht sinngerecht ausgefüllt, mit all den vielen Hobbys und Vorlieben, für die wir heute nicht genügend Zeit, vor allem aber nicht genügend Muße haben. Und dazu sind Bücher und Spiele, Sportstätten, Wanderwege und die verschiedensten Veranstaltungen und Kurse notwendig.

Bildung als das Konsumgut von übermorgen?

Ich muß über meine Zukunftsvisionen lachen. Sie sind zu schön, um wahr zu sein. Ich führe sie ja selber täglich ad absurdum. Auf dem Bügel vor dem Kleiderschrank hängt das neue Kleid, von der Reise mitgebracht; auch die Blumen müssen mit Zimmerluft vorliebnehmen, in Vasen gepreßt.

Es scheint so, als ob nicht die Erwachsenen die Eltern der Kinder wären, sondern die Kinder die Eltern der Erwachsenen. Jedenfalls wurden die Aufgaben, die ich mir als Dreijährige gestellt habe, nämlich Dich nachzumachen, gut gemacht.

Man vergißt nie, was einem das Kind in sich selbst beibringt, so, wie Du die Lektionen nicht vergessen hast, die Deine Mutter Dir beigebracht hat und die Du genauso eifrig gelernt hast wie diese wiederum von ihrer Mutter.

4. März

Ich habe von meiner Reise übrigens noch etwas anderes mitgebracht. Du wirst es nicht glauben, und auch ich sitze noch immer staunend vor meinem Mitbringsel: Es ist ein Sexualatlas. Er war in so vielen Buchhandlungen zu bewundern, daß ich den Verdacht habe, es kommt wieder einmal eine neue Sexwelle auf uns zu. Kannst Du Dich erinnern? Die letzte schwappte über die Lande, als ich sechzehn oder siebzehn Jahre alt war. Sexillustrierte, die aufklären wollten, Sexläden, Sexversandhäuser, Sexpartys waren in aller Munde, und wir, die Mädchen der damaligen Protestgeneration, waren die ersten, die diese neue Freizügigkeit genießen durften. Natürlich nur hinter vorgehaltener Hand und so heimlich wie möglich, weil man als Mädchen ja noch immer ein Flittchen war, während unsere Brüder als Casanovas und Herzensbrecher gerühmt wurden. Noch immer verwiesen die Mütter stolz auf ihre abenteuerlustigen Söhne, während sie sich nicht scheuten, die eigene Tochter als Hure zu geißeln.

Ob sich daran in den letzten zehn Jahren etwas geändert hat? Ich weiß es nicht, weiß auch nicht, ob es uns geholfen hat, daß wir unseren Körper, die Liebe und den Sex mit anderen Augen betrachteten als unsere Mütter.

Je länger ich nämlich in dem Atlas blättere, desto mehr keimt in mir der Verdacht auf, daß diese Freizügigkeit in meinen Teenagerjahren nur eine äußerliche war, eine oberflächliche, die noch dazu zu spät kam: zu spät für unseren Körper, der uns schon viel früher verlorengegangen war.

Damals, als ich mit vier im Bett an mir herumspielte, vielleicht auch noch früher. Damals jedenfalls kamst Du herein, um mir gute Nacht zu sagen. Stillschweigend nahmst Du meine Hände und zogst sie unter der Bettdecke hervor, um sie brav darüber zu verschränken. Kein böses Wort, keine Ermahnung, nur die stille Darüber-Geste. So, wie Du in Sachen Aufklärung für die Zeit damals sehr fortschrittlich warst.

Ich höre noch Deine Stimme: »Wenn du etwas wissen willst, so frag mich, aber hol dir deine Informationen nicht woanders!« Es war zu spät, Mutter, viel zu spät!

Du konntest es nicht wissen. Natürlich nicht!

Nicht nur, daß sich ein Kind so manche Information viel eher besorgt, als Eltern auch nur ahnen, sondern auch die Tatsache, daß die Gleise für ein befriedigendes Sexualleben viel früher gestellt werden.

Ich blättere zwischen nackten Frauen und Männern hin und her, betrachte genaue Abbildungen von Geschlechtsteilen und stelle dazwischen beim Lesen immer wieder fest, daß sich in Sachen Sex ernsthafte und weniger ernsthafte Geister noch immer herumstreiten. Eines scheint jedoch sicher: daß Sex nur zum geringsten Teil aus Fertigkeiten besteht, die mehr oder minder offen erklärt werden können.

Körperliche Liebe, Sex ... die Namen dafür sind so vielfältig wie die Einstellung dazu. Das Einfachste vergessen wir anscheinend immer: daß Sex in erster Linie ein Fest für unseren Körper ist und durch die Liebe nur vergeistigt wird. Feste jedoch feiert nur jemand, der sich wohl fühlt, der einen Grund zum Feiern hat.

Unsere Körper, Frauenkörper, feiern noch immer zu wenig. Wir haben die Hauptperson der Feier auch nicht richtig kennengelernt.

Erinnerst Du Dich? Die Hände auf der Decke.

Fragen war erlaubt, sich selber berühren weniger.

Du hattest ein komisches Gefühl dabei.

Und ich kann mich in Dich hineinversetzen. Die sexuelle Unschuld und Neugierde von Kindern macht alle Erwachsenen verlegen. Unschlüssig überlegt man, wie man am besten darauf reagiert. Und plötzlich taucht die Erinnerung auf; man wird selber wieder zum Kind, das seinen eigenen Körper erkundet und dabei von der Mutter erwischt wird.

Von Großmutter erwischt zu werden war sicherlich nicht lustig. Nein, sie war keine Puritanerin, aber sie war nun einmal ein Kind ihrer Zeit. Diese Zeit war die Jahrhundertwende bis hin zu den zwanziger Jahren, in denen Du geboren wurdest. Es war keine Zeit, die kleine Mädchen ihren Körper erforschen ließ. Schon gar nicht eine Zeit, in der Mädchen neben dem eigenen auch den Körper der Mutter zu sehen bekamen, in der die Mutter ihrer Tochter beibrachte, wie sie später einmal aussehen würde, vielleicht auch noch, daß dieser Körper gut und schön sei.

Denn zur Körperfeier müssen wir zuerst einmal die Hauptperson schätzen und lieben lernen. Die Spiele, die auf der Party unseres Körpers gespielt werden und sich Sex nennen, sind dann zweitrangig!

Da hilft die modernste Aufklärung wenig, nicht die schönsten Gespräche. Ein Kind hat viele Antennen, vor allem feine. Mehr, als sich Erwachsene vorstellen. Es spürt genau, ob die Mutter ihren eigenen Körper akzeptiert und ob ihr Sex Spaß macht. Ob es seine Geschlechtsorgane untersuchen darf oder ob das der Mutter peinlich ist.

Darum ist auch die vielgerühmte sexuelle Revolution ein Schlag ins Wasser: weil auch heute, trotz Fleischschwemme in den Illustrierten, in Kinos und Fernsehen und trotz Sexualatlas neben mir auf dem Tisch und in den Auslagen der Buchhandlungen, die wenigsten Frauen ihren Körper als Kind lieben gelernt haben.

27. März

Gestern habe ich wieder einmal in unserem brieflichen Dialog geblättert, der ein Monolog ist. Dabei verursachte mir der letzte Brief zum Thema Sex Unbehagen. Eigentlich bin ich nämlich dagegen, zuviel über Sex zu reden. Dies ist eines der wenigen Dinge, die Leute durch Reden nicht zusammenbringt. Es wird eher zerredet. Trotzdem muß ich etwas hinzufügen, etwas klarstellen, und die körperliche Liebe bzw. die Art und Weise, wie sie an Kinder weitervermittelt wird, ist vielleicht das beste Beispiel dafür: Dieses Weitergeben von den Müttern an die Kinder, vor allem an die Töchter, geschieht völlig unbewußt, mit dem besten Willen, den besten Vorsätzen. Wie eine unterirdische Rohrbotschaft, von der Du nichts wissen konntest.

Woher solltest Du auch ahnen, daß Deine Uneinigkeit mit Deinem Körper von der kleinen Schauspielerin, für die Du das große Vorbild warst, flugs übernommen würde?

Du wolltest, getreu der damaligen Kinderpsychologie, mit mir reden, in schönen und ausgewählten Worten von der Liebe zwischen Mann und Frau erzählen.

Das Kind war schneller, so, wie Kinder immer schneller sind. Sie warten nicht erst lange auf Erklärungen, sondern erklären sich die Welt selber. Ihre Welt ist das Fühlen. Sie fühlen Dinge, von denen die Eltern nichts mehr wissen, nichts mehr wissen wollen. Sie fühlen zum Beispiel das verunsicherte kleine Mädchen, das

Du, Mama, in Sachen Sexualität warst. Es versteckt sich auch noch in der jungen Frau, die, verunsichert, trotzdem ihrem Kind die Welt unseres Körpers erklären wollte.

Als Mädchen spürte ich es natürlich mehr als mein Bruder. Für ihn warst nicht Du das Vorbild, war nicht Dein immer schnell verhüllter Körper sein zukünftiger; für ihn war der Vater maßgebend, mit dem er fröhlich gemeinsam in die Badewanne stieg, für ihn waren es die größeren Jungen, die nicht so verschämt waren wie wir Mädchen.

Wir bewunderten sie kichernd im Park, wenn sie sich nebeneinander aufstellten und in sicherer Entfernung von den mütterlichen Augen ihre Hosen öffneten, um dort um die Wette zu pinkeln. Vor allem bewunderte ich den Bruder, der, kaum hatte er die Technik begriffen, schon zu den Siegern gehörte und die weiteste Distanz schaffte. Ich bewunderte ihn, wie ich mich gleichzeitig, versteckt hinter einer Ecke hervorguckend, für ihn schämte. Auf diese Scham, nicht auf den Neid, jenen berühmten Freudschen Penisneid, der mir in der Erinnerung natürlich sofort aufstößt, will ich hinaus.

Beneidet habe ich ihn nicht. Ich war schon viel zu sehr eine kleine Frau, als daß ich mit »einem solchen Ding«, wie ich es damals bezeichnete, herumlaufen wollte. Aber geschämt habe ich mich. Für ihn, der nicht im Traum auf eine solche Idee gekommen wäre.

Ob Scham etwas typisch Weibliches ist? Etwas, das uns Frauen ein ganzes Leben lang begleitet, nachdem es, leise und unbemerkt, zwischen den Stolz und die ursprüngliche Liebe des kleinen Kindes zu seinem Körper kriecht? Plötzlich ist die Scham jedenfalls da. Von einem Tag zum anderen haben uns die Frauen rund um uns, oftmals nur mit einer Geste, signalisiert: Dein Körper gehört verdeckt, er ist schmutzig!

Die Jungen lernen inzwischen männliche Kameradschaft unter der Dusche, männliche Offenheit in den Toiletten kennen, sie erleben, wie unkompliziert und selbstverständlich erwachsene Männer mit ihrem Körper umgehen. Sie übernehmen diese Sicherheit, stellen nicht so viele Fragen wie die Töchter an ihre Mütter – zögernde, unsichere Fragen, die oftmals gar nicht ausgesprochen werden, weil wir die Unsicherheit der Mütter spüren: wenn sie uns erklären, daß man sich »da unten« besonders gründlich waschen muß, wenn sie uns verlegen auf die Menstruation vorbereiten, wenn sie heimlich und hinter vorgehaltener Hand von Gebären und Geburtspeinlichkeiten, von Blut und Schmerzen flüstern, wenn Sex nur mit dem schmückenden Beiwort Liebe erwähnt wird.

Überall schwingt eigene Unsicherheit mit, aber auch der Geruch von Unreinheit, der uns nie verlassen wird. – Jene geheimnisvolle Unreinheit, die vielen Religionen als Ausrede dient, um die Frauen auszusperren, nicht nur bei den Juden und den Moslems, sondern auch in vielen Naturreligionen. Jene Unreinheit, die nichts mit Sauberkeit zu tun hat, sondern viel eher mit der männlichen Scheu vor Schwangerschaft und Geburt, vor den fleischlichen Geheimnissen des Lebens, denen sie mit ihren geistigen in den Kirchen etwas entgegensetzen wollen.

Oder waren es wieder einmal nicht die Männer, die uns aussperrten? Waren es vielleicht die Frauen selber, die mit ihrer Geheimniskrämerei, mit dem Vorhang der Scham, den sie vor diese natürlichsten Dinge der Welt zogen, unsichtbare Grenzen aufrichteten?

Irgendwo in meinem Gedächtnis taucht die uralte Mythe von jener Urzeit auf, als die Männer noch nichts von Vaterschaft wußten, als die Frauen das Geheimnis der Fortpflanzung allein in sich trugen.

Wie lange hat es wohl gedauert, bis die Menschheit darauf kam, daß das Weib nicht beides ist: Gebärerin und Erzeugerin zugleich?

Wie viele tausend, hunderttausend oder Millionen Jahre überdauerte dieses Matriarchat, die Herrschaft der Frauen, in der die Männer für überflüssig gehalten wurden?

Wer war der erste Mann, der auf die Idee kam, daß das spielende Kind zu seinen Füßen ihm ähnlich war?

Wie groß war er dann noch, der endgültige Schritt zur Enträtselung des großen Geheimnisses der Zeugung?

Oder war das Rätsel längst gelöst? Wußten die Frauen schon lange davon, ohne es zu verraten? Und schufen sie, nachdem es entdeckt und ihnen ein Großteil ihrer Macht genommen worden war, andere Geheimnisse?

Bauten sie, nachdem die Männer mit neuem Selbstbewußtsein die Frauschaft in eine Herrschaft umgewandelt hatten, jene weibliche Anderswelt auf, die nicht nur den Religionen als Ausrede dient, sondern die wir auch heute noch überall spüren? Geflüsterte Frauengeheimnisse, die nur die Töchter mitbekommen, jahrtausendealtes Unwohlsein in Sachen Körper, das Gefühl der Unreinheit ...

Darum war auch das verunsicherte Mädchen in Dir, Mutter, besser zu fühlen als die fortschrittlichste Frau mit besten Vorsätzen. Und darum werden wahrscheinlich auch Deine Enkelinnen und Urenkelinnen so viel von diesem kleinen Mädchen in sich haben, das jetzt in mir steckt und hinter dem sich wieder die Großmutter versteckt.

Oder gibt es eine Möglichkeit, den Spieß umzudrehen? Würden wir nicht nur die Freude am eigenen Körper wiederentdekken, sondern auch unser ganzes Frausein in einem neuen, anderen Licht sehen, wenn wir uns dieses sagenhafte Matriarchat näher anschauen?

Erinnerst Du Dich an die Totenschädel im Museum in Jerusalem? Du fandest es makaber, daß auf dem Totenkopf die Züge der lebenden Frau in Gips nachmodelliert waren. Der 7000 Jahre alte Kopf starrte uns mit Augen an, die aus Muscheln waren. Damals wußten wir beide nicht viel mit der Dame anzufangen, die eine Göttin oder Priesterin der uralten Stadt Jericho gewesen sein soll.

Heute, nachdem ich mich ein wenig mit jener Zeit beschäftigt habe, in der es keine Priester, wohl aber Priesterinnen gab, weiß ich plötzlich mehr mit ihr anzufangen. Und ich lasse mir ausführlich von jener geheimnisvollen Epoche erzählen, in der es eine »Frau Gott« gab. Es war eine grüne Zeit damals – in ähnlichem und doch wieder ganz anderem Sinn als unsere heutige grün durchwellte. Der Mensch hatte für sich die Erde entdeckt, sie war das A und das O, und so war Gott auch in den verschiedensten Formen die »Mutter Erde«.

Vor hundert Jahren schimpfte Friedrich Nietzsche den Basler Gelehrten Johann Jakob Bachofen einen »scheußlichen Mutterrechtler«, doch die folgenden Jahre gaben dem Schweizer recht, der im Mutterrecht den »Schlüssel zu vielem Geheimnisvollen« gefunden haben wollte.

Nachdem es die Mythologen schon immer vermutet hatten, bestätigte die Archäologie, daß die ersten Vorstellungen des Menschen von Gott weiblich waren: Frauengestalten, in Ton geformt oder aus Holz geschnitzt. In den alten Kulturen des Iraks, der Türkei und des übrigen Vorderen Orients waren es nur die Frauen, die Grabgaben erhielten: kleine weibliche Idolfigürchen, die Göttlichkeit und Fruchtbarkeit symbolisierten. Eine Wandmalerei in Algier zeigt die Frau als übergroße Gottheit, durch die Nabelschnur mit dem kleinen Mann verbunden.

»Frau Gott« und ihre Priesterinnen dürften jedoch nicht nur im frühen Neolithikum regiert haben, sondern auch in der Blütezeit der Sumerer und in der Hochkultur Kretas. Die Sumerer rühmten, wie man weiß, Ninsun, die Mutter des legendären Gilgamesch, als Göttin. Von den Siegelabdrücken, die man auf Kreta aus der Zeit um 1500 vor Christus fand, lacht einem eine weibliche Muttergöttin mit ihren drei Töchtern entgegen. Der sprechendste Beweis für die dominierende weibliche Rolle ist wahrscheinlich das Siegel von Susa. Darauf begegnen Göttinnen und Priesterinnen dem Männlichen in der Form eines Halbtiers und Dämons.

Ob dies ein Fingerzeig auf das wilde Leben des Jägers ist, das zu diesem Zeitpunkt bereits überholt war? Der Mensch hatte seine erste große Aufgabe gelernt, auf das Nomadenleben folgte Seßhaftigkeit.

Ob mir die lebendig nachmodellierten Züge der 7000 Jahre alten Frau im Jerusalemer Museum auch das erzählen? Nun, sie wüßte sicherlich einiges zu berichten. Denn in Jericho, wohl der ältesten Stadt der Welt, fand man nicht nur ihren Kopf, sondern auch Mörser, Stößel, Mahlsteine für Getreide und andere Werkzeuge. Die berühmten Mauern von Jericho schützten eine bereits ziemlich hochstehende Kultur. Und diese Kultur war wahrscheinlich eine weibliche.

Während sich die Männer das Verdienst zuschreiben durften, die Höhlen des Urmenschen verlassen zu haben, indem sie in der Welt draußen ihr Jagdglück versuchten, waren es die Frauen, die den nächsten großen Schritt wagten. Sie erfanden den Ackerbau. Scheint nicht einmal so sehr an den Haaren herbeigezogen, meinst Du, Mutter? Die Erde als Urmutter, die Frau als Gebärerin. Wer sonst als das Weib sollte die Fruchtbarkeit und ihre Geheimnisse entdecken und entschlüsseln?

Auch mir scheint die Getreide säende Frau selbstverständlich. Aber irgendwie habe ich das Gefühl, daß wir sie als zu selbstverständlich sehen. Können wir heute, Tausende von Jahren später, ermessen, welch großer Sprung in der Geschichte der Menschheit der erste, bewußt in die Erde gelegte Same war? Welches Einfühlungsvermögen, welche mythische Einheit mit allem Sein und Werden hinter dem Sammeln von Wildgetreide steckte, hinter dem Pflanzen, der halbjährigen Pflege und dem Ernten? Die Frau hat mit ihrem instinktiven Intellekt den Hunger besiegt, sie war es, die aus herumziehenden Nomaden Seßhafte machte; auf ihre

Initiative, auf ihr Säen und Ernten, später auf weibliche Vorratswirtschaft und Organisation gingen die ersten Dörfer und Siedlungen zurück.

Wen wundert's, daß darauf nicht nur im Alltag, sondern auch in der Religion das Matriarchat folgte?

Bis zu einem gewissen Grad fühle ich mich wohl in dieser Zeit. Du nicht auch, Mutter?

Die Frauen jener Epoche müssen sehr selbstsicher gewesen sein – und sie müssen zusammengehalten haben. Schließlich waren die meisten Männer noch immer auf der Jagd, und häusliches Wohlbefinden, die Sicherheit und Geborgenheit einer ganzen Dorfgemeinschaft ruhten auf weiblichen Schultern.

Wann wohl der Wechsel von den weiblichen zu den männlichen stattgefunden hat? Wann löste der Paterfamilias die »mater«, die Mutter, als Oberhaupt der Familie ab? Wann wurde aus dem Matriarchat und einer Welt des Mit- und Einfühlens das Patriarchat, das auch heute noch Disziplin, Ordnung und strengen Intellekt bedeutet?

Mir scheint, daß ich mich langsam in der Welt des Mythos wohl fühle. Die großen Menschheitsbilder, die sich überall auf der Welt ähneln, sind manchmal bessere Geschichtsführer als viele Daten und lediglich gespeicherte, nicht aber verstandene Informationen.

Es war Demeter, die Göttin der Erde, die in der Mythologie den Menschen nicht nur den Ackerbau lehrte, sondern ihm auch gleich das Werkzeug für den nächsten Schritt in die Hand gab. Nachdem sie und ihre aus einer Ähre wachsende Tochter Kore so lange die Muttergöttinnen des östlichen Mittelmeerraums gewesen waren, wie die Frauen den Boden mit einem Hackstock kultivierten, schickte sie später ihren Sohn Tripolemos auf die Erde. Er brachte der Menschheit auf Befehl seiner Mutter den Pflug. Damit war der Schritt zur extensiven Bodenbearbeitung getan, die Grundlage für die Viehzucht gelegt. Der Pflug bedeutete nicht nur Arbeitserleichterung und größere Ernteerträge, sondern auch den Übergang zum Privateigentum.

Klingt alles sehr hübsch, nicht wahr? Aber kommt es Dir, Mutter, nicht auch so vor, als hätten sich schon damals die Frauen selber ein ganz besonderes Ei gelegt?

Die große Muttergöttin Demeter hatte den ersten Griechen ihren Sohn mit dem männlichen Pflug geschickt. Fortan wurde nicht mehr sie verehrt, sondern der Pflug; später wurden männliche Götter daraus. Im Alltag übernahm der Mann die Arbeit der Frau auf dem Feld; männliches Denken zog auch in die Häuser ein. Zum Schutz des Eigentums waren Krieger und Kriege nötig; damit Besitz weiterbestand und anwuchs, wurden Erben notwendig. Daß die Väter – später auch die Mütter – an männlichen Nachkommen mehr interessiert waren als an weiblichen, wissen wir seit spätestens dreitausend Jahren.

Oder ist es doch nicht ganz so?

Hast Du zufällig letzte Woche im Fernsehen die Reportage vom Bijagos-Archipel vor der westafrikanischen Küste gesehen? »Unser Gott ist eine Frau!« wird einem dort herausfordernd von Frauen entgegengerufen, die auf ihrer absoluten Vorherrschaft beharren, während rund um sie überall ein Sturm gegen die Vorherrschaft des Mannes läuft. Sie haben auch anderswo mächtige Schwestern; auf Sumatra, in Melanesien und bei manchen Hirtenstämmen in Afrika und Australien.

Das Patriarchat ist also auch heute nicht unbestritten. Nicht ganz unbestritten!

Sicherlich lachst Du jetzt und denkst an die vielen »Emanzen«, die Deiner Meinung nach ohnehin bei jeder Gelegenheit dagegen ankämpfen, manche sogar mit dem alten neuen Matriarchat auf dem Banner. Dabei würde uns beides nicht helfen. Wieder taucht die 7000 Jahre alte Priesterin vor mir auf. Sie hat ein siegessicheres Lächeln um die Lippen. Irgendwie ist es das Lächeln, mit dem viele Männer heute noch immer Frauen betrachten.

Es gefällt mir nicht, so, wie mir Siege noch nie gefallen haben. Sie sind in jedem Fall zweifelhaft, weil sie ein Gegeneinander und nicht ein Miteinander bedeuten.

Aus den Tiefen der Mythologie taucht ein anderes Frauengesicht auf: Es ist die ägyptische Göttin Seschat. Im alten Ägypten war sie die Erfinderin der Schrift und der Arithmetik, war sie die Herrin der Bücher und die Berechnerin der Zeit, half sie dem Pharao beim Bau von Palästen und Pyramiden.

Sie verlockt mich zu einer literarischen Reise an den Nil. Ich entdecke bei Herodot, daß es auch 500 v. Chr. in Ägypten noch eine Art Mutterrecht gab, daß die Frauen hochgeehrt waren und Söhne nach den Müttern benannt wurden. Doch auch in dieser alten Kultur bekamen die Frauen bald Konkurrenz: Seschat wurde von ihrem Gatten, dem Mondgott Thot, überflügelt und zu seiner Sekretärin degradiert.

Trotzdem war es das tolerante Ägypten, das es sich auch weiterhin leisten konnte, weibliche Errungenschaften neben männlichen bestehen zu lassen. Hier scheint die Erinnerung an einen Zustand lebendig geblieben zu sein, in dem keines der beiden Geschlechter vorgeherrscht hatte: an eine Zeit der Ergänzung und des toleranten Füreinanders.

Die Ägypter durften weiter daran glauben, daß nicht nur der Ackerbau, sondern auch Kunst und Kultur von den Frauen geschaffen worden waren; viele der weiblichen Gottheiten blieben neben den später dazukommenden Männergöttern in Amt und Würden. Während spätere Jahrtausende das Weibliche als passiv, Untensein, schmutzig und mit der Erde identifizierten, spannte bei den Ägyptern die Göttin Nut ihren Körper als Himmelsgewölbe über den Erdgott Geb und reichte ihre Brüste allem Lebenden als Nahrung. Eine andere Göttin der Urzeit überlebte Jahrtausende und war als Mutter des Horusknaben auch die symbolische Mutter jedes Pharaos: Isis, bekannt für ihre Weisheit, für Mitleid, Fürsorge, Kraft und Heilkunst, wurde in hellenistischen

Zeiten von Alexander dem Großen sogar als länderverbindende Weltgöttin vorgeschlagen.

Dieses »länderverbindend« bringt mich in die Gegenwart zurück. Es scheint, als ob ich mich unter den Damen des Matriarchats doch nur vordergründig wohl gefühlt hätte. Oder würde Dir ein von Frauen unterdrückter Mann gefallen? Kaum.

Da ist mir die ägyptische Gesellschaft des gleichberechtigten Nebeneinanders schon sympathischer. Könnten wir mit Hilfe der Toleranz des Pharaonenreichs nicht nur uns als Frauen besser verstehen, sondern auch die wechselvolle Geschichte des Mannes?

Heute nacht habe ich sogar schon davon geträumt.

Nein, nicht von Göttinnen und Pharaonen, nicht von herrschenden Männern und dominierenden Frauen. Von anderen Frauen. Von einer unendlich langen Schlange von Frauen und Mädchen.

Verschwommene Gesichter, dann wieder sehr ausgeprägte. Die einen wollten nach vorn, versuchten, die Reihe mit sich zu reißen, andere tänzelten unschlüssig auf dem Fleck herum, wieder andere trippelten in zierlichen Ballettschritten rückwärts.

Es war ein dauerndes Wogen, ein Hin und Her, umflattert von Schleiern und langen Kleidern.

Du hattest kein Kleid an.

Ja, auch Du warst dabei! An erster Stelle. Die Anführerin im Badeanzug.

Ein lustiges Bild: Großmutter hinter Dir trug noch das wunderschöne bodenlange schwarze Spitzenkleid, das ich noch immer aufbewahre, um bei ganz besonderen Festen hineinzuschlüpfen, und Du warst schon im Bikini. In jenem, den Du auf dem Bild trägst, auf dem Du wie eine richtige Hollywood-Diva aussiehst.

So spärlich bekleidet, marschiertest Du ganz munter vorwärts. Kein Blick zurück auf die lange Schlange hinter Dir, als würdest Du nicht bemerken, wie sehr sie an Dir zerrt, wie sehr sie jeden

Deiner Schritte behindert. Ihr wart ein eindrucksvoller Zug! So widerspenstig und so uneinig. Dasselbe Geschlecht, aber so unvorstellbar viele verschiedene Interessen. Kein Wunder, daß die einen nach vorn zogen, während andere zurücktrippelten, daß so viele auf ihrem Fleck beharrten. Jede auf ihrem Fleck! Jede auf ihrem Platz!

Ist dieser Platz, das unaufhörliche Trippeln auf dem eigenen Platz, das Los der Frauen? Der Fluch, der alle gemeinsamen Interessen belastet? Das Handikap, das die Frauenbewegung vergeblich zu beseitigen sucht?

Auf jeden Fall ist er der Grund, warum wir uns alle beim Reden so schwertun, warum ich hier sitze und versuche, Dir den »Fleck« zu erklären, auf dem ich trete. Ein wenig auch versuche, den Deinen zu verstehen und die vielen anderen »Flecke«, die Ansichten und Meinungen der Frauen rund um uns, die ebenso verschieden sind wie die Frauen selber. Natürlich haben sie auch ähnliche Interessen, aber niemals ziehen sie an demselben Strick, so, wie es andere Gruppen tun.

Die Farbigen in Amerika, die um mehr Rechte gekämpft haben und noch immer kämpfen, sehen sich mit ähnlichen Problemen konfrontiert. Sie bekommen die schlechtere Schulausbildung, sind im Durchschnitt ärmer als die Weißen, für sie sind viele Dinge völlig unmöglich, die einem Weißen selbstverständlich sind. Ob sie sich nun in eine weiße Frau oder in einen weißen Mann verlieben, ihre Kinder auf weiße Schulen schicken oder sich einen Job suchen – sie müssen immer daran denken, daß sie nicht weiß sind, ein Los, das dem reichsten Farbigen ebensowenig erspart bleibt wie dem ärmsten, das den Nobelpreisträger genauso trifft wie denjenigen, der sich in einer Ecke von Harlem die Abfälle aus den Mülltonnen holen muß.

Ihrer aller Problem läßt sich, auch wenn es der reiche Inder oder Chinese leichter hat als der arme Indianer in einem Reservat oder der farbige Amerikaner in der Gosse, immer genau bestimmen: Es ist die andere Hautfarbe, auf die so viele Weiße geringschätzig hinunterblicken.

Bei uns Frauen läßt sich dies schon nicht mehr so genau bestimmen, die gleichen Interessen, für die zu kämpfen es sich lohnen würde, gibt es nicht. Weil die Benachteiligung einer Fabrikantengattin eine völlig andere ist als die einer Fabrikarbeiterin mit einem Acht-Stunden-Arbeitstag. Weil die Chancen eines Mädchens in einem vornehmen Pensionat für höhere Töchter ebenso beschnitten werden wie in der gemischten Schulklasse eines Vorortviertels, in welcher der Lehrer mädchenfeindlich ist und die Buben ihre Mitschülerinnen tyrannisieren. Und weil die Studentin, die Professorin werden soll, da Rechtsanwalt ein zu männlicher Beruf ist, trotzdem vom Lehrmädchen im Friseurgeschäft glühend beneidet wird, dessen Eltern sich die längere Ausbildung mit dem Machtwort von künftiger Ehe und Familie ersparen.

So wäre wahrscheinlich die erschöpfte Fabrikarbeiterin glücklich über den Geschirrspüler der eleganten Dame, über deren Selbstverwirklichungsprobleme sie nur lachen kann. Diese wiederum sieht nur die ersehnte Galerie oder Boutique, und in ihrem Denken ist kein Platz für so grundlegende Probleme, wie acht Stunden am Fließband zu stehen und danach am Abend eine Großfamilie zu versorgen. Allein zu versorgen, ohne die Hilfe des Mannes, der Küche und Kindererziehung als weibliche Domäne ansieht, weibliches Geldverdienen als ein notwendiges Übel.

Aber auch dort, wo bereits einstimmig gekämpft wird, sind sich noch lange nicht alle einig: bei den genau umrissenen Rechten etwa, welche die Gewerkschaften zuerst einmal für die Frauen erkämpft haben. Während die eine Seite noch lauthals den neuen Errungenschaften applaudiert: besserem Mutterschutz, den Möglichkeiten, ein krankes Kind zu betreuen, der Teilzeitarbeit für Frauen, pocht die andere Seite bereits darauf, daß diese Rechte auch den Männern zugesprochen und ebenfalls von ihnen in Anspruch genommen werden können. Ein anderer Frauenflügel wiederum sieht das nicht so gern und schielt eher mißtrauisch auf diese Rechte, die faule Männer den Frauen streitig machen könnten.

Während es für Dich unvorstellbar ist, daß sich ein Mann um ein Baby kümmert und die Karenzzeit in Anspruch nimmt, ist es für eine Kollegin von mir besonders wichtig. Ein Jahr daheim beim Kind würde ihre gerade erst begonnene Karriere zerstören; ihr Mann dagegen möchte ohnehin den Beruf wechseln, und ein Jahr dazwischen kommt ihm daher nicht ungelegen. Außerdem schadet es ihm sicherlich nicht, mit einem Baby umgehen zu lernen, von den anderen Haushaltspflichten nicht zu sprechen.

Ich höre Dein »Aber!«, und die Kette beginnt wieder zu wogen.

Vor und zurück.

Wenn sie eine Führerin hätte, überlege ich, eine, die wüßte, wohin der Weg gehen soll! Da fallen mir die verschiedensten nationalen Befreiungsbewegungen ein. Sie versuchen, Rechte und Freiheiten für ein Volk zu erkämpfen.

Doch wir Frauen sind kein Volk mit gleichem Interesse, wir können keine Führerin brauchen, die nur *einen* Weg sucht. Wir müssen jede selbst unseren Weg finden. Auch wenn die Kette zurückzieht.

Die Kette ...

Ich wollte mich unbedingt einreihen. Mein einziger Gedanke war: Ich muß Dir helfen. Dir vorwärtshelfen. Aber sosehr ich auch laufen wollte, ich konnte mich nicht von der Stelle rühren. Das einzig Bewegliche waren meine Gedanken. Und die rannten, hetzten von Dir zu mir, dann wieder zu Dir. Wenigstens in Gedanken wollte ich Dir beim Ziehen helfen.

Ob es mir gelang? Ich weiß es nicht. Die Kette von Frauen löste sich ebenso schnell auf, wie sie entstanden war. Jetzt, da ich vor dem Briefpapier sitze, schimpfe ich mit mir, weil ich nicht genauer hingesehen habe, ob am Anfang Eva mit ihrem Apfel stand, dem Symbol für Sündenfall und weibliche Verführungskunst.

Während ich noch über Dich im Bikini an einem Ende der Kette scherze und die noch um einiges weniger bekleidete Eva am anderen, fallen mir die vielen Geschichten über die erste Frau ein. Vor allem jene Deutungen vom Sündenfall, die den Apfel und die christliche Lehre auf den Kopf stellen und die Erbsünde in einem neuen Licht zeigen: Eva als Urmutter einer paradiesischen Gesellschaft, die deswegen der Garten Eden war, weil die Menschen darin noch ganz waren, wo Mann und Frau ihre natürliche Zweigeschlechtlichkeit noch ausleben konnten. Das Weibliche im Mann, das Männliche in der Frau, Anima und Animus, wie es C.G. Jung nannte, oder die Yin- und Yang-Kräfte in uns allen.

Adam nicht als erster Mensch, sondern gemeinsam mit Eva als Symbol für die gesamte Menschheit jenes paradiesischen Zeitalters, das ein Garten Eden auch war, weil es noch keine Trennung gab, keine Gräben, weil das Bewußtsein von der Einheit von Menschen, Tieren und dem Mutterschoß der Natur noch genauso selbstverständlich war wie die ungetrennten männlichen und weiblichen Züge in jedem Menschen.

Und der Apfel als Symbol für das Geheimnis dieser Einheit, den Eva, die eigentlich Chawwa hieß, stellvertretend für alle anderen Frauen Adam und damit allen Männern schenkte.

Auch in einer anderen Version der Adam-und-Eva-Geschichte wird der folgenschwere Apfel, gepflückt vom Baum der Erkenntnis, den beiden nicht zum Verhängnis, im Gegenteil: Nachdem die weise Schlange Eva zugeflüstert hatte, daß sie beide wie Gott werden und zwischen Gut und Böse unterscheiden könnten, wenn sie vom Apfel kosten würden, entschied sich Eva für das Wissen, und »es schien das Licht der Erkenntnis auf sie«.

Nach der Bibel schien kein Licht auf sie. Sie wurde hinausgejagt in die Finsternis und war die Schuldige am Sündenfall; doch nicht genug damit, die gesamte weibliche Geschichte wird seither als Strafe für Evas Neugierde angesehen. »Ich will dir viel Schmerzen schaffen, wenn du schwanger wirst; du sollst mit Schmerzen Kinder gebären; und dein Verlangen soll nach deinem Manne sein, und er soll dein Herr sein.«

Der biblische Spruch, den der Männergott auf Eva herabschleuderte, ist uns inzwischen zur Selbstverständlichkeit geworden, nur glaube ich nicht mehr an seine Gültigkeit. Mir fallen die großen anderen Mythen der Menschheit ein, und ich denke daran, daß sie immer irgendwelche wichtigen Umwälzungen in einer einfachen Handlung zusammenfaßten, so, wie das Urpaar die Menschheit des ersten Äons sein könnte.

Erinnerst Du Dich an meine vielen Fragen über das Matriarchat in einem der letzten Briefe? Die Geschichte von Adam und Eva erzählt den Übergang von der Frauen- zur Männerherrschaft. Beschuldigt wird sie ja genug, diese Chawwa, die auf lateinisch Eva heißt. Sie nimmt den Apfel, beißt hinein, verführt auch noch Adam dazu. Sie, die eigentlich ein Nichts ist, die nicht einmal aus sich selber existiert, die erst kurz zuvor aus der Rippe des Mannes entstanden ist.

Das klingt ganz danach, als ob sich jemand an den Frauen hätte rächen wollen. Mit einer kurzen Geschichte das ganze weibliche Geschlecht diffamieren, es lediglich als ein Anhängsel des Mannes betrachten, dem auch gleich die Schuld an drohenden außerparadiesischen Zuständen in die Schuhe geschoben werden kann, während Adam als Verführter ziemlich glimpflich davonkommt.

War diese Darstellung die männliche Rache für die vielen Jahre, in denen die Frauen zuvor dominiert haben könnten? – Auch der männlich strenge Gott Jahwe Elohim, der den Fluch »Er soll dein Herr sein!« auf die arme Eva herabschleudert, spricht für solch eine Zeitenwende.

Was aber geschah mit dem Wissen und dem Licht der Erkenntnis, die Eva in den anderen Versionen der Schöpfungsgeschichte erlangte, die vielleicht nur die Geschichte der Schöpfung einer männlichen Welt aus einem weiblichen Paradies ist? Gab Eva das Wissen zu rasch aus der Hand? War der wirkliche Sündenfall der, daß sie zuließ, daß das männliche Element zu sehr die Welt zu beherrschen begann? Daß sie Adam den Apfel reichte, jenes Geheimnis um die Einheit, das er vielleicht noch nicht verstand, und sich selbst in die Eingeschlechtlichkeit der Frau zurückzog?

Festigen wir Frauen heute noch diese Erbsünde, indem wir eifrig mithelfen, die Welt in männlich und weiblich zu teilen?

Eva am Beginn der Frauenkette ...

19. April

Ich sitze im Kaffeehaus. Der Mokka vor mir ist bitter und stark – genau richtig zum Schreiben. Und obwohl ich mich immer über Kaffeehausliteraten und Kaffeehaustagebuch- oder -briefschreiber lustig gemacht habe, liegt nun auch vor mir ein zerknittertes Stück Papier, auf das ich mit einem Bleistiftstummel schreibe. Ich weiß: Du kannst meine Schrift ohnehin schlecht lesen, erst recht nicht verschmierte Bleistifthieroglyphen, aber ich weiß auch, daß die Möglichkeit, daß Du diese Briefe irgendwann einmal zu Gesicht bekommst, verschwindend gering ist. In letzter Zeit denke ich immer häufiger an jene Kette aus Frauen in meinem Traum, und ich zweifle, ob man mit Gedanken allein gegen die Schlange derer aufkommt, die in so viele verschiedene Richtungen ziehen. Vielleicht sollte ich lieber etwas Nützliches tun und Deiner Aktivität nacheifern, nicht immer nur reden, sondern auch handeln. Irgendwo Verantwortung übernehmen, Vorbild sein?

So wie der Vater am Tisch gegenüber, der der eigentliche Grund für diesen hingekritzelten Brief ist?

Lange Haare zu einem Pferdeschweif zusammengebunden, Vollbart, Latzhose, handgestrickter Pullover, wettergegerbte Haut, die Sonne, Wind und Arbeit im Freien signalisiert, genauso, wie die braune Haut des Kindes neben ihm von Waldspielen erzählt. Eineinhalb oder zwei lernbegierige Jahre, gebannter

Blick auf Holzklötze, die der Vater geduldig auf dem Tisch hin- und herschiebt.

Ist er wirklich der Vater? Jedenfalls ist er der erste Mann, der mir spielend im Kaffeehaus begegnet.

Seit zehn Minuten beobachte ich die beiden fasziniert. Das Kind ist wahrscheinlich ein Mädchen; nicht so leicht einreihbar wie das Rosamädchen bei den Frauen unter meinem Balkon, aber wenigstens aus den Haaren zu schließen, die in unzähligen lustigen Schwänzchen vom Kopf abstehen. Keine Zöpfe, die rufen: Hier ist ein Mädchen! So plump sind heutige Mütter und Väter nicht mehr. Dennoch unverkennbar der Versuch, eine kleine Dame zu schmücken.

Und diese vermeintliche kleine Dame erinnert mich wieder an die Männer, von denen in meinen Briefen so selten die Rede ist. Hauptpersonen sind nur wir beide, wir und die vielen anderen Mütter und Töchter, denen ich seit neuestem mit anderen Augen begegne – mit denen der Tochter, die zurückgehen will, zurück zu Dir. Zugegeben, auf eher ungewohnten Wegen, auf steil abfallenden Pfaden, wie ich Dich feststellen höre. So, wie ich wieder Großmutter höre: »Töchter sind etwas anderes, von denen hat man wenigstens etwas!«

Darum müssen die Wege ungewöhnlich sein! Weil sie zu einer der natürlichsten genauso wie zu einer der unnatürlichsten Beziehungen führen.

Das kleine, schwänzchengeschmückte Mädchen drüben schaut andächtig zu dem Mann auf und macht genau das nach, was er ihr mit den Holzstücken vorführt. Ob er sich nur hier, im Kaffeehaus, so ausgiebig mit ihr beschäftigt und Alltagsroutine, Arbeit und Ärger der Mutter überläßt? Gehört er schon zu der noch raren Spezies einer neuen Männergeneration, die sich Freuden und Sorgen um den Nachwuchs mit den Frauen teilen?

Die vielen kleinen Fragezeichen reihen sich aneinander, um sich zu einem einzigen großen zu schließen: Fühlt sich das kleine

Mädchen wohl dabei, wird es vielleicht einmal eine andere Frau als wir Muttererzogenen?

Deine Protestrufe, die empörten Aufschreie der übrigen Familie sind schon in meiner Phantasie so laut, daß ich mir die Ohren zuhalte, wenn ich auch nur daran denke. Doch hör einmal für einen Augenblick mit dem Protestieren auf, denk an das Mädchen, dem Du als Vorbild nur die Mutter zubilligst, und denk, nur als Beispiel, an die vielen Chefs, die Du früher gehabt hast. Nicht nur an den einen, über den Du heute noch schimpfst, sondern auch an die anderen, seine Vorgänger, mit denen Du Dich gut vertragen hast. Ihr wart sogar befreundet; eines aber waren sie immer: Autorität, Deine Vorgesetzten. Und stell Dir einen vor, der, mit der Autorität eines kleinen Diktators ausgestattet, für Dich ein großes Vorbild gewesen wäre.

Du protestierst schon wieder? Sagst: »Ausgeschlossen!« oder: »Warum sollte er?« Vielleicht auch: »Was soll der dumme Vergleich?«

So ähnlich wirken jedoch Mütter auf Kinder. Auf Mädchen besonders. Für sie ist die Mutter nicht nur liebende Stütze, mit der sich das Kind gutstellen muß, damit die Liebe erhalten bleibt, nicht nur die Befehlshaberin, die zeigt, wo es auf der Welt langgeht – für die kleine zukünftige Frau ist die Mutter auch das große Vorbild. Das Geschlecht, an dem das Mädchen alles mißt. Nicht nur die Gegenwart, sondern auch die Zukunft.

Während der Bruder zwei Menschen hat, auf die er seine Welt gleichmäßig aufteilen kann, sind Mädchen völlig der allmächtigen Mutter ausgeliefert. Natürlich ist sie nicht allmächtig, aber auf das kleine Kind wirkt sie so. Der Junge jedoch sieht in ihr nur die Gegenwart und im Vater, dem es als junger Mann nachzueifern gilt, all das, was er einmal werden will. Der Junge hat die Wahl. Für die Schwester ist die Mutter das alleinige Maß aller Dinge: schützende Zuflucht, Diktator und Boß, Lehrer und vor allem die Zukunft.

Vom Tisch nebenan kollert ein Stück Holz herunter. Vater und Tochter rutschen gleichzeitig unter den Tisch, stoßen dort mit den Köpfen zusammen. Das Kind will sitzenbleiben, am Boden weiterspielen; der Vater macht wenigstens im Augenblick gute Miene zum Spiel und hilft gebückt weiter.

Wenn es Glück hat, das weibliche Menschenkind, spielt der Vater auch das große Vorbild.

Du widersprichst?

Denk an Deine Chefs! Es wäre doch schrecklich gewesen, wenn einer von ihnen Deine Zukunft mitbestimmt hätte. Du wolltest doch anderes, wünschtest Dir immer eine große Familie, Kinder. Und glücklicherweise war Dein Chef nur Chef und nicht Vorbild, das Dir eine Bürokarriere schmackhaft gemacht oder gar aufgedrängt hätte. Einen Chefsessel vielleicht, den Du nicht wolltest.

Die Bauklötze liegen wieder auf dem Tisch. Aneinandergereiht sehen sie aus wie ein Zug. Vielleicht muß sich das Mädchen drüben nicht in den Frauenzug einreihen, der in so viele Richtungen strebt und doch nur immer in Richtung Frau und Mutter abfährt. Wer weiß, vielleicht darf es in einen selbstgewählten Zug einsteigen, wenn der Vater nicht nur den Spielzeugzug liebevoll vorbaut, sondern gleichzeitig auch aktiv dazu beiträgt, die getrennten Männer- und Frauenwelten in eine gemeinsame neue Welt umzubauen, in der allen alle Züge zur Verfügung stehen.

Genauso, wie Du immer eine Familie haben und nicht Deinen Chef imitieren wolltest, wollten viele kleine Mädchen nicht beim Kuchenbacken helfen, wollten keine Puppen, sondern Züge, und wollten vor allem nicht die Mutter als großes Vorbild, das automatisch zum Vorbild für das ganze spätere Leben wird. So automatisch, daß viele von uns nicht nur freiwillig kochlöffelschwingend in die Küche eilen, auch wenn ihnen der täglich neu aufzustellende Menüplan zuwider ist, daß sie heiraten, weil das einfach zu einem Frauenleben gehört, oder sich nicht scheiden lassen, auch wenn die Ehe längst in Brüche gegangen ist.

Das mütterliche Bild, das mahnend über unseren Köpfen schwebt, reicht weit, über Ozeane hinweg, hinüber auf andere Erdteile.

Fällt auch Dir Papas Schwester ein? Sie wanderte aus, machte sich in Amerika selbständig, war erfolgreicher als viele Männer. Völlig aus der Familie geschlagen, hieß es immer, wenn sie zu Besuch kam.

Ich himmelte die schicke, unabhängige, immer zu Späßen aufgelegte Tante an. Mit vierzig amüsierte sie die Fünfzehnjährige, wenn sie sich über die altmodische Einstellung ihrer Familie, vor allem die ihrer Mutter, lustig machte.

Ein Jahr später flatterte die Hochzeitsanzeige ins Haus, der nach gebührender Frist die Nachricht von Zwillingen folgte, welche die Zeit der Tante so beanspruchen würden, daß sie gezwungen gewesen sei, ihr Geschäft aufzugeben.

Großmutter, ich sehe sie noch heute vor mir, saß triumphierend lächelnd in ihrem Lehnstuhl, die Fotos ihrer eigenen vier Kinder in der Hand, in der anderen ein Bild der Zwillinge auf amerikanischem Eisbärfell. Noch heute überlege ich, ob ihr »Jetzt hat es sie also doch noch erwischt!« nur die Freude über die neuen Enkel ausdrückte oder Triumph und ein wenig Schadenfreude darüber, daß der Tochter das eigene Los nicht erspart wurde. Wahrscheinlich aber war es, wie so oft, der goldene Mittelweg: Freude mit einer kleinen Prise Schadenfreude, beides gemischt mit der tiefen Überzeugung, daß Frauen nun einmal heiraten und Kinder haben sollten.

Großmutter sprach dies niemals aus; wie selbstverständlich es aber für sie war, entdeckte ich erst, als ich fünfzehn Jahre später, im vergangenen Jahr, in Amerika meiner Tante gegenübersaß. Die Zwillinge machten bereits das College unsicher, und sie genoß den bequemen Vorort-Villa-mit-Swimmingpool-Alltag einer mondänen Amerikanerin, dazwischen die ebenso typische Langeweile. In nostalgischen Augenblicken trauerte sie ihrem Geschäft, ihrer Karriere nach, nie jedoch, ohne gleichzeitig zu bemerken: »Aber ich wollte nun einmal Kinder, sie gehören einfach dazu!« Das »dazu« war wohl das ausgefüllte Frauenleben, das Großmutter vorgelebt hatte. Ich lachte darüber und hielt die Tante mit ihren Vorstellungen für das Relikt einer langsam aussterbenden Zeit.

Weniger lachte ich, als sie mir vertraulich von Frau zu Frau erklärte, sie hätte den amerikanischen Sunnyboy, ihren immer gut aufgelegten Gatten, den ich eben erst kennengelernt hatte, nur deshalb geheiratet, weil sie unbedingt Kinder wollte.

So richtig stutzig wurde ich aber erst, als mir vergangene Woche das Mädchen in der Bäckerei auf irgendeine nichtssagende Frage – ich glaube, in meinem Fimmel für frischen Brotgeruch fragte ich sie, ob ihr die Arbeit Spaß machen würde – erzählte, daß sie nur zwei oder drei Jahre arbeiten wolle, eben genauso lange, bis sie einen Mann gefunden habe, mit dem sie sich Kinder anschaffen könne.

»Anschaffen«, sagte sie, und sie sagte es völlig harmlos und gedankenlos vor sich hin!

Das frische Gebäck, das ich in meiner Tasche verstaute, roch plötzlich nicht mehr so köstlich wie sonst, und auch daheim kaute ich ziemlich lustlos daran herum. Dafür begann ich in meinen Gedanken an etwas anderem herumzukauen. Am »dazu« der Tante, das sich für ein Mädchen, das vierzig Jahre jünger ist, in bloßes »anschaffen« gewandelt hat, und am »nur heiraten, um Kinder zu bekommen«, was heute »einen Mann finden« heißt.

Die Männer als Zuchthengste?

Oh, ich weiß, das ist wieder einmal böse! Aber der Verdacht läßt sich nicht ganz wegwischen!

Die steigenden Scheidungsraten, von denen heute morgen in den Nachrichten gesprochen wurde – klettern sie an diesen

Frauenvorstellungen hinauf? Weil wir unsere Partner fürs Leben immer mit einem Seitenblick auf die Nachkommenschaft auswählen?

Nicht nur die extremen Beispiele wie die Tante oder das Mädchen aus der Bäckerei, nicht nur die sicherlich verschwindend kleine Zahl von Frauen, die *nur* heiraten, weil sie Kinder wollen, sondern auch die anderen, die sich völlig normal verlieben, später heiraten und dann Kinder bekommen.

Hören wir alle nicht nur auf unser Herz, sondern auch auf die leisen, oft unhörbaren, sicherlich aber fühlbaren Stimmen von Müttern und Großmüttern, die unausweichlich in jedem neuen Freund nicht nur den zukünftigen Schwiegersohn, sondern auch den möglichst vernünftigen und hoffnungsvollen Vater ihrer Enkel sehen?

Werden nicht viel zu vielen von uns sterbende oder tote Ehen vorgelebt, als daß wir der Beziehung zwischen Mann und Frau allzuviel Bedeutung zumessen können?

Die Kinder sind wichtig! Das ist der Ruf, der uns mitgegeben und vorgelebt wird. Ein lauter Ruf!

Laut schon ... aber?

In das »laut« vermischt sich das »anschaffen« des Mädchens, vermischt sich amerikanisches »dazugehören«.

Ich beruhige mein schlechtes Gewissen: Wenn schon böse Gedanken, dann will ich sie auch zu Ende spinnen.

Sind sie böse oder nur ehrlich?

Ist der Ruf nur laut, oder überlegt sich die Ruferin auch, was sie ruft, was sie laut oder leise ihrer Tochter immer wieder mitgibt?

Schafft sich das Mädchen nur deshalb Kinder an, weil es sich so gehört, weil alle Frauen rund um sie Kinder haben? Überlegt es auch, welche Verantwortung es bedeutet, ein neues Leben in die Welt zu setzen?

Wollte die Tante mit vierzig wirklich noch Kinder, oder erfüllte sie eine Aufgabe, die sie mit zwanzig gestellt bekommen und nicht gelöst hatte?

Der tröstende Blick der neuen Haushilfe, als sie sich vor einem Monat nach Mann und Kindern erkundigte und ein »Nein« von mir zur Antwort bekam. Das »Was noch nicht ist, kann noch werden!« auf dieses »Nein« begleitet mich nun schon seit fünf Jahren. Immer sind es Frauen, die mich damit trösten wollen, auch wenn ich ihnen laut und deutlich erkläre, daß ich keine Kinder will.

Und immer habe ich dabei ein komisches Gefühl, so, als ob ich, es der Tante nachmachend, meine Lektion noch nicht gelernt hätte. Dann taucht auch wieder dieses »vielleicht« auf, mit dem ich manchmal das »Nein« zu bezweifeln wage.

Vielleicht hätte ich doch ...? Vielleicht sollte ich noch ...? Vielleicht ...?

In letzter Zeit ist es nur noch sehr leise, kaum mehr hörbar. Nicht so wie vor zehn Jahren, als ich, mit Mutter- und Rollenvorbild noch fest gepanzert, am liebsten drei Kinder haben wollte, obwohl ich von meiner Eignung als Mutter keineswegs überzeugt war. Es gab so viel Wichtigeres: den Beruf, das Schreiben ... Trotzdem sah auch ich fünf Jahre lang drei hübsche muntere Kinder meinen Schreibtisch unsicher machen, wagte es nicht, Zukunft ohne Kinder zu denken.

Bis das Bild langsam verblaßte. Immer um einen Ton heller und durchsichtiger wurde, je mehr ich mich von daheim, von Mutter, Großmüttern und Tanten, abnabelte.

Irgendwann verschwand es ganz, vielleicht in dem Augenblick, als ich mich besonders intensiv mit Kinderpsychologie beschäftigte. Dabei wurden aus den bereits sehr angekränkelten, um den Schreibtisch herum tobenden drei Kindern solche, die nicht nur munter und nett sein würden, sondern auch Sorgen und Probleme bringen würden. Der Berg von Arbeit, der auf alle Mütter wartet, war nicht mehr nur ein süßer Berg aus köstlichem

Kindergrießbrei, sondern ein Koloß von ungeahnter Verantwortung, die auf mich allein zukommen würde.

Auf jeden Fall war das Bild von kinderreichem Familienglück völlig verschwunden, als ich immer mehr Frauen rund um mich sah, die ihren eigenen Weg gingen. Manchmal verschlungene Pfade, aber immer eigene Wege. Die bewußt auf Kinder verzichteten, was mir – ich höre Dich aufschreien, aber ich meine es trotzdem so – noch immer verantwortungsvoller vorkommt, als sich gedankenlos Kinder anzuschaffen. Daneben die vielen jungen Frauen, die ihren Sprößlingen in Großfamilien oder Wohngemeinschaften ein anderes Frauen- und vor allem Mutterbild vorleben.

An diese vielen verschiedenen Wege glaubte ich.

Bis wieder einmal das »vielleicht« auftauchte. Bis das Gebäck plötzlich nicht mehr so verlockend duftete, bis ich an Semmeln und an anderem herumzukauen und zu schlucken begann, bis ich böse Gedanken wälzte.

Denn allmählich bezweifle ich, ob es diesen Weg gibt, ob wir überhaupt gefragt werden, welchen Weg wir einschlagen wollen. Noch immer sehen kleine Mädchen ausschließlich die Mutter, und weil sie später auch einmal eine Frau werden, identifizieren sie sich voll und ganz mit ihr. Während der Bruder längst zum Vater aufblickt, bleibt dem Mädchen keine Wahl. Und so heißt Frausein heute noch immer vor allem Mutter- und nicht Menschsein.

Diese Lektion bekommen wir so früh erteilt, daß es keine Flucht gibt. Mit dreißig kämpft man dann, bewaffnet mit einer Menge gescheiter Theorien, gegen Dinge, gegen schöne Erlebnisse, die sich vor einem Vierteljahrhundert in unserer Seele genauso wie in die vielen Zellen unseres Körpers eingegraben haben. Aus der Entfernung sind die Erlebnisse nicht mehr ganz so schön, und »frau« kämpft wie Don Quichotte gegen Windmühlenflügel.

»Du bist wieder einmal kinder-, frauen- und familienfeindlich!« Ich kalkuliere Deine Argumente schon unaufgefordert ein, wie Du siehst.

Nein, ich bin nicht feindlich; ich will nur für alle Frauen endlich die Möglichkeit der Wahl. Selbstverständlich müssen dabei auch die Männer mitspielen. Und die Mütter, die diese Männer von morgen erziehen.

Auch darum kämpfen wir gegen Windmühlenflügel. Weil diese viel lieber die Mütter von morgen erziehen. Im Dienste der Männer- und natürlich auch der Müttergesellschaft.

24. April

Gestern war ich auf der Suche nach einem Foto für meinen neuen Paß. Dabei stieß ich auf die alte Fotokiste im hintersten Teil meines Schreibtisches, die dort seit Jahren einen ungestörten Dauerschlaf führen darf. Alles, was nicht in die Fotoalben kam, die Du mir liebevoll zusammenstelltest, wurde darin gesammelt. Vergilbte Fotos, zu einer Zeit hineingeworfen, zu der ich für die Vergangenheit noch nicht viel übrig hatte. Die letzten zehn Jahre gehörten der Zukunft.

Wird man mit dreißig sentimentaler, oder begreift man dann, daß die Zukunft zu drei Vierteln aus der Vergangenheit gewebt ist? Jedenfalls zogen mich diese Bilder in ihren Bann. Du und ich auf einer Luftmatratze, im Schottersee rudernd, wir beide auf dem Trampolin, wo Du mir gerade den Kopfsprung beibrachtest, auf dem Eislaufplatz, beim Schilaufen. Natürlich auch gemeinsam am Klavier; daneben ein Schnappschuß von mir: vier- oder fünfjährig, im Ballettkleid, versuche ich, mit fliegenden Locken, auf den Zehenspitzen zu tanzen.

Ich war ein vielbeschäftigtes Kind und Du eine vielbeschäftigte Mutter. Schließlich sollte ich all das lernen, all das haben, was Du entbehren mußtest.

Du hast es so gut gemeint!

Darum gibt es mir jetzt auch einen Stich ins Herz. Keinen wirklichen – es ist der Stich, von dem Großmutter und Du immer dann gesprochen habt, wenn Euch etwas peinlich war oder irgend etwas Euch traurig machte.

Auch ich werde traurig, wenn ich nicht nur die lächelnde kleine Primadonna sehe, sondern dahinter das Mädchen, das Klavierspielen haßte, Ballett und Gymnastik noch um einiges mehr, den Wildfang, der lieber seinem Bruder in den Wald nachgestürmt wäre, lieber in aufregenden Abenteuerbüchern geschmökert hätte. Und daneben Dich, voll Freude und Stolz über die kleine Dame. Ich durfte alles tun, was Dir der Krieg verwehrt hatte, was Du Dir einst sehnlichst gewünscht hattest. Was kann man von einer Mutter mehr verlangen? Vielleicht, daß sie irgendwann später, vielleicht heute, mit anderen Augen, denen von heute, sieht, daß sie unwillkürlich ihre Wünsche auf jemanden übertrug, der nicht sie selber war.

Natürlich auf die Tochter. Ein Sohn verführt nicht dazu, er darf an der langen Leine herumspazieren. Von Mädchen nehmen alle Frauen an, daß sie ihnen ähnlich sind. Für sie wünschen sie sich die vielen Dinge, die sie selber wollten, anstatt nur zu wünschen, daß sie glücklich sind. Und das auf ihre eigene Weise. Nicht als eine zweite Ausgabe der Mutter, nicht als die zukünftige Mutter von Enkelkindern, denen später nicht nur Kochen und Kindererziehung, sondern auch Klavierspielen, Ballett und so vieles andere beigebracht werden muß.

2. Mai

Im Fernsehen habe ich gerade die Berichte über die steigenden Arbeitslosenzahlen vernommen. Es sind meist die Frauen, die als erste auf der Straße stehen. Nicht nur, weil sie wieder einmal als erste beinahe freiwillig abtreten, so, wie sie es immer getan haben; als Arbeitssklaven, die kommen, wenn ihnen eine geschickte Werbung die Berufstätigkeit schmackhaft macht, die abtreten, wenn bei Wirtschaftsflauten Familie und Richtig-Frau-sein wieder in Mode kommen.

Die schlechtere Ausbildung kann nicht der ausschlaggebende Grund sein.

Ich kenne all die Argumente gegen Frauenarbeit, höre auch von allen Seiten den Ruf: »Sie bekommen schließlich und endlich die Kinder!« Oder: »Sie sind unverläßlicher!« Trotzdem glaube ich, daß sich hinter der betrüblichen Arbeitslosenstatistik noch etwas ganz anderes versteckt. Eines der angegilbten Fotos, die noch immer auf meinem Schreibtisch liegen, brachte mich darauf: Ich muß drei gewesen sein, drei und besonders eifrig. Die Kekse, die auf dem Backblech vor mir lagen, waren alle selber ausgestochen, selber bezuckert, nur beim Teigrühren halfen Deine stärkeren Hände mit. Ich strahlte. Ob wegen der süßen Köstlichkeiten, von denen ich sicherlich bis zur Gefahr von Bauchschmerzen gekostet hatte, oder wegen des Erfolges, weiß ich heute nicht mehr. Jedenfalls dürfte ich ziemlich stolz auf mich kleine Hausfrau gewesen sein. Stolzer als auf die gelungenste Kopfarbeit von heute. Die lesen zwar einige Leute, aber beim Kochen und Backen kostest Du auch heute noch in meinen Gedanken mit. Es sind die Gedanken der Dreijährigen auf dem Foto, die stolz auf sich ist, stolz aber auch darauf, die Mutter zufriedengestellt zu haben.

»Und was soll Kuchen oder knusprige Kekse backen mit der höheren Arbeitslosigkeit von Frauen zu tun haben?«

Du stelltest die Frage ein wenig verwirrt; den zynischen Unterton kann ich mir trotzdem vorstellen.

Genausoviel und genausowenig wie der Stolz auf meine heute so raren Kuchenversuche mit dem Stolz des Mädchens auf dem Foto.

Wir haben nicht nur kochen und backen, sondern auch die vielen anderen Dinge gut gelernt, die in einem Haushalt zu erledigen sind. Von den Frauen zu erledigen, nicht von Männern, nicht von kleinen Jungen.

Schade, daß kein Foto existiert, auf dem ich mit Tränen der Wut in den Augen Schuhe putze, Staub abwische oder Wäsche aufhänge.

Wut nicht über die Arbeit, sondern hilflose Wut, daß ich trotz energischer Proteste wiederum allein Schuhe putzen mußte, allein zusammenkehren, allein Unterhosen – auch die brüderlichen – aufhängen mußte. Obwohl nie offen ausgesprochen wurde, daß Männer solche Arbeiten nicht verrichten, gelang es meinem Bruder immer wieder, ihnen zu entfliehen.

Gib zu: Auch heute ziehst Du noch, mehr oder weniger unangenehm berührt, die Augenbrauen hoch, wenn einer meiner Bekannten mir hilft, das Geschirr wegzuräumen.

»Die Arbeitslosen!«

Ich weiß, Mutter, ich weiß!

Aber gut Ding braucht Weile, wie Du immer feststelltest, wenn mir der Hausputz zu schnell von der Hand ging; die Hürden und Hindernisse, die sich hinter den vielen weiblichen Arbeitslosen, aber auch hinter den fehlenden Frauen in Politik und Wirtschaft verstecken, sind ebenso hoch, wie sie schwer zu erkennen sind.

Wir sehen immer nur nach oben, zu den Alibifrauen, die sich in die höchsten Etagen der Männerwelt durchgeboxt haben, oder wir schauen nur zu den vielen ungelernten Arbeiterinnen am anderen Ende der Karriereleiter hinunter. Und wir achten viel zu wenig auf die zahlreichen Frauen in der Mitte, auf die Beamtinnen, Lehrerinnen, Angestellten. Sie bleiben freiwillig mitten auf der Leiter stehen und schwingen sich nur ungern zum Gipfel auf, wo eine eisigere Luft weht, wo Befehle gegeben und Verantwortung übernommen werden muß.

Sieh Dir das Foto an, den entzückenden Schnappschuß der kleinen Bäckerin, und denk an die vielen kleinen Mädchen, denen die Aufgaben einer Mutter, das Helfen vor allem, so früh beigebracht wurden. Meist selbstverständlich ganz nebenbei und trotzdem als große Belohnung: Wir durften dasselbe machen wie die Mutter und freuten uns darüber. So lernten wir spielend unsere große Frauenrolle – dienen und aufopfern, immer die monotonere Arbeit wählen, die schlechtere.

Darum stimmen auch all die anderen Argumente nicht ganz, nicht die der Männer, die mit der Kinderausrede in der einen, mit der der schlechteren Ausbildung in der anderen Hand Schranken vor eine Arbeitswelt legen, in der Frauen beliebig austauschbar sind. Und die Frauen kämpfen wieder einmal wie Don Quichotte, wenn sie einzig gegen diese männlichen Schranken anlaufen, ohne die anderen guten Dienste zu sehen, welche Mütter den Männern leisten.

Die Erinnerung an die Mutter, die allabendlich lief, um dem heimkommenden Vater Bier und Pantoffeln zu holen – für wieviel Mädchen wird sie später zur Realität der Fließbandarbeit? Wenn dieses Bier dann einmal umgestoßen wurde, war es die

Mutter, die die Lache aufwischte. Wenn der Nachwuchs in die Hosen macht, wenden sich auch heute noch die meisten Väter ab. Windelnwechseln war und ist Frauensache. So, wie die Frauen Krankenschwestern und Pflegerinnen werden, um den Männern nicht die gottähnliche Position des Herrn Doktor streitig zu machen, der nie auf die Idee kommen würde, einen Kranken zu waschen.

An den Haaren herbeigezogene Beispiele? – Glaubst Du?

Geh in die Ordinationen unserer Ärzte. In den meisten aller Fälle ist er der Herr Doktor, sie die Krankenschwester oder Sprechstundenhilfe. Sie hat schon daheim bei der Mutter gelernt, wie man Puppen pflegt, wie man die Wohnung sauberhält. Später sorgt sie für die saubere Ordination des Ehemannes. Er hat als Kind sein Spielzeug zerlegt, vielleicht sogar die Puppe aufgeschlitzt, um nach Eingeweiden zu suchen; sicherlich hat er sie nicht gebadet.

Auch heute noch legt sie den Verband an, den der Herr Doktor bestimmt hat. Sie findet dies auch nicht ungerecht, denn schließlich ist sie das Nachmachen ja gewöhnt – von der Mutter, die ihre Tochter liebevoll und mit besten Vorsätzen dazu erzogen hat, die schlechtere Arbeit zu wählen. Oder eine bessere Arbeit weiblich zu verrichten, was still und leise bedeutet, viel zu oft auch unterwürfig.

In dieser Stille, Zufriedenheit, manchmal auch Unterwürfigkeit, dürften wir uns alle gleich sein, wir »besseren«, »mittleren« oder auch »schlechteren« Arbeiterinnen. Wie wäre es sonst zu erklären, daß nicht nur ungelernte Arbeiterinnen um ein Drittel weniger verdienen als ungelernte Arbeiter, sondern auch viele Akademikerinnen ihren männlichen Berufskollegen um ein ganzes Drittel nachhinken?

Sind sie denn alle dümmer, weniger geschäftstüchtig, verstehen sie sich nicht auf männliche Ellbogentechnik? Oder sind sie nicht nur die Benachteiligung, sondern auch das leise, dienende

Vor-sich-Hinarbeiten ohne Protest und ohne Fragen von Mädchenbeinen an gewöhnt? Wie sonst läßt sich ein Drittel Lohn weniger bei gleicher Arbeit erklären?

Nur dadurch, daß männliche Chefs Männer lieber in höhere Lohnklassen einteilen als Frauen, weshalb die Arbeiterin am Fließband ebenso vierzig Stunden lang Marmelade in Gläser einfüllt, wie der Arbeiter die vollen Gläser zur Seite stellt, und sie trotzdem am Ende des Monats mit einer wesentlich leichteren Geldbörse heimgeht.

Würden die vielen Akkordarbeiterinnen, die von ihrer Arbeit nicht aufzublicken wagen, weil dies ihren Arbeitsplatz gefährden könnte, eine andere Arbeit verrichten, wenn sie nicht die Mutter tagein, tagaus dieselbe langweilige Hausarbeit hätten tun sehen?

Vielleicht würden sie dann auch einmal mit Streik drohen, so wie ihre männlichen Kollegen in der Fabrik nebenan, die es schon als Kind gelernt haben, sich für ihre Rechte einzusetzen. Rechte, die schon immer andere waren: nur deshalb, weil sie von Männern gefordert wurden.

»Das Recht des Stärkeren« nennt es eine ehemalige Studienkollegin von mir und schimpft über all die Männer rund um sich, die sie zwar bis in die Chefetage einer großen Bank vorließen, jetzt aber die Frau Doktor genußvoll im hintersten Zimmer der obersten Etage schmoren lassen. Sie haben alle ihre Dienstautos, ihre Spesenkonten, verdienen natürlich mehr als sie und setzen ihr zu allem Überfluß immer dann einen Neuankömmling vor die Nase, wenn sie gerade glaubt, auf der Karriereleiter ein Stück vorwärts klettern zu können. Dann arbeitet sie noch ein Stückchen härter, macht brav noch mehr unbezahlte Überstunden und glaubt an die Gerechtigkeit. An Gerechtigkeit und daran, daß ihr Chef doch endlich einmal bemerken müßte, daß sie die tüchtigste von allen ist.

Ob sie ihn mit ihrer Mutter verwechselt, die das kleine Mädchen immer dann lobte, wenn die Aufgaben besonders gut erledigt wurden, der Schrank mädchenhaft ordentlich war oder sie besonders fleißig beim Aufräumen mithalf?

Ob sie vielleicht manchmal ihrem Chef widersprechen, ihn und ihre Kollegen mit ungewöhnlichen Ideen überraschen sollte?

»Die Männer machen alle nur viel Wind, es steckt nichts dahinter!« erzählt sie mir immer wieder. Jetzt, nachdem ich das brave kuchenbackende Mädchen in mir entdeckt habe, werde ich ihr raten, auch ein wenig mehr Wind zu machen.

4. Mai

Das Teppichklopfen unten im Garten stört mich bei der Arbeit. Seit einer Viertelstunde wirbelt der Staub im Takt bis zur Balkontür herauf. In Zeiten mit Teppichboden eine Erinnerung an Jugendjahre. Die vielen Bettvorleger, die Brücken und die großen schweren Perser: Sie alle mußten geklopft, dann mit Schnee gereinigt werden.

Der große Weihnachtsputz; Säuberungsorgien zu Ostern. Ich sehe noch Dein zufriedenes Gesicht, wenn alles erledigt war, die Fenster ebenso spiegelten wie die Parkettböden, wenn das Haus nach Bohnerwachs stank und nach Festtagsgebäck roch. Das Putzen gehörte zum Feiern wie das Amen zum Gebet. Strahlend saubere Zimmer zu strahlenden Kinderaugen. Ein völlig reines Hausfrauengewissen zur Festtagsbeichte.

Manchmal strahlte alles nicht ganz so.

Der weiße Fleck auf dem dunklen Parkettboden. Kannst Du Dich noch erinnern? Die unachtsame Sechsjährige, die vor lauter weihnachtlicher Eile die Gießkanne fallen ließ, und das eine halbe Stunde vor der Bescherung. Es wurde eine Bescherung mit negativem Beigeschmack. Die Wasserlache auf dem Boden des Speisezimmers schwemmte alle weihnachtlichen Gefühle mit sich fort. Was würden die Gäste sagen?

Es war der übliche Zwiespalt: der zwischen Hausfrau und Mutter. Solltest Du mich in die Arme nehmen und trösten, oder solltest Du schimpfen, damit Dein schönes Heim in Zukunft von solch unliebsamen Zwischenfällen verschont bliebe?

Es war Weihnachen, es kamen Gäste, und Du entschiedest Dich trotz Festtagsfrieden für die Frau des Hauses. Ich bekam einen ordentlichen Rüffel, und schleunigst, noch bevor die Türglocke läutete, wurden Teppiche verschoben, wurde der peinliche Schönheitsfehler versteckt.

Später dann, als die andere Glocke läutete, als für uns Kinder im Nebenzimmer das Christkind herbeigeläutet wurde, klang sie für mich nicht mehr ganz so hell wie in den Jahren zuvor. Die lästige Wasserlache war auch über meine Weihnachtsgeschenke gelaufen.

Erst heute verstehe ich Dich ein wenig, und mir fällt auf, wie schwer es gewesen sein muß, wie schwer es für viele Frauen noch immer ist, diesem Zwiespalt gerecht zu werden: auf der einen Seite die munteren Kleinen, die von Reinlichkeit und aufgeräumten Zimmern noch nichts wissen wollen, auf der anderen eine Gesellschaft, deren oberstes Gebot für Frauen noch immer Ordnung und Sauberkeit heißt.

Man muß nicht einmal eine Reinlichkeitsfanatikerin sein, um immer und überall den erhobenen Zeigefinger zu spüren. Den unsichtbaren der Mutter: Er impft schon dem kleinen Mädchen ein, daß alles so sauber wie möglich sein soll, und schwebt auch später noch über den Wohnungen der jungen Frauen. Oder den Zeigefinger der Werbung, die alles weißer und nochmals weißer will. Den Blick der Nachbarin, des Postboten, des Elektrikers oder wer sonst noch einen Blick auf Unordnung werfen könnte.

Dazu der eigene Erwachsenenblick, der lieber poliertes Mahagoni oder frische Fichte sieht als verschmierte Kindersessel. Ich kann sie mir vorstellen, Deine innere Zerrissenheit zwischen der Freiheit von uns Wildfängen, wobei dem Bruder immer ein wenig mehr an Wildheit zugestanden wurde, und zwischen dem

Haus, das schließlich nicht ein Aushängeschild für Kinderfreiheit war.

Einige Jahre später wäre Dir dieser Zwiespalt vielleicht erspart geblieben. Beneidest Du eigentlich die (zugegeben) kleine Gruppe junger Frauen, die achselzuckend über verstreutes Spielzeug stolpern, die Unordnung als natürlich ansehen, solange Kinder klein sind?

Sie haben es leichter als Du, ersparen nicht nur sich Arbeit und den Kindern Gejammer, sondern werden auch nicht von Gewissensbissen geplagt wie die Zerrissenen, die sich nicht entscheiden können, ob sie Mütter oder Hausfrauen sind.

7. Mai

Morgen ist Muttertag. Auf der Kommode im Vorzimmer liegen Süßigkeiten, eine Flasche mit Parfum. Doch ich würde Süßes und Duftendes am liebsten zum Fenster hinauswerfen. Gestern liebevoll gekauft, liegt es mir heute bereits auf der Seele: Weil morgen nicht ein Ehren-, sondern ein Ausverkaufstag ist – und weil ich dieses süße Mutter-Ausverkaufs-Spiel bereitwillig mitmache. Mitspiele, um Dich nicht zu ärgern, Dich nicht zu kränken, aber auch, weil es für mich einfacher ist. Ein wenig Geld, ein paar Minuten Zeit gegen die viele Zeit, die Ehrlichkeit fordern würde.

So werde ich morgen bei Dir auftauchen, und wir werden uns anlächeln, uns küssen, wieder einmal plaudern.

Hinwegplaudern über mitgebrachte Blumen und Deinen köstlichen Kuchen zwischen uns auf dem Tisch. Über viel Nebensächliches werden wir reden, obwohl wir alle beide ein schlechtes Gefühl dabei haben werden: Du, weil Du ganz genau weißt, wie sehr ich diesen Konsumterror zum Muttertag hasse, ich, weil ich mich doch wieder einmal, ein weiteres Mal, habe einfangen lassen.

Vielleicht schaffe ich es auf dem geduldigen Papier, Dir meine Abneigung zu erklären, vielleicht ist dies die Möglichkeit, Dir zu zeigen, daß es nicht Zuckerl- und Parfumunlust ist, sondern meine Überzeugung, daß an diesem Tag die Frauen noch um einiges mehr betrogen werden als an den übrigen 364 Tagen des Jahres.

Du lachst? Fragst: »Betrogen?«

Ich meine nicht von den Männern betrogen, sondern von den Frauen selber, die dieses rosarot verkitschte »Weihnachten für Mütter«, das eine Amerikanerin am Todestag ihrer Mutter mit offensichtlich schlechtem Gewissen erfand, noch immer zulassen.

Dabei ist der Einwand gegen einen einzigen Tag, der ein restliches Jahr an Mutterliebe aufwiegen soll, ja nur die äußerliche Rechnung. Ich brauche lediglich die Zeitung neben den Geschenken auf der Kommode aufzuschlagen, die ich Dir mitbringen werde – auch wenn Du nicht wissen wirst, warum. Darin ist die andere Seite des Spiegels zu sehen, der auf einer Seite so hell und klar die Mutterliebe zeigt; die dunkle Seite, die auch dazugehört, die aber an einem Tag wie morgen vergessen wird: die Tatsache, daß Mütter ihre Kinder nicht nur nicht immer lieben, sondern manchmal sogar hassen.

»Verzweifelte Mutter brachte in einem Wahnsinnsanfall ihre zwei Kinder um!« heißt es darin in großen fetten Schlagzeilen. Du wunderst Dich wahrscheinlich zu Recht, warum ich diese verzweifelte Mutter mit dem morgigen Festtag in Zusammenhang bringe.

»Natürlich ist der Muttertag nicht für solche Frauen gedacht!«

Deine Stimme. Sie hallt laut in der stillen Wohnung. Ich stelle mir Dein beleidigtes Gesicht vor, und es hält mich beinahe vom Weiterschreiben ab – weil Zusammenhänge zwischen Mord und Mutterliebe nicht so einfach zu sehen sind und weil Du mich wegen dieser Behauptung zwar nicht gleich »umbringen«, aber sicherlich für verrückt erklären würdest.

Trotzdem glaube ich, daß die Mutterliebe und ihr Ehrentag mehr mit dem Haß in unseren Augen, gegen den ich schreibe, zu tun hat als die andere Rechnung, die gemeinhin aufgestellt wird. Jene Rechnung, die kitschige Ehrungen verurteilt, weil ein Tag voll mit Geschenken, Ehrungen und Liebe ein Jahr Arbeit aufwiegen soll. Auf wieder einer anderen Rechnung steht nicht die Zeit zur Diskussion, sondern die Qualität.

Die verzweifelte Mutter wollte sich selber auch umbringen, eine Nachbarin verhinderte es im letzten Augenblick. Sie hatte das Gas gerochen und die Wohnungstür aufgebrochen. Für die Kinder war es jedoch zu spät. Nicht für die Frau, die neben den beiden am Boden saß und immer wieder vor sich hinmurmelte: »Ich wußte mir nicht mehr zu helfen, wußte nicht mehr weiter! Ich war nur mehr für die Kinder da!«

»Ja, was denn sonst?« wirst Du mit verwunderter Stimme fragen.

Ihr wart auch nur für die Kinder da, Du und die anderen Mütter, die Ihr nie die Kehrseite der Medaille zugeben würdet: daß Mütter nicht nur lieben, sondern daß sie manchmal auch wütend sind auf die lieben Kleinen, sie mitunter sogar hassen oder sie zum Teufel wünschen. Nicht nur, weil sie ihnen soviel Arbeit machen, sondern auch, weil sie ihnen so viel wegnehmen. Oft das ganze eigene Leben.

Als Mutter mußtest Du immer mit einer Maske herumlaufen, vor allem mit der der Liebe, auch wenn Dir nach Lieben nicht zumute war. Mußtest Wächterin der körperlichen Gesundheit sein und Kerkermeisterin der geistigen Sicherheit, die uns in der Schule nach Lehrplänen verpaßt wurde, die keine geistigen Ausflüge erlauben. Du warst der Pfarrer im kleinen, der uns am Sonntag zum großen in die Kirche schickte, und Du warst vor allem die Visionärin, die sich für uns eine handliche Zukunft ausmalte. Von den kleineren Posten, denen der Köchin, der Bedienerin, der Wäscherin oder der Chauffeuse, nicht zu sprechen.

Darum sei einmal ganz ehrlich und rede nicht von Mutterfreuden und mütterlichen Opfern: Gestehe, wie oft Du mich, wenn auch nur in Gedanken, verwunschen, mich kurzerhand umgebracht hast.

Die Frau, über welche die Zeitung so schnell urteilt, hat ihre Kinder wirklich umgebracht. Weil Muttersein nicht nur schöne Pflicht, sondern auch schwere Belastung bedeutet. Weil sie nicht so sehr wahnsinnig wie vor allem allein war. Weil sie so verzweifelt war, daß sie sich dies alles eingestehen mußte.

Konnte sie ihre eigene Gesichtslosigkeit, ihr Nur-durch-und-für-die-Kinder-Leben nicht mehr ertragen? Würden die Kinder noch leben, wenn sie ihre Hilflosigkeit, ihren Haß schon früher der Welt entgegengeschrien hätte? Einer Welt, welche die Mutterliebe in den Himmel hebt und sich beim Wort Mutterhaß die Ohren zuhält. Weil nicht sein kann, was nicht sein darf.

Es gibt ihn jedoch, diesen Haß, diese Wut, mit der sich so viele Frauen selber zerfleischen und den Kindern einiges davon abgeben. Die Zahlen über Kindesmißhandlungen sprechen Bände.

Ich wiederum spreche davon, weil solche extremen Beispiele wie das der Mutter, die verzweifelt ihre Kinder umbrachte, und das der anderen Mütter, die ihre Kinder verzweifelt schlagen – die vielen Mißhandler sind ein anderes, ebenso umfangreiches Kapitel –, die dunkle, schlammige Tiefe eines lieblichen Sees sind, der an seiner schönen, der Welt zugewandten Seite Mutterliebe genannt wird.

Wenn morgen in diesem See gebadet wird, vergessen wir muttertäglich die Wasserleichen auf dem Grund.

Du verstehst nicht, worauf ich hinauswill? Ganz einfach! Ich glaube, daß die verzweifelte Frau keine Mörderin geworden wäre, wenn sie früher aufgeschrien hätte, früher sie selbst gewesen wäre. Ich bin nicht einmal so naiv, zu hoffen, daß der Schrei auch gehört worden wäre, sondern ich glaube nur an die heilsame Wirkung des Schreis.

Du und viele andere Mütter hättet ein schöneres Leben gehabt, wenn Ihr Euch gestattet hättet, Euch mit eigenen Augen zu sehen – nicht ausschließlich als pflichtbewußte, sorgende Mutter, allen Widerwärtigkeiten des Alltags zum Trotz immer opferbereit, immer gezwungenermaßen liebend, sondern auch als Frau mit eigenen Problemen und Wünschen, als Frau, der manchmal der Kragen platzt, als jemand, der ehrlich zu sich ist und sich eingesteht, daß Kinder nun einmal nicht immer das ganze und einzige Glück auf Erden sind, und so nicht gezwungen ist, den heimlichen Haß in sich hineinzufressen, ihn womöglich durch tyrannisch fordernde Affenliebe aufzuwiegen.

Vielleicht hätten wir uns dann auch mehr geliebt, vielleicht müßte ich dann heute nicht den Haß in Deinen Augen, die Enttäuschung in allen Frauenaugen fürchten.

Im Radio trällert eine italienische Sängerin »Mamma mia«, und mir fällt ein, daß man nicht einmal fordern kann, mit dem Tabu Mutterhaß endgültig Schluß zu machen. Er war nie nur etwas, worüber man nicht spricht, sondern war und ist bis heute etwas völlig Unaussprechliches, Undenkbares.

Zur Mutter gehört Liebe als schmückendes Beiwort. Ob diese Liebe schöner werden könnte, wenn wir uns auch die weniger edlen Gefühle eingestehen könnten, die Kehrseite nicht verdrängen würden? Den Haß in einer Gesellschaft, die von den Frauen so viel mehr fordert als von den Männern? Vielleicht wäre er dann nicht mehr so groß, wenn wir ihn als etwas Selbstverständliches hinnehmen würden.

»Selbstverständlich?« Jetzt stöhnst Du auf.

Sei nicht zu voreilig, erinnere Dich an die vielen langen Nachmittage, die jetzt im nachhinein natürlich ihren Sinn haben. Ob Sandkastenspiele mit Zweijährigen, Aufgaben überprüfen und sich endlos hinziehende Stunden unter spielenden Kindern und strickenden Müttern für Dich immer sinnvoll waren, mußt du selber beantworten. Warst Du damals immer fröhlich, oder hast Du uns nicht manchmal über alle sieben Berge gewünscht, wenn Vater zu einer interessanten Reise aufbrach und Du seiner Kinder Hüterin bleiben durftest?

Sei ehrlich!

Vielleicht bin auch ich dann ehrlich. Vielleicht bekommst Du dann, am nächsten oder übernächsten Muttertag, nicht Honig in Form von Süßigkeiten um den Mund geschmiert, sondern ein richtiges Dankeschön.

Ein richtiges und ein ehrliches.

Vielleicht schicke ich dann auch alle diese Briefe ab, mit denen ich Dir für Deine Liebe danken und mit denen ich den Haß aus Deinen Augen vertreiben will.

16. Juni

Zwischen dem letzten Brief und heute liegen Tage voll Sonne, ein Urlaub, ganz dem Faulsein gewidmet. Erst heute, als ich vor meiner ehemaligen Schule den Abiturientinnen in feierlichem Schwarz begegnete, fielen mir die Briefe wieder ein, weil ich plötzlich auch wieder jung war, knappe achtzehn Jahre alt und nach vielen aufregenden Schuljahren endlich für reif erklärt. Mir fiel Deine Freude darüber ein, die noch größer war als mein Jubel. Für mich stand die Welt offen, und für Dich waren Jahre voller Ärger mit der Schule vorüber. Aber das ging im Trubel der abendlichen Feier beinahe unter. Sie konnte nicht groß genug sein, alle Verwandten und viele Bekannte wurden dazu eingeladen.

Erst jetzt, zwölf Jahre später, nicht mehr ganz so mit Wissen verstopft, dafür hoffentlich ein wenig klüger, sehe ich nicht nur feierliche schwarze Kleider und dunkle Anzüge, ernste oder frohlockende Gesichter, sondern auch die Mütter dahinter, ihren langen Kampf mit lernunwilligen Schülern, mit lehrstoffbefrachteten Lehrern. Das große Fest, die vielen Flaschen Sekt: Es war viel mehr Dein Fest als meines, obwohl ich es natürlich für meines hielt. Schließlich hatte ich gebüffelt.

»Weil es unbedingt sein mußte!« wirst Du noch heute stöhnen und an das undankbare Geschäft denken, das Du übernommen hattest: das der ewigen Mahnerin. Für mich machtest Du Dich zur bösen Mutter; bei den Lehrern wiederum mußtest Du den Kopf für die faule Tochter hinhalten.

Habe ich eigentlich einmal danke dafür gesagt?

Wahrscheinlich nicht. Kinder nehmen Eltern, vor allem Mütter, und das, was sie tun, als selbstverständlich hin. So selbstverständlich, daß mir erst jetzt auffällt, daß ich gar nicht weiß, was für eine Schülerin Du warst.

Als Mutter wußtest Du gute Noten zu schätzen; wie hieltest du es selber mit sechzehn? Eine Fangfrage?

Nein, es würde mich wirklich interessieren, ob Du schon immer vom Sinn angelernten Wissens überzeugt warst oder ob die guten Noten von allen möglichen bekannten Kindern, die wir immer vorgehalten bekamen, nur als Ansporn gedacht waren. Wie die erfundenen Einser der Nachbarin, die, wie sie mir flüsterte, in der Schule eine totale Null war. Für ihre zwei Mädchen ist sie eine Vorzugsschülerin gewesen.

Die Mutter als großes Vorbild, der Vater als Primus. Irgendwie reizt es mich immer wieder zum Lachen, wenn Eltern ihre eigene Kindheit und Jugend einfach auf den Kopf stellen, eigenes Schülerleid und eigene Lernnot vergessen. Die Mütter sind dabei am eifrigsten. Von ihnen erwartet man, daß sie die gehorsamen Gehilfinnen unserer Leistungsgesellschaft sind.

Gute Noten und genau meßbare Leistungen gehen vor. Oder hast Du schon von einer Mutter gehört, die in der Schule fröhlich den Lehrern widerspricht, die es wagt, zu sagen: »Ich weiß, in Mathematik ist meine Tochter eine Versagerin. Dafür schreibt sie daheim wunderschöne Gedichte und erzählt die phantasievollsten Geschichten!«?

Das kannst Du Dir nicht vorstellen? Verständlich! Du hast genug gelitten unter Deiner lernunwilligen Tochter. Mit Grauen denke ich an die Tage zurück, die wir Kinder zu Katastrophentagen erklärten: Wenn Du vom Sprechtag aus der Schule heimkamst. Die Lehrer hatten Dir wieder einmal so viele fürchterliche

Geschichten über mich erzählt, daß Du Dir auch selber als die Dumme vorkamst. Nicht nur ich war die Faule, sondern Du warst die Mutter dieses kleinen Ungeheuers, Dich traf die Schmach. Deine Eitelkeit war getroffen.

Da die Zeit Wunden heilt und die Erinnerung manches sogar verklärt, lache ich heute über Angst und Gewissensbisse, so, wie auch Du bereits über die schreckliche Schulzeit scherzt. Du hättest schon früher lachen können, wenn Du nicht alles so fürchterlich ernst genommen und Dich nicht an Noten geklammert hättest.

»Du hast leicht reden!«

Gleichzeitig mit Deinen Worten fallen mir diejenigen einer resoluten Kollegin ein, die nach jahrelanger Quälerei für alle Beteiligten ihre Tochter in eine dieser neuen freien Schulen schickte, nicht ohne zuvor den alten Lehrern zu erklären: »Das Lernen schmackhaft zu machen, den eigentlichen Sinn der Schule, stelle ich mir anders vor!«

Sie ist eine der wenigen Mütter, die es wagten, dem üblichen Bildungssystem zu widersprechen, das nur auf die Konsumgesellschaft, ausschließlich auf meßbare Leistungen zugeschnitten ist. Gewiß ist sie die berühmte Ausnahme von der Regel. Trotzdem würde ich mir wünschen, daß Mütter in den Lehrern nicht nur allwissende Halbgötter, sondern die unfreiwilligen, manchmal auch freiwilligen Helfer einer Gesellschaft sehen, die immer neue Arbeitsmaschinen braucht.

Sieh Dir doch die Lehrpläne an! Wo ist darin schon von Bildung, wirklicher Bildung die Rede? Sie werden von Männern genau auf deren Produktionsbedürfnisse zugeschnitten und wären längst noch unglaubwürdiger, als sie es ohnehin schon sind, wenn die Frauen nicht so eifrige Erfüllungsgehilfinnen wären. Wenn sie nicht das, was die Mütter sechs Jahre lang an Liebe und Phantasie, an Abenteuerlust und Spaß am Leben ihren Kindern mitgeben, mit Schuleintritt flugs wieder zerstörten.

Plötzlich sind der natürliche Lerneifer, die angeborene Wissensbegierde jedes Kindes verschwunden.

Unsere Schulen produzieren exzellente Techniker und Ingenieure, die rund um den Erdball zweifelhafte Entwicklungshilfe leisten, aber auch die vielen kleineren und größeren Arbeitssklaven, die hierzulande Leben mit Arbeiten verwechseln und angelerntes Wissen mit Bildung. Sie bringen keinen Goethe mehr hervor, keinen Schiller, keinen Beethoven, von weiblichen Genies nicht zu reden, weil sie den Schülern die Lust am Wissen schon vermiesen, bevor vom richtigen Lernen die Rede sein kann. Da nutzen auch der ausführlichst behandelte *Faust*, die fehlerfrei auswendig gelernte *Glocke* und der klangvollste Musikunterricht wenig.

Fängst Du gleich zu zitieren an? Verweist Du auf die notwendige Schulung des Gedächtnisses? Vielleicht hast Du recht, aber für mich ist diese Schulung immer nur eine Schulung für Computer-Fachleute, ist das so trainierte, besser dressierte Gedächtnis nur ein quantitatives, aber keines mit Qualität.

Apropos Computer: Sie sind ein treffendes Beispiel für die vielen Phantasiezerstörer in dieser Erwachsenenwelt. So, wie der beste und komplizierteste, sprich: auch gescheiteste Computer sicherlich nicht sein Bestes gibt oder gar zu streiken beginnt, wenn er falsch programmiert wird, kann auch das vielseitigst begabte Kind seine Fähigkeiten nur so lange entwickeln, wie sie richtig gelenkt werden.

Du fragst, warum sie von Dir, von den Müttern, von der Schule nicht richtig gelenkt werden?

Erinnerst Du Dich an den Nachbarsjungen, auf den Du einmal aufgepaßt hast? So ein liebes Kind, hast Du mir am Telefon geschildert; aufgeweckt, lustig und neugierig, nur nicht besonders intelligent, hast Du zum Schluß hinzugefügt, um mir auf mein erstauntes »Warum?« die Geschichte von der Zündholzschachtel zu erzählen. Von jenem praktischen, vielseitigen Ding, das der Kleine in seiner Phantasie zuerst in ein Auto, dann in eine Garage und später gar in ein Wohnhaus verwandelte. Dann plötzlich, als Du sie versteckt hattest, damit er nach ihr suchen sollte, existierte sie nicht mehr für ihn, als ob es nie Zündholzschachtel, Auto, Garage oder Haus gegeben hätte. Er machte sich nicht auf die Suche nach ihr, wußte auf Deine Fragen nichts von dem Zauberding; sie war so schnell verschwunden, wie sie für ihn greifbar und interessant geworden war.

»Nur nicht besonders intelligent!«

Du zogst den üblichen Schluß unserer Erwachsenenwelt, die ebenso erstaunt ist, wenn für Kinder plötzlich etwas nicht mehr existiert, wie sie mitleidig über all die vielen Dinge lächelt, die für Kinder, kleine Kinder, die Welt bevölkern: lustige Tiere, die in unseren Zoos nicht zu finden sind, Häuser aus Schachteln und Wiegen aus Nußschalen (noch verständlich), schon eher unverständliche Kobolde und Feen, natürlich auch blaue, rote, gelbe und weiße Menschen.

Ich muß lachen, wenn ich an das österreichische Archäologenehepaar denke, das ich in Ägypten kennengelernt habe. Sie amüsierten sich köstlich über ihren dreijährigen Sohn, der, ein großes Stück Holz in den Armen, immer wieder von diesem seinem Krokodil berichtete, es streichelte, an einer Schnur spazierenführte und natürlich auch Futter verlangte. Eine ganze Woche lang fühlte er sich als Dompteur des gefährlichen Ungeheuers besonders tapfer, dann mußte das Phantasiekrokodil einem wirklichen Esel aus Stoff weichen, den der Vater aus Kairo mitgebracht hatte. »Damit er nicht vielleicht wirklich eines Tages mit einem Krokodil daherkommt«, murmelte dieser so nebenbei und ein wenig spöttisch.

Eine halbe Stunde später berichtete er uns ernst und gewichtig von seiner Arbeit und den verschiedenen Zeitaltern. Von jener archaischen Zeit, jenem fast paradiesischen Zustand, als der Mensch noch keine Grenzen kannte, als er nicht nur der Mittelpunkt der Welt, sondern die Welt selbst war. Nach dem Abendessen – der tierliebende Sohn war inzwischen friedlich mit seinem Esel entschlummert – diskutierten wir unter sternenklarem Himmel über die nachfolgenden magischen Menschen, deren Welt schon nicht mehr der gesamte Kosmos war, die zwar bereits wie wir zu den Sternen aufblickten und wußten, daß diese geheimnisvollen und aufregenden Dinge da oben weit weg waren, die aber dennoch in und aus der Natur lebten. Für sie war der Baum noch genauso lebendig wie sie selber, die Tierwelt ging in jene der Menschen über, die damals noch die vielen verschiedenen Sprachen der Natur rund um sich verstanden, die gleich waren unter den vielen Geschöpfen dieser Erde.

Irgendwann gegen Mitternacht kamen wir bei jenem berühmten mythischen Zeitalter an, das wir noch aus alten Erzählungen erahnen können, bei den Bildern, Vorstellungen und Phantasien, welche die Menschen erfanden, um die Natur nicht mehr nur hinzunehmen, sondern auch zu erklären, bei den Göttern und Dämonen, die zuerst in den Tieren und Pflanzen auftauchten, später dann am Himmel.

Wir plauderten über Felsenbilder, auf denen das Jagdglück nicht im nachhinein beschrieben wurde, wie lange Zeit vermutet wurde, sondern schon zuvor durch einfaches In-den-Stein-Ritzen herbeigezaubert wurde, über die mannigfaltigen Geister und Götter, deren gute oder schlechte Laune für Glück und Unglück der Menschen verantwortlich gemacht werden konnte, über Opfer, die besänftigen sollten, und natürlich über die vielen Geschichten, die später als Mythen diese Götter immer lebendiger machten.

Wir verglichen jenes Zeitalter und seine Gepflogenheiten mit den Gebräuchen der Indianer, die vereinzelt heute noch im Urwald Venezuelas oder Brasiliens wie Menschen aus der Steinzeit leben. Keiner von uns kam jedoch auf die Idee, diese Stufe in der Geschichte mit dem Schauspiel zu vergleichen, das uns das schlafende Kind zuvor mit dem Krokodil und später mit dem Esel vorgespielt hatte.

Ohne große Philosophie war bei ihm die Welt aus Wille und Vorstellung erwachsen. Für den Kleinen war mit Hilfe der Phantasie aus einem Stück Holz ein Krokodil lebendig geworden, so, wie der Mensch in jenem weit entfernten mythischen Zeitalter begann, seine geistige Welt, seine Götter, Bilder und Geschichten aus der Imagination, aus seiner Vorstellung von der Welt zu schaffen.

Jetzt bin ich wieder einmal weit vom Weg abgekommen, aber ich kehre gleich zurück, Mutter! Zurück zum Nachbarsjungen mit und ohne Zündholzschachtel, zurück auch zur Schule und zu ihrer Rolle als Phantasieverderberin.

In irgendeinem alten Schulbuch fand ich im vergangenen Jahr den interessanten Vergleich zwischen der Entwicklung eines Kindes und dem biologischen Werdegang des Menschen überhaupt. Während ich darin blätterte, die Entwicklung des Embryos bestaunte, den abwechslungsreichen Weg von zwei Zellen zum fischähnlichen Wesen bis hin zum fertigen Kind kurz vor der Geburt, kam mir der Gedanke, daß diese Entwicklung im Mutterleib, die der Entstehung des Lebens auf unserer Erde entspricht, auch eine geistige Parallele haben könnte. Ich dachte an den archaischen Menschen und sah das Baby im Kinderwagen, das sich selbst genügt, für das die ganze Welt es selbst ist.

Jetzt komme ich wieder zu dem Jungen mit der Zündholzschachtel und vergleiche ihn mit dem magischen Menschen, für den die Bäume nur so lange existierten, wie sie in seiner unmittelbaren Umgebung waren. Hinter dem dreijährigen Knirps in Ägypten und seinem Krokodil aus Holz tauchen keulenschwingende Steinzeitmenschen auf, die ihr Jagdglück zuerst an die Wand einer Höhle bannten. Für sie war damit der Eber beinahe ebenso sicher besiegt, wie das Holz für den Jungen die spitzen Zähne eines Krokodils hatte.

Dem Biologiebuch aus der Schulzeit schlossen sich die Werke einiger Psychologen an, die meinen, daß die Kindheit in verschiedene Entwicklungsstufen einzuteilen ist, die sich nicht so sehr nach äußerlich Erlerntem, sondern nach Schüben unseres Bewußtseins richten, daß das Kind von einer Welt in die andere aufsteigt und dies um so besser kann, je sicherer es sich auf der Stufe zuvor gefühlt hat und je mehr es in dieser Stufe lernen durfte.

Die sichere Höhle des Mutterleibes wird durch die Mutter selbst abgelöst, deren Körper für den Säugling die Welt ist. Aus dieser sicheren Welt wiederum macht es sich auf, die Natur zu erkunden; es bricht also im übertragenen Sinn aus der archaischen in die magische Welt auf, in der Bäume, Tiere, Wasser und Erde noch leben, auf jeden Fall völlig andere Eigenschaften, eine andere Qualität haben als für uns Erwachsene.

Hat das Kind dieses neue Wissensgebiet ungestört und möglichst gründlich kennengelernt, so kann die Reise weitergehen in die mythische Welt, in die der Imagination, der Vorstellung und Phantasie, in der die Stoffesel zu wirklichen werden und Krokodile auf dem Land leben können, in der Dinge existieren, ohne greifbar und meßbar zu sein.

»Es leben aber keine Krokodile im Landesinneren von Ägypten!« könntest Du jetzt einwerfen und in die weitverbreitete Meinung einstimmen, daß Kinder nicht früh genug die Wirklichkeit kennenlernen müssen. Aber das ist unsere Wirklichkeit, nicht ihre! Und so, wie niemand unter uns auf die Idee kommen würde, jene Menschen des archaischen Zeitalters oder die Indianer im Urwald von Venezuela mit uns zu vergleichen, ihnen unsere Sitten, unser Wissen aufzuzwingen, sollten wir auch Kinder nicht nur mit unseren Augen sehen. Diese sind schon viel zu sehr auf jenes abstrakte Denken ausgerichtet, das unser Zeitalter kennzeichnet, den Sündenfall des Menschen, wie viele meinen.

Für die Kinder ist es ein unverschuldeter Sündenfall, wenn wir sie viel zu früh, während sie noch in der Welt ihrer Phantasie leben und diese neugierig erforschen, in Schulbänke und abstrakte logische Formeln hineinpressen. Womit ich den Intellekt prinzipiell nicht herabsetzen will, denn für die Menschheit könnte logisches Denken eine Stufe der Entwicklung hin zu jenem ganzheitlichen Bewußtsein sein, zum integralen Denken, das die Vorteile aller vorhergegangenen Entwicklungsstufen in sich aufnimmt, ohne wieder erneut in alte Fehler zu verfallen.

Der ganze Mensch!

Wieder eine dieser Utopien? Oder könnte dieser Traum mit Hilfe der Kinder in Erfüllung gehen?

Hatten die alten Brahmanen recht, jene Weisen Indiens, die ihre Kinder so lange wie möglich spielen, spielend die Welt erkunden ließen, um ihnen dafür später eine ebenso strenge wie logische Erziehung angedeihen zu lassen? Ist das Wissen, das die Kaste der Brahmanen auch heute noch in Indien hütet, das Ergebnis dieser anderen Vorstellung vom Menschen, dieser anderen Erziehung? Dient das Einmaleins nur dem Intellekt? Zerstört es dafür unsere schöpferische Phantasie? Könnten wir den *Faust* mit anderen Augen lesen, wenn wir nicht zu früh zur Abstraktion gezwungen, sondern wenn uns das Lernen spielend schmackhaft gemacht würde? Ein Lernen, das nicht nur auf die Schulzeit beschränkt sein sollte, sondern das ein ganzes Menschenalter andauern könnte.

Würden wir dann nicht nur Maschinen sehen, Computer und Waffen, sondern auch überlegen, welchen Schaden unsere hochgejubelte Logik bringen kann?

Müßten wir alle nicht in dieser abstrakt geteilten Welt zwischen Männern und Frauen leben, wenn unser Gehirn nicht nur Zahlenspiele veranstalten würde? Zahlenspiele, die längst nur mehr in Richtung Einbahn führen, in die Straße, die größtmöglichen Profit, größtmöglichen Erfolg verspricht, ohne daß wir bemerken, daß sie eine Sackgasse ist.

Sackgasse! Computer!

Beides können Stichwörter sein in Sachen Erziehung. Ich denke an die vielen Fähigkeiten, die Mütter ihren Kindern in den ersten Jahren mitgeben, mit Liebe und Geduld einspeichern in den phantastischsten aller Computer, in unser Gehirn. Zur Sackgasse wird diese Liebe, wenn der bestens vorprogrammierte Computer plötzlich gestört wird, wenn die verschiedenen Dinge, die das Kind lernen soll, nicht seiner Entwicklung entsprechen, wenn jemand dazwischenfunkt, bevor ein »Programm« ausgereift und funktionsfähig ist.

Ist nicht die Schule in vielen Fällen die Schlachtbank unserer Phantasie? Treibt sie nicht einem sechsjährigen Kind, das bei seinen Spielen mit und in der Welt viel mehr lernt als bei einer Grammatik, die es noch nicht versteht, alle Lust auf Wissen mit Hilfe einer Denkart aus, die um Jahre zu früh kommt?

Und wieder sind es die Mütter, die ihre Kinder zur Schlachtbank führen. Geduldig ertragen sie jahrelang den Ärger über Noten, das Zittern und Bangen. Sie spielen mehr oder minder freiwillig die Rolle der Bösen gegenüber den Kindern, die der Dummen gegenüber der Schule.

Wo bleibt ihr Protest? Ihr Aufschrei? Wo ihre Empörung, wenn aus einem lustigen, neugierigen Kind ein trotziger und verstockter Schüler wird?

Wir brauchen neue Schulen! Aber dazu brauchen wir neue Mütter! Mütter, die auch zur Schule manchmal nein sagen können. Vor allem aber Frauen, die sich daran erinnern, daß die schöpferischen Kräfte ihre ureigensten Fähigkeiten sind, die die Phantasie wieder aus jenem tiefen unterirdischen Gefängnis in sich selbst hervorholen, in das es von dem scharf berechnenden männlichen Verstand gedrängt wurde.

War dies unsere größte Sünde, der wahre Sündenfall? Daß wir die Phantasie mit all ihren Wurzeln in der Natur dem abstrakten Logos opferten? Die weibliche Weisheit dem männlichen Verstand? Daß wir nicht nur für uns auf diese schöpferische Phantasie verzichteten, sondern auch für die Kinder?

Sind wir deshalb die wahrhaft Schuldigen an der Erbsünde? Heißt diese Sünde in Wirklichkeit die Erbsünde der Mutterschaft? Nicht nur, weil wir die Mädchen immer wieder zu Müttern erziehen, sondern auch, weil wir den Jungen nicht die Phantasie und das Einfühlungsvermögen mitgeben, das in allen von uns schlummert. Gar nicht mal so fest schlummert, weil Frauen ohnehin immer mit einem Bein in der Welt ihrer Ideen stehen und nicht so fest in der sogenannten Wirklichkeit verankert sind wie Männer.

Du widersprichst, weist darauf hin, daß die praktischen Dinge von Dir viel eher erledigt werden als von Vater?

Ich verstehe unter jenen Ideen die Wunschvorstellungen, die sich Frauen schon immer von den Menschen gemacht haben, die ihr Leben bestimmen. Der Geliebte ist in Wirklichkeit nie so schön wie in der Phantasie, das Kind nicht so entzückend und intelligent wie in unseren Vorstellungen. Wir alle malen uns die Welt immer ein wenig bunter, farbenfreudiger aus, als sie ist. Leider nur in Gedanken. Die Wirklichkeit lassen wir von den Männern bestimmen, schlimmer noch: Wir programmieren sie vor, indem wir unsere Kinder für diese männliche Welt erziehen!

Klingt ganz nach neuer Weiblichkeit? Nach Gedanken, die Du bei mir nicht gewöhnt bist? Je länger ich an diesen Briefen an Dich schreibe, Frauen- und Mütterprobleme wälze, desto mehr habe ich den Verdacht, daß all die Kreuz- und Quergräben überflüssig sind, die Frauen in letzter Zeit sowohl in der Theorie wie auch in der Praxis errichteten, um für mehr Rechte für sich zu kämpfen.

Der gemeinsame Kampf gegen die Bastionen der Männer nützt uns ebensowenig wie der Rückzug in eine neue Innerlichkeit! Die einzige Chance, die uns bleibt, sind die Kinder von morgen, denen wir unsere Phantasie und damit ein Stück Weiblichkeit mitgeben müssen. Genauso, wie wir ihre natürliche, ungestörte Entwicklung sichern müssen: den Weg von der Mutter hinaus in die Natur, den Pfad der Phantasie und der spielerischen Vorstellung, der um so sicherer im vorläufigen Hafen der Logik endet, je geradliniger er verlaufen wird.

Vielleicht können die Kinder von morgen aus diesem neuen, auf besserem Untergrund gebauten Hafen dann endlich auf das Meer hinaussegeln, von dem aus sie Hafen, Weg und Ursprung sehen. Vielleicht gelingt ihnen der Sprung über unser rein logisches Zeitalter, über die Einbahnstraße rein abstrakten Denkens hinaus zu jenem integralen Bewußtsein, das nicht nur den Kopf in den Himmel steckt, sondern auch um die Wurzeln im Boden weiß.

Denn nur auf dieser Grundlage, dem »ganzen« Bewußtsein, können haltbare Brücken über jenen Abgrund geschlagen werden, der zwischen den Menschen klafft – den Abgrund zwischen Mann und Frau.

17. Juni

Ob sich nur schlechte Schüler wie ich an dem Thema der Schule erhitzen können? Jedenfalls ist es bereits zwölf Uhr vorbei, und ich sitze an einem neuen Tag bei einem neuen Brief, doch das Thema ist noch immer das gleiche, zumindest ähnlich. Wieder geht es um die vielen unerschöpflichen Schulfragen. Du hast genug davon? Willst Dich heute, als Mutter von zwei erwachsenen Kindern, nicht noch einmal damit herumschlagen? Trotzdem kommen wir nicht daran vorbei.

Die Schule legt nicht nur mit Noten den Grundstein für unser späteres Berufsleben, ist an Erfolgen genauso mitbeteiligt wie an Mißerfolgen, sondern pflastert auch die engen Gassen für das Mädchen, die weiten Straßen für den Buben. Nicht unbedingt nur mit so vordergründigen Mitteln wie Handarbeiten und Kochen in den Frauenoberschulen, Knödelakademien oder wie die höheren Institutionen für die Ausbildung von Mädchen alle heißen, in deren Genuß ich als Mädchen sicherheitshalber kam.

Die leisen Winke mit dem Zaunpfahl sind viel wirksamer.

Die Welt ist eine Männerwelt, Frauen dürfen als Musen, Ehefrauen, Freundinnen – natürlich auch als Mütter – auftreten. Was noch nicht das schlimmste wäre, weil sie all dies ja in Wirklichkeit sind; nur sind sie dies viel zu lange schon. Darüber vergißt man die berühmten Ausnahmen. Die Männerwelt dagegen darf sich ungestört Lorbeerkränze und Jubelkronen aufsetzen: Die größten Dichter, Musiker, Maler, die größten Kaiser und Könige, die größten Feldherren marschieren lange Schuljahre tapfer, mutig und genial vor uns auf.

Von den Kaisern kennt man ihre Eroberungen, von den Dichtern hört man schöne Verse, von den Musikern weltbewegende Opern. Worte und Töne, die viel zu oft all die Feldzüge unterstützten, die grausames Morden bedeuteten. Siegesschwangere Melodien begleiteten schon immer die Soldaten in den Krieg, die zuvor von patriotischen Worten aufgestachelt wurden.

Die Menschheitsgeschichte wird uns heroisch serviert als hohe Kultur, als Liebe zum Vaterland, für das man in den Tod zieht; nicht als das Desaster, das sie eigentlich ist, nicht als die Folge von ununterbrochenen Zwistigkeiten und Kriegen. Nicht als Kapitulationserklärung, welche die Männer seit Jahrtausenden abgeben müßten. Längst müßten sie ihr Versagen eingestehen, längst müßten auch wir Frauen es bemerken, spüren in all dem, was Frauen für Männerdummheit leiden müssen: Kinder, die der Moloch Krieg verschlingt, Hunger und Not, Vergewaltigung als Preis für den Sieger. Aber wir halten uns die Augen und die Ohren zu und stricken fleißig mit am Erfolg von zweifelhaften Siegen. Sie sind deswegen zweifelhaft, weil jeder Sieg auch einen Verlust bedeutet.

3. Juli

Die Schule scheint mich nicht loszulassen.

Beim Runtertragen des Abfalleimers kam mir im Treppenhaus die Nachbarin entgegen, die mit der schmollenden Tochter. Aus dem üblichen »Wie geht es?« und aus den Klagen über das Wetter wurde diesmal ein ausführlicheres Gespräch. Und, Du wirst es nicht glauben, es ging schon wieder um die Schule. Das Mädchen beendet nämlich jetzt die Volksschule, und Mutter wie Tochter sind sich beide noch unschlüssig, in welcher Schule es im Herbst weitergehen soll.

Gerade mich mußte sie um meine Meinung fragen! Wie Du Dir wahrscheinlich vorstellen kannst, kommen für mich nur eine gemischte Schule und eine Ausbildung, die später auch zu einem Studium berechtigt, in Frage.

Schon glaubte ich dem Thema Schule endgültig entronnen zu sein, da erkundigte sie sich nach meiner eigenen Schulausbildung. Als sie dann von meiner Kochlöffelvergangenheit erfuhr, war sie plötzlich nicht mehr ganz so unschlüssig, sondern beinahe schon in ihrem Element: Ob solch eine Ausbildung nicht doch ihre Vorteile hätte, fragte sie. Das übliche »Gerade für eine Frau« war dann beinahe selbstverständlich. Auch meine besten Argumente konnten sie nicht davon abhalten, daß »Mädchen eigentlich nicht so verflixte Sachen zu lernen brauchen«.

Mir fielen die letzten Briefe ein, all meine Zweifel an der

üblichen Schulausbildung, aber auch eine bestimmte Stelle über meine Schulzeit. Darum mußte auch das Mittagessen einer Tasse Kaffee weichen, und ich sitze nun am Schreibtisch und blättere in diesen letzten Seiten.

»Höhere Institutionen für die Ausbildung von Mädchen ... in deren Genuß ich als Mädchen sicherheitshalber kam«, heißt es darin. Schnell dahingeschrieben, ohne allzuviel Überlegung, im Ohr vielleicht noch das »sicherheitshalber«, das ich mit zehn Jahren erlauscht hatte, als die Familie bei einer gemütlichen Jause über meine Zukunft beratschlagte und sich eben sicherheitshalber für Französisch und Englisch zwischen Knödeln und selbstgeschneiderten Kleidern entschied. Bildung und alle beruflichen Möglichkeiten waren ja vorgesehen. Ich sollte genausoviel lernen wie mein Bruder. Vorgesehen war aber auch das Fangnetz aus Knödeln und Kleidern, das meine weibliche Zukunft im Auge behielt. Alles in allem lief es auf den Spruch des alten Großonkels hinaus, der immer wieder betonte: »Was nutzt die gescheite Frau, wenn sie nicht kochen kann!«

Du wirst staunen! Ich stimme ihm sogar bei! Nur mit einem Zusatz: Auch mir nutzt der gescheiteste Mann nichts, wenn er mich nicht manchmal mit einem liebevoll zubereiteten Essen überrascht. Allerdings kochen gescheite Männer freiwillig, gescheite Frauen meist unter Zwang. Einem Zwang, der dann auch die Klugheit ein wenig einengt.

Was Kochen mit Gescheitsein zu tun hat? Ist es die Stimme des längst verstorbenen Großonkels oder die Deine? Viel, sehr viel, würde ich sagen. Die großen Köche sind groß, weil sie große Künstler sind, Zauberer nicht nur mit dem Kochlöffel und der Bratpfanne, sondern auch, weil sie mit Begeisterung und Grips ans Werk gehen.

Doch zurück aus der Welt der Haute Cuisine zum Kochkurs und zum Schnittzeichnen zwischen Algebra und Französisch. Zurück auch zu Eurem Sicherheitsanker für das kleine Mädchen. Er war gut gemeint, und er war hinderlich, zog immer ein Stückchen zurück, wenn es in Richtung Gescheitsein ging. Genauso wie bei der Schlange aus Frauen, von der ich vor einiger Zeit träumte.

Schau Dir wieder einmal die hilfreichen Statistiken an! Denk an die vielen Mädchen und Frauen, die ihr Universitätsstudium abbrechen. Warum geben sie auf? Nur weil ein Kind, ein Ehemann dazwischen kommt, oder vielleicht deswegen, weil immer ein Rettungsanker bremsend nach hinten zieht?

Als kleine Mädchen bekommen sie sicherheitshalber ihre weibliche Ausbildung mit, und wenn das Lernen einmal nicht so viel Spaß macht – wem macht Lernen in unseren Schulen, auf unseren Unis schon Spaß? –, gibt es immer noch die Möglichkeit, diesen Anker auszuwerfen. Schließlich wurde man darauf vorbereitet, Mutter und Ehefrau zu werden. Warum soll man nicht mit dieser anderen, verlockenden Karriere spekulieren, wenn es beim Studium gerade einmal nicht weitergeht? Zu viele spekulieren nicht nur, sondern tauschen aufatmend den Doktorhut gegen den Brautschleier.

Ehefrau zu sein ist jedoch nicht nur beim Studium ein bequemer Ausweg. Die Legion der Frauen, die beim ersten beruflichen Ärger das Handtuch werfen, ist nur eine Dunkelziffer; für die Sache der Frauen ist sie in der Tat besonders dunkel. Auf der anderen Seite stehen strahlende männliche Helden, die Karriere machen, die große Wissenschaftler, Politiker und Künstler werden. Sie hatten beim ersten Rückschlag in ihrer Karriere keine Küche als Rückzugsfeld, in ihren Träumen spielten keine süßen Babygesichter eine Rolle, es rief kein Kinderzimmer. Sie mußten sich durchbeißen.

Das erinnert mich an mein Jungmädchenzimmer. Du hast es so hübsch, mädchenhaft und weiblich eingerichtet. Traurig mußtest Du später mit ansehen, wie Deine liebevoll ausgesuchten Möbel, Kissen und Deckchen selbstangestrichenen Kisten weichen mußten, die Matratze zum einzigen Sitzmöbel erklärt und Bücher nicht im Bücherschrank, sondern auf dem Boden gestapelt wurden. Die geblümte Tapete war gerade die richtige Pin-Wand für verrückte Fotos, lustige Zeitungsausschnitte. Zwei Bilder zeigten die berühmte Anthropologin Margaret Mead und C.G. Jung, den großen Schweizer Psychoanalytiker. Sie waren beide meine Vorbilder. Ich wollte Psychologie und Anthropologie studieren, wollte eine große Wissenschaftlerin werden. Aber ich hatte ein anderes Bild vergessen: das Bild der Muttergottes über meiner Matratze, welches das längst abgeschaffte Jungmädchenzimmer überlebt hatte.

Die Mutter mit dem Kind auf dem Schoß war langlebig. Sie überlebte meine Wissenschaftsträume, überlebte auch das Studium und sogar erste Berufsjahre. Immer funkte sie dazwischen. Nie wollte ich nur forschen, nur erfolgreich und groß sein, immer waren Kinder und Ehemann einkalkuliert.

Zeig mir, zeig Du, Mutter, mir die Wissenschaftler, die wenigstens zu Beginn ihrer Studien irgend etwas anderes im Kopf gehabt hätten als nur den Wunsch zu forschen. Daß sie über ihren Forschungen die Welt vergessen, wahrscheinlich sogar einmal deren Ende »verforschen«, ist wiederum ein anderes Kapitel. Hier soll nur von Kochen und von Gescheitsein die Rede sein, von Karrieren und Küchen, in denen so viel möglicher Erfolg verkocht wird. Und von kleinen Mädchen, die niemals die gleichen Chancen wie kleine Buben haben, weil für sie immer wieder weibliche Fangnetze gespannt werden.

Gleich wirst Du mir meine eigenen Argumente vorwerfen, wirst auf Schulen als Mörder unserer Phantasie verweisen, auf zweifelhafte Bildung und Karrieren, die in einer Sackgasse münden. Und ich klopfe auch schon schuldbewußt an meine Brust. Schuldbewußt und ein wenig trotzig. Zugleich aber auch rechthaberisch. Schließlich brauchen wir zuerst die bessere Bildung, um dann die Lücken und Fehler in diesem Bildungssystem herauszufinden. Wir müssen unsere weibliche Selbstsicherheit noch immer zuerst in dieser getrennten Gesellschaft finden, um später dann die Mädchen von morgen nicht wieder in selbst aufgespannte, von den Müttern aufgespannte Fangnetze stolpern zu lassen.

4. August

Draußen regnet es, und im Zimmer ist es kalt. Zwei-, drei-, vierfach kalt. Ein gefallenes Barometer an der Wand, Stimmung auf dem Nullpunkt, Alleinsein, das ausnahmsweise belastet, Angst, die, wie es gerade im Radio zu hören war, das offizielle Gefühl unseres Jahrhunderts ist. Vor allem aber Hoffnungslosigkeit. Eine Ahnung von Nichtsnutzigkeit. Soll ich mich in den Berg Arbeit auf meinem Schreibtisch stürzen, entkomme ich so der Kälte? Auf einen Plausch zu einer Freundin fahren, auf gut Glück ins nächste Kino marschieren, im Kaffeehaus Zeitungen durchblättern und Leute beobachten?

Da fällt mir Deine Unruhe ein.

Nie habe ich ganz begriffen, wie man den ganzen Tag lang ohne zwingendes Muß unterwegs sein kann. Stundenlang bei irgendwelchen Freundinnen sitzen, massenhaft Zeit in Konditoreien und Kaufhäusern verbringen.

Jetzt wäre ich froh für solch einen Kaufhausbummel.

»Flucht!« flüstert eine Stimme im Hintergrund, sinnlose Flucht vor der Kälte in der Wohnung, der Kälte in mir selbst. Und plötzlich werde ich noch trauriger, denke nicht mehr nur an mich, an das augenblicklich tiefe Stimmungsbarometer. Ich sehe mich, wie ich erst kürzlich lieblos, verständnislos Deine Hektik bemängelte. »Kannst du nicht einen einzigen Nachmittag daheim bleiben, allein in deinen vier Wänden, und dich entspannen?« Für jemanden, der allein ist, sich einsam fühlt, muß die Frage blanker Hohn gewesen sein, doppelter Hohn, weil von der eigenen Tochter ausgesprochen, die das Flucht vor dem Hausfrauenlos nennt und, ich höre mich selbst, das Wort »Hausfrau« mit allzu skeptischem Unterton ausspricht.

Dabei verstehe ich Dich, jetzt in Nullpunktstimmung sogar besonders gut. Trotzdem bleibe ich bei skeptischen Untertönen, ja, würde am liebsten alle Hausfrauen auf einmal abschaffen. Die vielen Frauen, die jahrelang, sprechen wir es ruhig aus, den Trottel für die Familie spielen und als Dank dafür Liebe und Zuwendung erwarten. Die Frauen, die sich all ihre Bestätigung in den Augen der Kinder und des Ehemannes holen müssen, die nicht nur *für* Kinder und Familie leben, sondern auch nur *durch* sie.

Ihr ganzes Leben, der Wert und Sinn dieses Lebens, wird von der Familie bestätigt. Und dies geht vielleicht sogar gut, bis die Kinder ihren eigenen Weg gehen, solange die Ehe funktioniert.

Auch Du hattest immer alle Hände voll zu tun mit uns Kindern, mit dem Haus und den vielen Dingen, die für Vater zu erledigen waren. Heute kommen wir viel zu selten zu Besuch, und Vater erledigt nun als Pensionär vieles selber. Jetzt könntest Du Deine Zeit zu Schleuderpreisen verkaufen – oder auch herschenken, wenn jemand da wäre, der für Dich Zeit hätte.

Es scheint allen Hausfrauen so zu ergehen: Wenn sie sich jahrelang zwischen kleinen Kindern, Wäschebergen, Kochen und anderer Arbeit nach einem ganz kleinen Stück Freiheit gesehnt haben, so wird diese später zur Fallgrube, in die beinahe jede stolpert. Niemand ist mehr da, der Mutti braucht; nicht einmal bei den vielen kleinen Liebesdiensten, mit denen sie den erwachsenen Kindern sagen will: »Ich bin auch noch da!«, bekommt sie die Bestätigung für zwanzig, fünfundzwanzig Jahre gute Dienste. Das Nest ist endgültig leer, und die Glucke hat noch nicht gelernt, selber zu fliegen.

Die meisten lernen es nie, sondern flattern hilflos hin und her, flattern immer wieder zurück ins zu große Nest, um dort vielleicht doch noch eine Bestätigung fürs Gluckendasein zu bekommen. Aber die Jungen sind längst keine Kücken mehr, brauchen keine Glucke mehr, sondern wollen den »Menschen Mutter«. Die Mutter als Persönlichkeit. Und diese Persönlichkeit, ihre Individualität, hat sie in den zwanzig Jahren Nur-Mutter-und-nur-Hausfrau-Sein vergessen. Vor allem den Kindern gegenüber vergessen, die auch mit fünfzig und sechzig Jahren ihre Kinder sind und nicht die selbständigen Menschen, als die sie behandelt werden möchten.

Warum bin ich gegen Hausfrauen?

Nicht, weil unsere arbeitssparende Technik selbst ärgste Putzwut auf ein Minimum reduziert, nicht, weil sie nach langen zeitlosen Kindertagen dann genügend Zeit für sich selber haben. Ich bin gegen Hausfrauen, weil ihre Welt zum Dorf, zum Gluckennest zusammenschrumpft. Weil dieses Nest zu schnell leer wird und auskühlt. Weil nach langen Jahren, denen die Kinder Sinn gaben, plötzlich vieles sinnlos wird.

6. August

War der letzte Brief über Kälte und Alleinsein Gedankenübertragung? Jedenfalls kamst Du nach Wochen wieder einmal völlig unverhofft zu Besuch.

Hattest auch Du die Kälte gespürt? Hattest Du eine Ahnung davon, daß ich mich ganz plötzlich in Dich hineinversetzt fühlte? Daß ich Deine hektischen Fluchtversuche verstand, sie nicht mehr nur als pure Langeweile abtat? Jedenfalls freute ich mich über Deinen Besuch!

Während Du im Wohnzimmer in Illustrierten geblättert hast, suchte ich in meinen Kochbüchern verzweifelt nach einem besonders raffinierten Rezept, mit dem es gelingen sollte, aus meinen mageren Küchenresten ein Abendessen für uns beide zu zaubern. In der untersten Schublade entdeckte ich dann ein Geburtstagsgeschenk von Dir, die *Rezepte aus Großmutters Küche*, die natürlich Rat wußten. Und Rat benötigte ich. Schließlich mußte ich mich Dir gegenüber ja als gute Hausfrau beweisen.

Der Semmelauflauf mit Speck und Eiern überraschte sogar Dich. Und die Bratäpfel nach Tante Minnas Art, mit Rosinen, Kokosflocken und Marmelade gefüllt und später mit Rum übergossen, dufteten ebenso köstlich aus dem Bratrohr, wie sie dann köstlich schmeckten. Jedenfalls entlockten Dir meine verzauberten Reste ein bemerkenswertes Lob: »Kochen hast du ja schon immer gekonnt, auch wenn Bratäpfel nicht gerade in den August passen!« Meine Vorratshaltung kam Dir schon immer spanisch vor, ich weiß. Einmal ein überfüllter Kühlschrank, dann gerade noch ein Butterbrot im Haus – das entspricht nicht Deinem gutorganisierten Haushalt. Und mit der Jahreszeit hapert's bei mir auch gewaltig: Bratäpfel im August, der den Pfirsichen gehört, vielleicht auch schon den ersten Weintrauben. Da wir gerade bei der Zeit sind: Im nostalgischen Kochbuch entdeckte ich nicht nur die beiden köstlichen Rezepte, sondern auch einige sehr hübsche alte Stiche als Illustrationen zwischen deftigen Kuchen und Aufläufen: eine Frau bei ihrer Arbeit in der Küche, im Garten, in der Waschküche, der Speisekammer, auf dem Dachboden und beim Spiel mit den Kindern. Die Stiche stammten nicht aus Großmutters Zeiten, eher aus der der Urgroßmutter. Und während wir auf den Semmelauflauf warteten, auf die zusammengeschrumpelten Äpfel, und Du mir von einer Cousine erzähltest, die ihren Beruf aufgab, um bei ihrem Kind zu Hause zu bleiben, drehte ich nicht nur die Apfelzeit nach vorn und machte aus Augusttafeläpfeln Novemberspeiseäpfel, sondern drehte auch die Zeit zurück. Ich sah die vielen Frauen, denen das zwanzigste Jahrhundert den Namen Hausfrau gab.

Sie alle waren gar keine Haus-Frauen!

»Was soll sie denn sonst mit dem Kind anfangen?« fuhrst Du fort, und ich wußte auch keine Antwort auf Deine Frage.

»Und schließlich«, jetzt warst Du energisch wie immer, wenn es um Hausfrauen geht, »schließlich war es immer so, daß die Frauen daheim bei ihren Kindern bleiben! Dieses Außer-Haus-Gehen ist ja nur eine neumodische Erscheinung!«

Darauf wußte ich nun viele Antworten. Nicht nur die geschäftige Frau im Kochbuch, deren Haushalt beinahe eine kleine Industrie war, tauchte plötzlich vor meinen Augen auf, sondern auch die Pioniersfrauen aller Zeiten, diesseits und jenseits des Ozeans, die Bauersfrauen einst und jetzt, die Handwerkersfrauen des Mittelalters.

Sie alle gingen nicht außer Haus, Du hast schon recht; nur waren ihr Haus, ihr Hof, ihr Dorf damals die ungeteilte Welt. Heute teilen wir diese Welt fein säuberlich in Draußen und Drinnen, in Arbeitswelt und in Familienwelt, wir haben hier unsere Wohnungen und Häuser und weit weg davon die Büros und Fabriken.

Beobachte einmal die Bäuerin, bei der Du am Wochenende die Milch holst; sie ist noch heute der Mittelpunkt ihrer Hofwelt. Dann schau Dir selber zu, wenn Du wieder einmal allein und traurig bist, wenn Du flüchtest, hinaus in Kaffee- und Kaufhäuser. Aus Deinem Haus hinaus, hinaus in die Welt.

All das wollte ich Dir entgegenhalten. Aber ich schwieg. Schwieg zu Deinen Vorstellungen von Hausfrauen und Müttern, weil ich weiß, daß Du – und nicht nur Du – allergisch gegen meine Argumente bist. Und weil man Kranke nicht gesünder macht, wenn man ihnen in einem schmerzvollen Augenblick von den Ursachen ihrer Krankheit erzählt.

Irgendwann wird all das, was Du an Enttäuschungen ständig in Dich hineingefressen hast, nicht mehr so furchtbar weh tun; vielleicht werde ich Dir dann die Briefe geben. Möglicherweise siehst Du dann auch die Hausfrau mit anderen Augen, möglicherweise bemerkst auch Du, daß es die Hausfrauen nicht schon immer gegeben hat, so, wie es sie nicht immer geben wird.

Die Hausfrau ist eine Errungenschaft unseres Industriezeitalters und, wie so viele, nicht eine der besten. Vor allem ist sie eine Erfindung, die sich nach Belieben drehen und wenden läßt: von Politikern, Wirtschaftsfachleuten und natürlich auch von den Lieben daheim. Besonders von diesen. Bei zuerst schwerer, dann leichter Arbeit zwischen den Kerkermauern der eigenen Gefühle eingemauert, abhängig von den Brosamen, welche die Familie abgibt.

So würde ich die Situation beschreiben. Und ich würde –

Emanzipation hin, Emanzipation her – wenigstens für die Hausfrauen die guten alten Zeiten zurückwünschen.

Die so gut wiederum auch nicht waren, wirst Du jetzt ausrufen.

Zweifellos waren sie hart, und es gab so vieles, das uns heute unvorstellbar erscheint. Für die Frauen waren sie jedoch niemals ganz so schrecklich, wie man sich das heute vor laufenden Wasch- und Geschirrspülmaschinen vorstellt. Die Schustersfrau des Mittelalters hatte nicht nur viel Arbeit, sondern war auch selbstbewußte Herrin in einem Haus, in dem sie für so vieles verantwortlich war: für die Küche, in der nicht nur die Familie, sondern auch die Lehrlinge und Gesellen mitaßen, für die Kleidung, die oftmals noch selber gewebt wurde, für die Nahrungsmittel, die selber angebaut und dann eingekocht wurden, natürlich auch für die Kindererziehung. Der Stall und das Feld hinter dem Haus gehörten genauso zu ihrem Einflußbereich wie die Werkstatt oder der Webstuhl unter dem Dach.

Sie war nicht gleichberechtigt, aber sie war ihrem Mann ebenbürtig, weil an ihrer Arbeit den ganzen Tag lang abzusehen war, daß sie genauso ihren Teil zum Haushalt beitrug wie der schusternde Ehemann. Und dies wußte sie auch, die Handwerkersfrau des Mittelalters.

Die Hausfrau des zwanzigsten Jahrhunderts plagt sich vielleicht genauso ab, allein mit zwei, drei Kindern, aber das Geld bringt am Abend der Mann heim, bringt es aus der Welt draußen mit, die nicht die ihre ist. Die Hausfrau von heute bekommt dies zu spüren.

Die Bäuerin heute braucht nicht einmal besonders ins Gefecht geführt zu werden, sie weiß, daß sie ihren »Mann« steht, oder besser: Sie braucht keinen »Mann zu stehen«, weil sie sich als Frau vollauf genügt. Bei ihr sind Arbeitsplatz und Lebensraum noch derselbe, so, wie er es immer war, solange nicht Maschinen den Menschen Konkurrenz machten. Die Welt war das Heim und das

Heim die Welt. Heute liegt das wirkliche Geschehen weit weg von den schönen Stadtrandsiedlungen.

Schau Dir auch diese Frauen an, die Witwen von sehr lebendigen Männern, die Tageswitwen, die nur auf die allabendliche Rückkehr von Männern und Kindern aus dieser wirklichen Welt warten! Schau Dir nicht all das an, was sie Dir unaufgefordert vorzeigen, schau nicht auf Zweitauto, Zweithaus und Schwimmbecken! Schau in ihre Augen!

Die Köhlersfrau vor zwei- oder dreihundert Jahren war bettelarm. Den Kampf ums tägliche Brot für die vielen hungrigen Mäuler rund um sie können wir uns nicht einmal mehr vorstellen. Vorstellen kann ich mir nur ihre Augen. Verzweifelt vielleicht manchmal, aber auch selbstbewußt; im Blick die Gewißheit, gebraucht zu werden. Sie holte ihr Obst aus dem Wald, Beeren und Nüsse, Gemüse von den umliegenden Feldern, auf denen sie für ein Stückchen Land hart arbeiten mußte, sie stellte Kaninchenfallen auf, sammelte Holz und hielt die kleine Hütte in Ordnung. Sie war den ganzen Tag lang unterwegs. Mit den größeren Kindern an der Hand und dem Baby auf dem Rücken hatte sie keine Zeit, über den Hunger nachzudenken. Sie war ihr eigener Mittelpunkt, ihr Herz der Welt.

Heute hetzen berufstätige Frauen vom Einkaufen in den Kindergarten, von dort zur Schule, ins nächste Geschäft, dann nach Hause, am Nachmittag zurück ins Büro, in die Fabrik. Und sie haben ein schlechtes Gewissen dabei. Die anderen Frauen bleiben daheim, ihrer Kinder wegen, denen es an nichts fehlen soll. Doch auch sie haben ein schlechtes Gewissen. Weil beide eine neue, ungewohnte Rolle spielen. Noch dazu eine schlechte Rolle.

Weder die Nurhausfrau noch die berufstätige Mutter, wie wir sie heute kennen, sind schon immer dagewesen. Die Entfremdung der Frau kam mit der Entfremdung von der Arbeit, ging einher mit der Entfremdung von sich selbst. Und wir Frauen entfremden eifrig mit: erziehen Kinder zu kleinen Perfektionisten und nicht zu Menschen, die auch weinen und schreien dürfen, die nein sagen und protestieren können; wir sind die Hauptstützen von Schulen, die nur an Leistungen denken; wir entfremden uns selbst, wenn wir arbeiten gehen, weil die Wirtschaft und der liebe Konsum es wollen, und wenn wir uns brav als Hausmütterchen zurückziehen, weil die Wirtschaft nicht mehr so richtig läuft.

Wir sagen nie nein!

Wir hören es nicht einmal gern, dieses »Nein«! Es könnte weh tun. Einem Herzen, das längst schmerzt, dessen Schmerz wir aber nicht spüren wollen.

Ich sage trotzdem nein. Hörst Du es?

»Nein!« Ich rufe es sogar laut! Weil mir schmerzende Frauenherzen lieber sind als längst tote Männerherzen. Weil ich Selbstmörder zwar verstehen, aber nicht ausstehen kann. Weil ich keine Patentlösung gegen den schleichenden Selbstmord der Lebendigkeit von uns Frauen weiß, wohl aber, daß man zuerst nein sagen und Schmerzen fühlen muß, um wieder gesund zu werden.

Wieder gesund? Können wir Frauen wieder »gesund« werden? Wie gesund? So, wie die Köhlersfrau, die Handwerkersfrau im Mittelalter?

Auch die waren nicht »gesund«! Sie waren massiv benachteiligt, als Frauen zweitrangig, wenn nicht sogar minderwertig. Aber sie waren nicht in dem Maße verunsichert, wie wir heutigen Frauen sind.

Zu der äußeren Seuche, die wir mit uns schleppen, zum Frausein, gesellen sich die vielen inneren Blutungen, die wir nicht einmal bemerken, die Fragen nach unserer Rolle als Frau und Mutter, die wir alle nicht beantworten können, weil es kein Zurück gibt und die Zukunft wolkenverhangen ist. Kaum blinzelt einmal die Sonne durch, ziehen schon wieder Nebelschwaden auf; kaum schöpfen wir ein wenig Hoffnung, macht die Reaktion darauf, meist die Reaktion von uns Frauen selbst, ein empörtes »Es war schon immer so!«-Geschrei, alles wieder zunichte.

Die Nebelschwaden sind ebenso dicht wie damals bei unseren Wanderungen im Gebirge. Plötzlich steht, wie vor zwanzig Jahren, der Ziegenhirt mit seinen Tieren vor mir, lächelt mir in der Erinnerung freundlich zu. Weißt Du noch? Er ließ uns Kinder in seiner Hütte immer von der Ziegenmilch kosten.

Später dann ...

Ob er ein gutes Beispiel für die »schleichende Krankheit« ist, die wir mit uns schleppen? Ausnahmsweise einmal ein männliches Beispiel? Denkst Du noch an ihn, wenn Du auf einer Deiner Gebirgswanderungen bist? An den herrlich frischen Ziegenkäse, den er uns ganz einfach schenkte?

Jahrelang freuten wir uns in jedem Urlaub auf ein Wiedersehen mit dem fröhlichen »Einsiedler« da oben in den Bergen zwischen seinen Tieren. Ein Stück altes, oft steinhartes Brot, Milch, Käse und die kleine Menge Tabak, die er sich am Wochenende gönnte, reichten ihm zum Leben. In seiner Hütte stand ein wackliger Tisch, irgendwo unter dem Dach, zwischen Heuballen und getrockneten Kräutern, lag eine alte Matratze. Mehr war nicht notwendig. Josef, wie der alte Ziegenhirt hieß, verbrachte ohnehin die meiste Zeit draußen, in seiner Natur. Auf den Felsen konnte er es stundenlang aushalten, ohne sich auch nur zu rühren. Es waren seine »Platzerl«, von denen aus er seine Tiere im Auge und einen herrlichen Blick hinaus ins weite Land hatte. Dort pfiff er leise seine Melodien vor sich hin, schwang sich auch manchmal, wenn er besonders gut aufgelegt war, zu einem Jodler auf.

»Das waren noch Zeiten!« wirst Du jetzt, nostalgisch vor Dich hinsinnend, sagen.

Gute und schlechte Zeiten!

Nie mehr später habe ich einen Menschen kennengelernt, der so arm war, nie mehr aber auch einen, der so völlig mit sich und der Welt zufrieden war.

So lange, bis ihn die Besserwisser von seiner Alm herunterholten. Ob es ihnen gelungen ist?

Wir wollten damals alle unseren Augen nicht trauen, als wir Josef plötzlich im Dorfwirtshaus begegneten. Er begrüßte uns laut und überschwenglich, war beim vierten Schnapsglas angelangt und dementsprechend lustig. Er sei jetzt Knecht im Dorf unten, erzählte er uns, der Jungbauer hätte ihn von seinen Almen heruntergeholt, weil das da oben doch kein Leben sei. Auch die wenigen entfernten Verwandten, die in der Großstadt wohnten, seien dieser Meinung. Heute sei so ein einsames Leben in den Bergen nicht mehr menschenwürdig, von der Hütte ohne jeden Komfort gar nicht zu reden.

Er prostete uns zu und erzählte begeistert von dem höheren Lohn, aus dem auf jeden Fall am Wochenende etliche Gläschen herausschauen würden. Und den Sonntag hätte er ja schon immer zu schätzen gewußt, deutete er auf eine selbstgerollte Zigarette, die uns alle an die Alm erinnerte. Wir erkundigten uns nach seinen Ziegen, und Du wolltest wissen, was aus den vielen Kitzchen des vergangenen Jahres geworden sei. »Sind heute nicht mehr gefragt«, meinte er mit einem etwas traurigen Lächeln.

Lächeln wir Frauen genauso, weil man uns zwar mit äußerlichen Rechten hinausgelockt hat, es aber draußen in der Männerwelt nicht weitergeht? Weil darin im besten Fall einige Freiheit vorspiegelnde Schnapsgläser warten? Die Nebelschwaden haben mich nicht irregeführt! Der alte Josef, seine Becher mit dampfender Ziegenmilch, später die Schnapsgläser vor sich auf dem Wirtshaustisch, bestätigt mein »Nein«! Die Ziegenmilch ist längst sauer, es gibt kein Zurück mehr, der Schnaps von heute ist nur gut für vorübergehenden Optimismus.

Wenn wir die »schleichende Krankheit« bewältigen wollen, müssen wir sie bei den Wurzeln ausrotten, und damit müssen wir wieder einmal dort anfangen, wo männliche Saat ausgestreut, dann gehegt und gepflegt wird: bei den Müttern.

12. August

Gestern während eines Telefongesprächs mit einem Kollegen, fiel mir das »nein« wieder ein. Es war diesmal völlig harmlos verpackt, und zwar in einem Satz, der so ähnlich lautete wie: »Nein, so machen wir es lieber nicht!«

Dabei dachte ich an das »nein« vom letzten Brief und die vielen »nein« vor achtzehn Jahren.

»Welche ›nein‹?« wirst Du fragen.

Du kannst nichts von ihnen wissen. Sie waren mein Geheimnis. Heute lächle ich darüber und verrate es Dir sogar, damit auch Du etwas zum Lächeln hast – vielleicht auch etwas zum Nachdenken.

Ich war zwölf und kam mir sehr erwachsen vor; einen langen Monat hindurch – es war die Zeit um Weihnachten, die sich auch für erwachsene Kinder wie eine Ewigkeit hinzieht – war damals für mich das wichtigste Wort »nein«!

Eigentlich war es gar kein Wort, denn von Aussprechen war nie die Rede. Es war ein Gedanke, ein unausgesprochenes Wort.

Ich wußte damals noch nichts von Philosophie, doch der Wittgensteinsche Gedanke, daß man darüber schweigen sollte, worüber man nicht sprechen kann, dürfte der Zwölfjährigen dennoch selbstverständlich gewesen sein.

Ich schwieg dieses »nein« in mich hinein und schrie es lautlos in die Welt hinaus.

Ich schrieb es hundertmal auf, um die vollgekritzelten Blätter dann schleunigst im Ofen zu verbrennen.

Ich flüsterte es vor mich hin: auf dem Schulweg, in der Nacht in meinem Bett, sogar auf der Toilette.

Aber es auszusprechen, nur ein einziges Mal »nein« zu sagen, das war undenkbar. Vor allem Dir gegenüber.

Gehandelt wurde sehr wohl nach diesem »nein«. In Hunderten kleinen Täuschungsmanövern hinter Deinem Rücken. Von Angesicht zu Angesicht hatte ich das untrügliche Gefühl, es nicht aussprechen zu dürfen. Dieses Unbehagen, das auch dann im Hintergrund stand, sogar mit besonders drohend erhobenem Zeigefinger, wenn mein Bruder einen seiner berühmten Trotzanfälle hatte. Er rief sehr wohl »nein!«, lag am Boden und strampelte dieses »nein« auch noch wutentbrannt mit dem ganzen Körper vor sich hin.

Sag jetzt nicht, daß er noch ein Baby war! Ich weiß es genau: Er war elf, und sein »nein« hallt noch heute in meinen Ohren. Er durfte nein sagen, durfte männlichen Trotz und männliche Wut zeigen. Kleine Mädchen tun so etwas nicht, sie sagen »ja bitte« und »ja danke«.

»Nein, nein und wieder nein, tausendmal nein!« schrieb ich damals auf einen Zettel, den ich zuunterst in meiner Schultasche versteckte. Heute lache ich über das Kind, das sich sehr erwachsen vorkam; gleichzeitig rätsele ich daran herum, warum ich dieses »nein« nicht ausgesprochen habe. Du hattest es mir nie verboten.

»Wäre ja noch schöner!« würdest Du sagen.

Aber ich habe auch nie gelernt, es auszusprechen.

Du schüttelst erstaunt den Kopf. »Welche Eltern bringen ihren Kindern schon bei, nein zu sagen?« wäre Deine Reaktion. Sie bringen es ihnen nicht bei, sie leben es ihnen vor.

Wenn Du selber irgend etwas nicht wolltest, war immer eine Ausrede zur Hand. Sie klang besser als dieses »nein«, das anscheinend für Frauen etwas Unschickliches an sich hat. Wenn Du wütend warst, riefst Du nicht wie Vater: »Zum Donnerwetter, nein und wieder nein!« Dir fiel dafür schnell ein, woran Du herumnörgeln und herumjammern konntest. Wenn eine Deiner Freundinnen anrief und Dich zu einem Stadtbummel einlud, zu dem Du gerade keine Lust hattest, brachte sie Dich immer in ärgste Verlegenheit. Statt des einfachen Worts »nein«, statt eines: »Nein danke, jetzt habe ich keinen Spaß daran«, statt: »Nein, vielleicht ein anderes Mal«, erfandest Du immer eine Menge Dinge, die Dir gerade als Ausrede einfielen.

Langsam kommt mir der Verdacht, daß »nein« ein unweibliches Wort ist, daß Mädchen es nie lernen, weil auch die Mütter nie gelernt haben, es auszusprechen. Darum benötigen wir auch unsere berühmt-berüchtigten Intrigen. Diese können auf das »nein« verzichten, haben ihr »dennoch« oder »obwohl«, sind komplizierter und doch leichter zu bewerkstelligen. Sie sind für uns Frauen eine bequeme Hügellandschaft, weil das Wort »nein«, in der Jugend nicht gelernt, im Alter schwerer zu erklimmen ist als der höchste Berg des Himalaja.

Sind wir darum nicht nur das schwache Geschlecht, das naive, das hassende, sondern auch das hinterhältige? Und das beinahe unschuldig?

Hügel laden nun einmal mehr zu Umleitungen, zu Intrigen ein als Berge, die wir untrainiert kaum mehr erklimmen können. Und das »Neinsagen«, das uns nicht beigebracht, nicht vorgelebt wurde, läßt sich auch mit den besten Nachhilfestunden der Emanzipationsbewegung nur schwerlich aufholen.

Du siehst, es ist wieder ein nachdenklicher Brief geworden. Dabei würde ich gern einmal lustig sein. Deswegen fiel mir auch mein Nein-Fimmel ein, der mir schrecklich komisch vorkam. Bei näherem Hinsehen ging die Hoffnung auf Komik schnell verloren.

Übrig bliebe natürlich der Galgenhumor.

Wäre dies eine gute Idee?

Könnten wir das »nein« mit grinsendem Gesicht schneller lernen? Mit jenem traurigen Grinsen, das weiß, daß uns nicht mehr viele Auswege übrig bleiben? Vielleicht kein einziger, wenn wir das »nein« nicht sehr schnell lernen?

17. August

Gestern, als ich Dir meinen großen Koffer für Deine bevorstehende Italienreise vorbeibrachte, sah ich wieder das Bild der Muttergottes mit dem Jesuskind. Es hängt jetzt nicht mehr in meinem Zimmer, sondern draußen im Wintergarten. Hast Du es aus einem besonderen Grund umgehängt?

Keine Angst, ich trage nicht wieder einen der üblichen Mutter-Tochter-Kämpfe aus. Obwohl ich nicht nur an das griechische Sprichwort »Dis kai tris ta kala«, man kann das Schöne nicht oft genug sagen, glaube, sondern auch daran, daß wir Trauriges nicht oft und laut genug sagen sollten. Irgendwann könnte es dann vielleicht schön werden, so schön wie die romantische Geschichte von der Gottesmutter und ihrem Kind.

Jetzt staunst Du über die Ketzerin, die plötzlich romantische Geschichten entdeckt! Keine Sorge, die gewohnten Angriffe kommen noch!

Die Muttergottes erinnert mich nämlich an eine Weihnachtsgeschichte in einer feministischen Zeitschrift, in der Maria schlicht und einfach zur unehelichen Mutter gemacht wurde, die mit Hilfe der jungfräulichen Geburt der Schmach entgehen wollte. Der Geistesblitz vom Heiligen Geist, der über sie gekommen sei, amüsiert mich noch heute. Weniger lustig fand ich lange Zeit die Unbefleckte Empfängnis, welche die Kirche dogmatisiert. Nichts gegen Jungfrauen, aber alles gegen einen Menschensohn, der durch seine Geistzeugung und durch die Unbeflecktheitsbescheinigung für eine einzige Mutter alle späteren Frauen und Mütter zu Befleckten macht!

Hast Du schon mal, während Du zu Maria, der Reinen, gebetet hast, daran gedacht, daß die Barmherzige da oben auf ihrem »reinen Podest« allein durch ihre Existenz Dich als schmutzig schilt? Daß sie all das herabsetzt, was Dir wichtig ist: Deinen Mann, Deine Kinder?

Spinne den Gedanken weiter!

Für Jesus war Josef als Vater zu schlecht, für ihn mußte eine »geistige Hochzeit« erfunden werden. Sind wir fleischlich Gezeugten alle Bastarde und alle Mütter, die ihre Kinder in Betten und nicht im Zwiegespräch mit dem Heiligen Geist empfangen, Huren?

Bist Du sehr schockiert? Argumentierst Du schon eifrig mit Erbsünde und Erlöser?

Eigentlich will ich gar nicht mit Dir streiten, will Dir und jedem anderen seinen Gott, seine eigenen Vorstellungen von Gott lassen. Schließlich erschaffen wir uns alle unseren Gott mindestens ebenso, wie Gott einst uns erschaffen hat. Aber vor und hinter dem offiziellen Gott, der auch heute noch ein Staatskirchengott ist, steht immer wieder Maria, die Jungfrau, die so viel mit uns Frauen, mit unserer Frauenrolle zu tun hat, daß ich an ihr nicht vorbeikomme, nicht einmal, wenn ich mich an dem leidlichen Religionskapitel vorbeischwindeln möchte.

Die Jungfrau mit schmerzvoller Miene, den toten Jesus auf dem Schoß, sie macht aus uns nicht nur Befleckte, sondern auch Leiderinnen, Dulderinnen. Sie ist das große Vorbild, dem es nachzueifern gilt. Und natürlich ist sie Zuflucht: Die Indianerin in Guatemala, deren Sohn soeben erschossen wurde, sie protestiert nicht gegen die sinnlose Gewalt der Männer, sondern liegt vor der Mater dolorosa auf den Knien.

Die Frau, die von ihrem Mann geschlagen wird, flüchtet auch

heute noch manchmal in die Kirche oder vor das Marienbild daheim, um über das weibliche Los zu klagen, das schon das große Vorbild zu spüren bekam. Schließlich haben wir noch alle das Wort im Ohr, das Jesus vielleicht wirklich ausgesprochen hat, das ihm aber auf jeden Fall später von den Männern seiner Kirche in den Mund gelegt wurde: »Weib, was habe ich mit dir zu schaffen!« Maria hat, will man dieser Überlieferung glauben, also schon damals eine undankbare Rolle gespielt.

Für die Männer war sie praktisch. So, wie sie später, in Zeiten hoher und höchster Kirchenpolitik, immer die Retterin in der Not spielen durfte. Ihre Verehrung wurde andererseits zum unliebsamen, überflüssigen Kult erklärt, wenn es an der Zeit war, mehr Ernst und männlichen Intellekt in Glaubensdingen aufkommen zu lassen. Denk an Luther, der ja nicht so sehr religiöser Reformator wie sozialer Revolutionär war; er lehnte die übertriebene Marienverehrung völlig ab.

Ebenso dienlich, wie ihr Abtreten von der großen Glaubensbühne sein konnte, wenigstens ihr Rückzug in den Schatten, so praktisch war sie, wenn Gefahr in Verzug war, wenn es galt, abtrünnige Schäfchen wieder in den großen Mutterschoß der Kirche zu treiben.

Such Dir einmal die Fotos von unserer Mexikoreise hervor, sieh Dir die Indianer an, die auf Knien und mit andächtig gefalteten Händen in die Kathedrale von Guadalupe hineinrutschen. Unter dem verehrten Marienbild müssen sie mit einer Art Rolltreppe hindurchgeschleust werden, weil sonst nicht Platz genug für die vielen Gläubigen wäre. Die flehenden Gesichter, hoffnungsvollen Augen, die den Altar mit dem Allerheiligsten keines Blickes würdigen, erklären mir heute die große Marienverehrung in der lateinamerikanischen Kirche besser als viele Worte.

Du meinst, daß in den Ländern der Dritten und Vierten Welt Maria schon immer eine besonders diplomatische Vermittlerin zwischen den alten Göttern und der christlichen Botschaft war, wie es uns auch der Fremdenführer damals unter der Muttergottes der Indianer erklärte? Die Frau als Friedensstifterin zwischen den Göttern? Das dürfte nicht einmal die schlechteste Rolle gewesen sein, die die Männerkirche Maria zudiktiert hat. So, wie ihre doppelte Unbeflecktheit und Unbefleckbarkeit nützlich war, die erst im vergangenen Jahrhundert, da aber sicherlich nicht ohne Hintergedanken, zum Dogma erklärt wurde.

Als ewige Jungfrau mit päpstlichem Brief und Siegel darf sie seither Millionen Gläubige in die großen Marienwallfahrtsorte locken, Gläubige, die unser neues, gottloses, höchst fortschrittsgläubiges Zeitalter dem männlichen Gott der Kirche beinahe schon streitig gemacht hätte. Er ist und war vor allem ja nicht einer der nettesten: rachsüchtig, fordernd und eifersüchtig schon in jüdischen Gründerjahren; später ließ er sich dann von seinen Kindern mißbrauchen, ließ Kriege und Kreuzzüge in seinem Namen führen, seinen eigenen Sohn ans Kreuz nageln.

»Als Sühne für unsere Sünden«, wirst Du empört entgegnen und mich jetzt endgültig der Blasphemie anklagen. Aber es sind nicht nur Lästereien. Spul den Faden weiter zurück, Mutter, denk daran, daß Jesus jungfräulich, also im Geist, gezeugt werden mußte, damit er die Menschheit erlösen konnte. Diese Erlösung durfte dann sehr wohl fleischlich sein. Dabei stelle ich mir gerade unter Erlösung, der Erlösung der Menschen von einer geistigen Sünde, etwas Geistiges vor, nicht dieses brutale und sinnlose Opfer an einen nach Blut dürstenden Gott.

Das alles klingt mir nicht so sehr nach Gott, sondern viel eher nach schlechter männlicher Phantasie. Freilich: Das Kreuz war echt, wahrscheinlich auch der Tod; von mir aus kann man sogar das Schweißtuch der heiligen Veronika als Beweis anführen! Ob dieser Jesus der Gottessohn war, als der er uns vorgeführt wird, ob seine Mutter die unbefleckte Jungfrau war, mit der heute noch so viele Frauen mitleiden, das wage ich zu bezweifeln.

Blättere einmal in den vielen Kinderbüchern, aus denen Du

mir Geschichten über das Leben des Gekreuzigten vorgelesen hast und die Du noch heute für Deine zukünftigen Enkel aufhebst! Darin taucht ein völlig anderer Jesus auf als auf den Bildern unserer Kirchen, in die er sich so nur selten verirrt: als junger Mann mit langen weiten Kleidern, mit langen Haaren und offenen Zügen. Es ist nicht das harte Männergesicht mit üppigem Bart, das Erwachsenen gezeigt wird. Vielleicht war auch sein Tod am Kreuz nicht die Sühne für unsere Sünden, sondern die Rache einer Gesellschaft, in die er nicht hineinpaßte: weil er nicht männlich genug war, weil er die rauhen Sitten der zeitgenössischen Männergesellschaft nicht übernahm, sogar dagegen anpredigte.

Nein! Nicht vielleicht!

Ganz sicherlich wurde er deswegen gekreuzigt. Sein Ruf zur Besinnung, zur Umkehr und Nächstenliebe hätte das strenge Männersystem ins Wanken bringen können. Als Unruhestifter für den Frieden mußte er sein Leben lassen, aber nicht als Opferlamm, das seinem Vater, dem rachsüchtigen männlichen Gott, geopfert werden mußte.

»Du mit deinem männlichen Gott!« würdest Du jetzt ausrufen, nicht wahr, Mutter? Oder auch: »Gott ist Gott! Männlich hin oder her!«

Noch während ich dies niederschreibe, mir gerade die vielen Einwände zurechtlege, muß ich lachen. Du hättest recht, ganz recht! Gott ist Gott! Männlich hin und ... und fraulich her!

Jetzt würdest Du sicherlich mitlachen, weil auch Du, bei aller Rechtgläubigkeit, meinen vielen großen Fragezeichen ein kleines eigenes anschließt, wenn ich frage: Warum ist Gott keine Frau?

Nur provozierend frage. Im Ernst möchte ich mir die Frage nicht stellen, weil ich dann auch eine andere Frage beantworten müßte, nämlich die, warum eine Göttin ihre Geschlechtsgenossinnen so schlecht behandelt. Warum ein oberstes weibliches Wesen hoch über den Wolken es zuläßt, daß sich die Frauen hier auf der Erde selber so schlecht behandeln, sich benachteiligen lassen und dabei als Mütter auch noch eifrig sündigen. Da ist mir ein ungerechter männlicher Gott schon lieber!

Wenn ich es mir aber aussuchen dürfte, würde ich mir jenes Welteltempaar wünschen, dieses Zwei-Geschlechter-Wesen, das, in Liebe verschlungen, noch auf uralten Bildern zu bewundern ist. Und ich würde mir wünschen, daß nicht so viele Frauen diesen Einen verehren, während von anderen Frauen dieser Eine jetzt protestierend zur Frau gemacht wird.

Vielleicht könnten wir uns dann auf das Eine einigen, jenes absolute göttliche Prinzip, das, wenn alle Dinge in Gott sind, sowohl männlich als auch weiblich sein muß.

18. August

Wie gesagt, eigentlich wollte ich mich an allen Fragen nach Gott und Religion vorbeischwindeln. Aber anscheinend lassen weder ein Gott noch mehrere, weder Götter noch Göttinnen, noch die Muttergottes dieses zu. Jedenfalls sorgten sie alle eifrig dafür, daß mein Schlaf in der vergangenen Nacht alles andere als göttlich war. Immer wieder tauchte das Bild Marias vor meinen Augen auf, dann das des eng umschlungenen Weltelternpaares.

Zuerst erschien mir das eng umschlungene indische Gottpärchen von meinem Schreibtisch, das Du immer als obszön bezeichnest, das in Wirklichkeit aber keinen Geschlechtsakt darstellt, sondern die Vereinigung von Energie und Intelligenz symbolisieren soll, dann lachten sich die alten afrikanischen Holzfiguren an, deren munter vermischte Geschlechtsmerkmale ich erst vor kurzem bei einer Ausstellung bewundert hatte.

Sind sie alle stumme Zeugen, die noch an jene Urreligion erinnern, die so viele Völker gemeinsam hatten? Die sogar heute noch in Neuseeland, in Australien, Polynesien und Afrika lebendig sein soll? Mir fielen die Untersuchungen des katholischen Missionspaters Winthuis ein, der dieses Zwei-Geschlechter-Wesen als Symbol des Einen bei vielen Stämmen Melanesiens vorfand.

Gleich nach dem Frühstück, nach einem besonders starken Kaffee als Ersatz für den mangelnden Schlaf, machte ich mich auf die Suche nach dem Artikel über die Arbeit des Missionars, den ich irgendwo aufgehoben habe. Wie Du Dir denken kannst, war dies von vornherein ein ziemlich hoffnungsloses Unternehmen bei all den Stößen von alten Zeitungen, Illustrierten und den überquellenden Mappen mit Zeitungsausschnitten. Darum sitze ich jetzt am Schreibtisch, um so, aufgekratzt, wie man manchmal nach einer durchwachten Nacht ist, unseren religiösen Disput ein für allemal aus der Welt zu schaffen.

Ein für allemal?

Jawohl, ich bin zuversichtlich!

Ich kenne ja Dein geheimes Unbehagen, Deine leisen Zweifel an diesem Gott, vor allem aber an seinen Heerscharen, die hier auf Erden schon lange nicht mehr himmlisch denken und schon gar nicht handeln.

Ist es nur die Muttergottes, die Dich in die Kirche zieht? Vielleicht auch die Ahnung, daß dieser Jeschua ein anderer war als der, den uns die Kirchenväter gezeigt haben?

Oder waren es gar nicht so sehr die Kirchenväter, nicht so sehr Päpste, Kardinäle, Bischöfe und Priester, die aus Jesus einen Bundesgenossen ihrer sehr weltlichen Machtgelüste machten? War es nicht nur die Männerkirche, die uns Maria als leidende, duldende Randfigur im göttlichen Spiel zeigte?

Aus ist es mit meinem Optimismus.

Ich höre die Geschichten von Maria und dem Jesuskind, von der Mutter und ihrem Gott, die Mütter ihren Kindern erzählen, sehe sonntags die Frauen die Kirche bevölkern, während die Männer im Gasthaus sitzen; mein Blick schweift noch weiter zurück, sieht brennende Scheiterhaufen mit als Hexen verschrienen Frauen darauf, davor segnende Priester, unterstützt vom Gebetsgemurmel der »guten« Frauen.

Sie alle waren wahrscheinlich ebensowenig überzeugt von diesem männlichen Gott wie Du. Sie wußten es wenigstens in einer Ecke ihres Herzens besser, sicherlich in der Ecke, in der sie zu

Maria beteten, aber sie bildeten das getreue Fußvolk, auf das immer Verlaß war. Sie waren die heimlichen Heerscharen dieser Kirche, während die Männer draußen auf dem Schlachtfeld einen blutigen Stellvertreterkrieg für die himmlischen Heerscharen führten.

Sie durften und dürfen in dieser Kirche – wenn ich es genau überlege, in allen Religionen – keine Rolle spielen, und doch sind sie das Schauspielhaus, das die Aufführung dieses Stückes namens Männerreligion garantiert. So, wie Maria, genaugenommen, in der Christenheit keine wichtige Rolle spielt. Trotzdem würde es ohne sie keinen Jesus geben, schon gar keinen Heiligen Geist.

Ist es wieder die alte Geschichte von uns Frauen als Gehilfinnen, Zuhälterinnen der Männer? Sind wir auch in der Kirche dazu verurteilt, ehrfurchtsvoll zu etwas aufzuschauen, das von uns geschaffen wurde, verurteilt, uns von Männern aus Kathedralen und Kirchen und vor allem aus deren Altarräumen hinausweisen zu lassen, obwohl diese Kirchen auf unseren Schultern ruhen?

Wo wären all die Pfarrer ohne die ihren Rosenkranz heruntermurmelnden Frauen? Wo wäre Jesus, wo sein himmlischer Vater, wo die Heilige Familie hier auf Erden ohne das Judenmädchen, das später nur mehr leiden und trauern durfte? War Maria nur dazu bestimmt, Jesus auf die Welt zu bringen, ihn zuerst freudig auf dem Schoß zu tragen, dann klagend?

Das Bild der Muttergottes aus meinem Kinderzimmer ist nicht mehr wunderschön hellblau. Der blaue Schleier wird immer dunkler und zieht sich über Marias Kopf zu einer drohenden Wolke zusammen: Sie ist nicht mehr nur die Muttergottes, sondern eine von den vielen Müttern, die ihre Söhne auf dem Schoß halten. Und so, wie aus der Muttergottes die vielen Mütter werden, wird der Schoß für mich zum Symbol für all die Möglichkeiten, die Mütter haben – die schlechten wie die guten.

5. September

Ich traue meinen Augen noch immer nicht ganz. Es ist zwar schon eine Woche her, daß ich aus Italien zurück bin, aber jetzt, wo ich vor meinem Schreibtisch sitze, erscheint mir Deine Verwandlung noch immer so erstaunlich wie vor zehn Tagen, als ich Dich in dem italienischen Bad besuchte, in dem Du zur Kur bist. Von einem Tag auf den anderen warst Du plötzlich eine andere. Nicht nur äußerlich: braungebrannt, mit neuer Frisur, ungewohntem Make-up und lackierten Nägeln; Du warst auch sonst verwandelt, irgendwie freier ohne Deine gewohnte Umgebung, unternehmungslustig, zu jedem Spaß aufgelegt.

Überraschend war bereits Deine Reaktion auf meine Ankunft, auf meine übliche Verspätung. Die stundenlange Autofahrt, unherbstlich hohe Temperaturen und der Duft eines italienischen Cappuccino in meiner Phantasie hatten mich zu einer verlängerten Kaffeepause verführt. So kam ich eine halbe Stunde später als verabredet an. Schon hatte ich mir alle möglichen Ausreden zurechtgelegt, doch die lange Wartezeit an der Grenze und der unerwartete Stau in letzter Minute kamen nicht zum Zug. Du warst überhaupt nicht neugierig darauf, warst auch nicht in Deinem Zimmer, harrtest nicht wie daheim punkt drei Uhr bei Kuchen und Kaffee. Ich mußte mich erst durchfragen zu Dir, zu der Bar, wo Du in einer fröhlichen Runde den starken Mokka geschlürft hast, den Du Dir daheim verbietest. In Urlaubslaune schmeckte er Dir besonders gut. Kein Wort des Vorwurfs wegen der Verspätung, nur ein freudiges »Hallo« und der Wink, mich zu setzen. Ihr wart mitten in einem Kartenspiel – auch das neu an Dir –, die neue, die spielende Mutter.

Erst nachdem Du gewonnen hattest, stelltest Du mich vor. Anders als sonst: nicht mehr stolze Mutterglucke, die ihre Tochter herzeigt, sondern eine Frau, die zwar noch immer stolz ist, aber das nur nebenbei, zwischen einem unterhaltsamen Kartenspiel und einem starken Mokka. Ich war wichtig, aber nicht mehr das Wichtigste. Weitab von heimatlichen Pflichten, warst Du ausnahmsweise einmal Du selbst, und ich war nicht mehr nur Dein Kind.

Deine Augen lachten, Du hattest die Verspätung nicht bemerkt; auf jeden Fall war sie nicht, wie sonst üblich, ein Attentat auf Deine Ehre. Und auch später, am Abend, bei den Einkaufsbummeln, bei unseren kleinen Ausflügen, erkannte ich Dich kaum wieder.

Durch den Vorhang bläst der Wind letzte Sommerluft herein, und ich sehe Dich auf der Terrasse des Fischlokals, vor Dir die Krabben in Knoblauchsauce. Daheim wärst Du zu solch exotischen Gaumenfreuden, zu Knoblauch, der Dir zwar schmeckt, aber zu sehr »riecht«, nicht zu bewegen gewesen. Sogar der Wein wurde gebilligt: in der Literkaraffe und nicht nur als Dein gewohntes Achterl. Als ob Du mit sechzig auf den Geschmack gekommen wärst. Du hattest sogar einen richtigen Schwips.

»Jetzt werde ich das Leben erst richtig genießen!«

Ich glaubte, Deinen fröhlichen Augen nicht trauen zu können –, und ich traue den meinen heute noch nicht ganz, nicht den vielen Gläsern mit purpurrotem italienischem Wein, nicht Deinen Worten. Wie oft hatte ich Dir gesagt: »Sei nicht dumm, genieße Dein Leben!« Wie oft habe ich Dir zu erklären versucht, daß nur Menschen, die selber zufrieden und glücklich sind, andere glücklich machen, sie lieben können.

Es war für Dich Theorie, graue Theorie. Du hast sie nie geglaubt, hast Dich lieber an Deine Leider-und-Dulder-Religion gehalten und an die Dulderphilosophie, die sie den Frauen so trefflich einzutrichtern weiß.

Jetzt waren nicht nur Deine Augen glücklich; auch die drei Urlaubstage, die wir gemeinsam verbrachten, waren es. Meine Röcke waren nicht mehr zu kurz oder zu lang, waren nicht mehr schlampiges Hippiezeug, für das ich längst zu alt war. In der Boutique, in der ich Bermudas probierte, ließest Du Dich auch zu solchen verleiten – für daheim, für den Garten. Für den Abend entdecktest Du ein Abendkleid, das Dir besonders gut stand.

Ich gebe nur Komplimente zurück. Über Deine war ich ziemlich erstaunt: »Kauf dir doch dieses lustige Minikleid, deine langen Beine kommen darin so richtig zur Geltung!« Schließlich hast Du mich noch mit einem ausgeschnittenen T-Shirt überrascht, das Du mir schenken wolltest, »weil es bei deiner nahtlosen Oben-ohne-Bräune besonders schick aussieht«. Daheim hattest Du meine Sonnenbäder eher so betrachtet, wie man Blinde ansieht, denen man auf der Straße begegnet und dann schnell ausweicht. Oder habe ich mich geirrt?

Unseren Einkaufsbummel krönten wir mit einer kleinen Feier in der Pizzeria neben unserem Hotel. An diesem Abend war es noch ein Glas mehr, mit dem Du mir zutrankst, und ich war sicher nicht mehr nur Deine Tochter, sondern endlich eine Frau, mit der Du Dich ungezwungen unterhalten konntest.

Wie ungezwungen!

Der Wein und die Ferienstimmung machten Dich besonders neugierig. Viele der Fragen nach Bekannten und Freunden, verflossenen und heutigen, müssen Dir lange auf der Zunge gelegen haben. Kinder und ein Ehemann waren in diesem Augenblick nicht gefragt. Beide bekomme ich, Du erinnerst Dich hoffentlich, im mütterlichen Alltag sonst bei jeder Gelegenheit verschrieben.

Irgendwie werde ich sogar den Verdacht nicht los, daß Du in

vergnügter Ferienstimmung ein besonderes Vergnügen an meinem Liebesleben hattest, daß Du die Tochter beneidet hast, die sich ihr eigenes Leben schuf, denn zum ersten Male tauchten auch noch andere Männer außer Vater zwischen uns auf. Ein Lateinprofessor und ein Student. Mit beiden warst Du einmal beinahe verlobt. Und dann gab es auch noch zwei oder drei Flirts, als Du schon ehrbare Mutter und Ehefrau warst.

»Es waren aber nur rein platonische Beziehungen!« Deine Stimme war ebenso beschwörend, wie sie aufgeregt wurde, als Du weiter versichertest: »So, wie jetzt mit dem Rechtsanwalt aus München, du kennst ihn, es ist der Herr mit den vornehmen grauen Schläfen aus der kleinen Bar.«

Den Graue-Schläfen-Mann lernte ich am letzten Tag bei einem Ausflug zu einer nahegelegenen Burg kennen. Und auch Dich lernte ich ein gutes Stückchen besser kennen: Du warst eine andere Frau als daheim, attraktiv, begehrenswert, voll anderer, neuer Gedanken.

Endlich Mutter-Frau, endlich Mensch.

7. September

Eine Karte von Dir im Postkasten. Du prostest mir aus der Ferne zu, hast mir zu Ehren ein Glas Rotwein extra geleert.

Bravo, Mama, bravo!

Es sei alles beim alten, schreibst Du, Sonne, Wein, Pizza und Krabben; auch der Kaffee, obwohl Du inzwischen vorsichtshalber beim Cappuccino gelandet bist. Die lustige Gruppe aus der Bar lasse mich grüßen. Nur nicht der Rechtsanwalt mit den grauen Schläfen. Er sei heimgereist. Ohnehin besser, meinst Du, Männer seien letzten Endes doch alle grobschlächtig, keine Spur von Sensibilität.

Ich habe mich vor Lachen beinahe verschluckt, während ich die Karte las. Der Briefträger, der danebenstand, wird sich wohl sein Teil dabei gedacht haben.

Warum verschluckt?

Erstens: Weil ich mich über das zusätzliche Glas Rotwein freue.

Zweitens: Weil ich mich über Deine lustige, lebendige Karte freue.

Drittens und vor allem: Weil ich mich freue, daß Du die Sprachlosigkeit überwunden hast und mir über grobschlächtige und harte Männer schreibst.

Aber schon werde ich wieder ernst, schon tauchen – trotz friedlicher Stimmung – wieder die Mütter auf. Ich kann mir nicht helfen, sie müssen einfach wieder einmal als Zielscheibe herhalten.

Blättere in Deinen eigenen Familienalben, denk an uns, Deine beiden Kinder: ein Bub, ein Mädchen. Dazu das ungeschriebene Gesetz, daß Buben so schnell wie möglich selbständig werden müssen. Vergleiche zwei Schnappschüsse: ich mit zwei Jahren auf der Schaukel, dahinter Du – schützend und ein wenig besorgt. Auf einem anderen Foto schaukelt mein Bruder beinahe im selben Alter hoch hinauf bis in die Baumkrone. Er schaukelt allein.

Horch hin, horch Dir vielleicht selber zu, wenn die vielen Anekdötchen in unserer Familie erzählt werden, von denen es keine Bilder gibt. Wie die Kleine plötzlich im Wald verschwunden war und die ganze Familie in ärgster Aufregung loszog, um mich zu suchen, obwohl ich am nahen Bach saß und den Forellen zusah, die damals noch darin umherhuschten.

Wenn ich mir weh tat, durfte ich auf Deinem Schoß sitzen, wurde gehätschelt. »Ein Bub darf nicht weinen«, gehört zu den Abgedroschenheiten, die ich kaum mehr als Beispiel anzuführen wage. Aber es bleibt das beste Beispiel: Du warst es, die meinem Bruder das Weinen austrieb, die ihn anspornte, mutiger und stärker zu sein. Du bist es auch, die sich heute über die Gefühllosigkeit der Männer beklagt.

Woher sollen sie alle plötzlich ihre Gefühle holen? Sie wurden ihnen schon mit drei Jahren abgewöhnt, als sie als Knirpse nur ausnahmsweise noch an Mutters Busen Trost finden durften.

Die oft beklagte Härte der Männerwelt, sie wurde allzu oft von verschlossenen Mutterarmen verursacht.

3. Oktober

Du bist zurück von der Kur. Das Alleinsein hat Dir gutgetan. Du bist voller Pläne. Reisen wirst Du in nächster Zeit, beschließt Du, willst wieder häufiger ins Kino gehen; auch an Vorträgen tut sich allerlei Interessantes, erzählst Du mir.

Zum erstenmal versäumst Du sogar eine Verabredung mit mir. Du wirst es nicht für möglich halten: Ich habe mich darüber gefreut. Endlich etwas, das interessanter ist als die eigenen Kinder, die Du ja lange genug zu kosten bekommen hast. Vielleicht »kostest« Du sie in Zukunft mit einer anderen Zunge, mit der eines Gourmets und nicht der des Gourmands, vielleicht bist Du nicht weiter die Mutter, die ihre Kinder schlemmend verschlingt, sondern Feinschmeckerin, die es genießt, sie als Erwachsene zu behandeln.

Vielleicht ist es nun doch an der Zeit, daß ich diese Briefe an Dich abschicke.

Vielleicht schaffen wir beide endlich die Abnabelung – wenn es Dir gelingt, die verhängnisvolle Schnur zwischen Mutter und Tochter endgültig zu zerschneiden, damit wir gleichberechtigt nebeneinander leben können.

Zerschneide sie, Mutter, zerschneide sie endlich, damit das Blut zwischen uns wieder so pulsiert, wie es einst in der Nabelschnur rauschte! Nicht nur in Deinem Körper, sondern auch später, als ich körperlich längst abgenabelt war, als kleines Kind, das seine

Mutter abgöttisch liebte, als Zehnjährige, die sie noch zu lieben glaubte.

Dann begann sie langsam zu verdorren. Je selbständiger ich wurde, je mehr ich selbst, desto mehr trocknete sie aus. Nicht nur von meiner Seite her, sondern auch von Dir floß kein neues, frisches Blut in unsere Beziehung. Du würdest das nie zugeben. Trotzdem war irgend etwas zwischen uns, das nicht einmal die Liebe überwinden konnte. War es Eifersucht?

Die Eifersucht der Mutter auf die Tochter? Nicht nur die Eifersucht auf meine Interessen, die plötzlich nicht mehr Dir galten, Dich sogar von einem Tag auf den anderen völlig ausschalteten. Sondern Eifersucht auf die Frau in der Tochter.

Zuerst war es nur der übliche Trotz der Elf-, Zwölf- und Dreizehnjährigen, der Dich zur Weißglut brachte. Doch bevor Du Dich's versahst, stopfte ich mir heimlich gekaufte Büstenhalter aus, stöckelte ich in unpraktisch hohen Schuhen zur Schule. Meine Augen waren bereits mit Wimperntusche verschmiert, als Du noch immer das kleine adrette Mädchen in mir sehen wolltest. Ich gebe es ja zu: Ich muß damals schrecklich ausgesehen haben. Meine Lernversuche in Sachen Vamp als gelassen hinzunehmen hätte wahrscheinlich bessere Nerven als Deine erfordert. Dennoch: Der tägliche Kampf um ein wenig Schminke mehr, um die durchsichtige Bluse, den zu kurzen Rock muß auch für Dich eine aufregende Zeit gewesen sein. Ein Gefecht, währenddessen aber nicht nur ich mich von Dir entfernte; auch Du standest mit einemmal auf der anderen Seite.

Wir waren beide schuld, auch wenn Du Dir keiner Schuld bewußt bist. Aber meine Pubertät, mein Frauwerden, die ersten, zugegeben drastischen, Proben als Verführerin – machten sie Dich nicht plötzlich alt? War ich mit fünfzehn als angehendes Weibchen für Dich zur Konkurrenz geworden?

Natürlich nicht ernsthaft, aber sicherlich in Deinem Unterbewußtsein. Die Mädchenfrau bedrohte die Frau in Dir. Du warst nicht wirklich gealtert, aber ich führte Dir jeden Tag mit meiner bloßen Anwesenheit vor, daß Du nicht mehr die Jüngste warst.

Später führte ich Dir ein anderes Frauenleben vor, zehn Jahre lang, während Du auf Hochzeitsschleier und Kinderwagen gewartet hast.

Mein Verzicht darauf war für Dich eine Art Urteil über Dein Leben. Es war Deine Tochter, die durch ein schlichtes »nein« all das in Frage stellte, wozu Du nicht nur »ja« gesagt hast, sondern was für Dich selbstverständlich war: Kinder, Haushalt, Familie, Ehemann.

Du sahst immer nur dieses »nein« und nie das »ja«, das ich zu all Deinen Wünschen, auch zu Deinen Vorstellungen von Deinem Frauenleben sagte. Du wolltest nur meine Verweigerung sehen, nur die Tochter, die nicht Deinen Weg ging.

Jetzt scheint dies zum erstenmal anders zu sein. War es der ungewohnte Wein oder die neue Selbständigkeit, die Dir in Italien das Geständnis abrang, daß es gut sei, daß heute Frauen zum erstenmal die Gelegenheit haben, sich zwischen Mutterschaft und Beruf zu entscheiden, daß es ihnen manchmal sogar gelingt, beides unter einen Hut zu bringen, ohne daß dabei Kinder oder Beruf Schaden erleiden?

26. Oktober

Die ersten Schneeflocken vor dem Fenster. Sie stimmen mich wie jedes Jahr melancholisch. Schneetreiben – das ist ein Kinderwetter, wenigstens eines der wenigen Dinge, die mich freiwillig Kind werden lassen. Zurück in die warme Stube, zurück in den Spätherbst meiner Kindheit.

Ich sehe die Kastanien wieder, die wir sammelten, um mit ihnen an langen Nachmittagen mit Hilfe von Zahnstochern Esel oder Ochsen zu basteln. Auf der Zunge der Geschmack von heißem Kakao, von frischem Gebäck mit Butter und Honig darauf. Du unter der Stehlampe, eingetaucht in ihr warmes Licht, ein Strickzeug in der Hand, leise vor Dich hinsummend. Ich rieche noch das Bienenwachs der Kerze auf dem Tisch zwischen uns Kindern.

Wie gesagt, Schnee stimmt mich melancholisch. Er erinnert mich daran, wie schön wir es hatten und wie gern ich immer Dein Kind war.

Wahrscheinlich, weil Du so gerne Mutter warst, wenigstens während unserer Kindheit. Bald danach schon schlichen sich die ersten »aber« ein. Weil kleine Kinder bekanntlich kleine Sorgen bringen, große Kinder große. Und weil Kinder nicht nur Freude bereiten, wie Du Dir vorgestellt hast, sondern auch ganz schön an der Mutter herumknabbern, ihr das berühmte Loch in den Bauch beißen.

Doch damals gab es noch keine Probleme, wenigstens an der Oberfläche. Die einzige Schwierigkeit im gemütlichen Spätherbstzimmer hatte mein Bruder mit seinem Kastanienzug, der immer wieder zusammenbrach. Meine Puppenwiege aus einer halben Kastanie dagegen war standfest.

Ich sehe uns in den spiegelnden Fensterscheiben. Doch der Schnee hat aufgehört zu fallen, und plötzlich ist auch die Vergangenheit verschwunden, weggewischt von Deiner Stimme: »Die erste Generation von Frauen, die sich zwischen Mutterschaft und Beruf entscheiden können.« Es schwang ein wenig Neid mit. Doch jetzt höre ich vielmehr Bedauern. Ich sehe wieder den kleinen Zug und die Wiege aus Kastanien, dahinter Dich mit Deinem Strickzeug, und ich glaube nicht mehr ganz an diese erste Generation.

Wir sind noch lange nicht die ersten; vielleicht sind es unsere Töchter, wahrscheinlich aber werden erst unsere Enkel und Urenkel wirklich wählen können. Und auch nur dann, wenn zuerst wir uns ändern. Wenn Mütter nicht weiter ihre Töchter in vorgeschriebene Rollen zwingen – mit Puppen, Wiegen für puppenspielende Mädchen und zukünftige Mütter und vor allem durch ihr eigenes Vorbild.

Du warst es, die neben uns saß, immer mit einer Handarbeit beschäftigt, Du gabst den Anstoß für Zug und Puppenwiege. Dich sah ich öfter mit einem Staubtuch als mit einem Buch oder einer Zeitung.

Wenn ich heute bei einem Problem nicht wie meine Kollegen vor der Schreibmaschine sitzenbleibe und daran herumgrübele oder wie sie bei der Sekretärin Kaffee ordere, sondern lieber selber den Kaffee koche, so sitzt Du mir im Blut. Wenn ich, statt am Schreibtisch weiter vor mich hinzusinnen, irgend etwas Zerstreuendes tue, Blumen gieße oder abstaube, so wischt Dein Staubtuch mit.

Es ist ein Teufelskreis, bei dem sich die Schlange immer wieder in den Schwanz beißt. Und die Frau und Mutter sitzt genauso im Schwanz der Schlange wie im Kopf.

Und darum arbeitet mein Freund weiter an seiner Arbeit – auch wenn sie ihm gerade keinen Spaß bereitet. Und darum gehe ich dazwischen schnell etwas einkaufen oder mache einen Bummel. Darum werden viele Frauen zwar Ärztinnen, doch die Chirurginnen kannst Du fast an einer Hand abzählen; darum kochen Frauen, werden jedoch keine Meisterköche, und darum gibt es für uns die Wahlmöglichkeit noch immer nicht – auch wenn es rechtlich schon so aussieht.

In unseren Köpfen tickt nicht nur ein Ziel, sondern wir haben so viele. Das Schlimmste daran: Wir wissen nicht, welches das bessere ist, sind hin- und hergerissen zwischen unseren Gefühlen und der Logik. Uns hat man nicht wie unseren Brüdern im Namen des »Hartmachens« die Gefühle abgewürgt. Dafür kommt die Logik zu kurz, wird in Gefühlen erstickt. Von Frauen erstickt, die glauben, Muttersein bedeute alles, und die damit auch aus unwilligen Töchtern Nur-Mütter machen, aus ihren Söhnen Männer, denen die Welt offensteht.

So darf die Schlange munter weiterbeißen. Bin ich pessimistisch, sehe ich sie bis ans Ende aller Zeiten an ihrem Schwanz herumkauen, bin ich aber hoffnungsvoll, sehe ich andere Mütter, vor allem andere Väter.

Du willst wissen, wie meine Utopien aussehen? Es sind nicht nur Utopien, denn ich kenne solche Menschen: junge Paare, denen man auf Reisen in entlegenen Gebieten begegnet, in verschlossenen Tälern etwa, wo sie von ihren kleinen Gärten leben, ohne Strom, drei, vier Stunden entfernt vom nächsten zivilisierten Ort.

In unserer Welt sind sie Verrückte.

Männer, die genauso Gefühle zeigen wie Frauen. Frauen, die ihre Gefühle und ihre Logik nicht mehr ausschließlich auf die Kinder beziehen. Kinder, die ganz selbstverständlich in der Mitte aufwachsen; vom Vater ebenso bemuttert wie von der Mutter bevatert. Paare, die nicht an zwei verschiedenen Enden ziehen: Emotionen auf der einen Seite, Denken auf der anderen. Paare, die der Logik einen gleichrangigen Platz neben den Gefühlen einräumen. Junge Leute, die den erträumten ganzen Menschen bereits ahnen lassen.

Natürlich sind sie Spinner! Narren in einer Gesellschaft, die unter Normalität versteht, alle ihre Mitglieder möglichst über einen Kamm zu scheren, alle Augen in eine Richtung, auf nur ein Ziel zu lenken. Sie produziert wieder andere Spinner, echte Kranke, aber von den überfüllten Anstalten für Geisteskranke hört man als Normalmensch ja nur selten.

Da sind mir die anderen Spinner schon lieber. Sie haben etwas so Paradiesisches an sich. All die vielen Überflüssigkeiten, die wir um uns aufschichten, bedeuten ihnen nichts. Sie leben einfach, und sie leben so, daß ich sie in hoffnungsvollen Augenblicken nicht als Narren, sondern als unsere einzige Zukunft sehe.

Der Schnee rieselt wieder.

Und ich werde mich unter die Stehlampe setzen. Beinahe so friedlich wie vor einem Vierteljahrhundert.

Den Menschennarren sei Dank!

Wie Du siehst, Mutter, habe ich es unter dem friedlichen Lampenlicht nicht lange ausgehalten. Trotz all den friedlichen Erinnerungen.

Es war die Schlange, die sich in meinen Gedanken immerfort in den Schwanz biß. Nicht im üblichen, sprichwörtlichen Sinn, sondern als jene Kreisgestalt, die nach alter Überlieferung das kosmische All darstellen soll, jenes Uroborus genannte Kreiszeichen, das mich plötzlich an die Vieldeutigkeit der Schlange erinnerte.

Mit Frieden und Ruhe war es vorbei, als aus allen Ecken Schlangen gekrochen kamen. Nicht jene, die schon in meiner

Kindheit in den Träumen unter dem Bett lauerten, um sich in nichts aufzulösen, wenn ich endlich den Mut aufbrachte, nach ihnen zu suchen. Nicht all die Schlangen, die ich auf meinen Reisen in exotische Länder fürchtete, umsonst fürchtete, während ich hier beim Kirschenpflücken beinahe von einer Kreuzotter gebissen wurde, die längst als ausgestorben gilt; nicht einmal die Schlange, die männliche Sexualforscher in weiblichen Träumen als ziemlich eindeutiges Symbol deuten.

Es waren vielmehr die zahlreichen Schlangen, die in der Geschichte eine Rolle spielen. Zuallererst natürlich Uroborus, der Schlangenkreis, der nach uraltem Glauben das Zeichen der Ewigkeit, der Harmonie, der Ganzheit und der Weisheit ist; dann die Schlange, die im alten Griechenland als geheimes Zeichen der mütterlichen Göttin galt, die Schlange, die sich neben Athene, der Göttin der Weisheit, zusammenringelte, genauso wie die eherne Schlange von Moses, die von den Israeliten verehrt wurde.

Und noch immer, auch jetzt, während ich Dir schreibe, kriechen sie weiter, fallen mir neue Schlangen ein: die Schlange, aus deren Geschlecht Buddha abstammen soll, Vishnu, der auf sieben Schlangen ruht, aber auch Christus, der nach einer uralten ophitischen Legende erst ein Sohn Gottes wurde, als er in die Schlangenwissenschaft eingeweiht worden war.

Dann wird sie wieder böse, wird sie Verführerin, Satan und Teufel, schlängelt sich am Lebensbaum hinauf, um Eva zu verführen, zischt unserer Urmutter die Worte Satans ins Ohr.

Oder stimmen doch die anderen Versionen von jenem Paradies? Ist die Schlange, das Symbol der Weisheit, erst zum Satan geworden, als es galt, den Frauen, vielleicht einem Matriarchat, endgültig den Garaus zu machen?

Zur Äskulapnatter, auf die unsere Ärzte noch heute schwören, kommen die Nattern hinzu, welche die Zigeuner zu heilkräftigen Suppen verkochen, weil sie das Fieber mit dem Magnetismus senken wollen, den das rückgratlose, schlaue, erdverbundene Tier dem Boden entzieht.

Zur uralten Weisheit, die die Schlange darstellen könnte, gesellen sich die tatsächliche und die symbolische Heilkraft.

War sie, die erdverbundene, eine zu deutliche Mahnung an den Mutterschoß der Natur, den die Göttinnen der damaligen Zeit nicht so schnell vergaßen wie die Götter?

War Uroborus, der friedliche Schlangenkreis, plötzlich nicht mehr als Zeichen der Ganzheit gefragt, als im alten Griechenland der Kampf der Geschlechter, der irgendwann in grauer Vorzeit begonnen haben muß, für uns Frauen ein bitteres Ende fand? Jenes Ende, das in den vielen Mythen über den Zwist der Götter und Göttinnen noch heute nachzulesen ist? Müssen wir dort den endgültigen Schlußstrich unter den legendären Garten Eden setzen, in dem die Menschen noch ganz waren, noch jene fraulich-männlichen und männlich-fraulichen Menschen, die väterlichen Mütter und mütterlichen Väter, von denen ich zuvor schwärmte?

Allmählich bekomme ich Kopfschmerzen vom Grübeln, habe genug von guten und bösen Schlangen und möchte mich am liebsten ins Auto setzen, um mich bei Dir nach jener Adam-und-Eva-Version zu erkundigen, die Du mir als Kind erzählt hast.

Sicherlich war es die allgemein gebräuchliche. Jene vom männlichen Rippenstück, von der Schlange als kleiner und Eva als großer Versucherin. Und ich werde danach auch nicht viel klüger sein, wieder mit ebenso vielen Fragezeichen vor diesem Brief sitzen.

Oder doch nicht?

Plötzlich bin ich hellwach – auch ohne gemeinsame nostalgische Rückblicke. Es züngeln keine Schlangen mehr in die verschiedensten Richtungen. Jetzt hat es mir die Rippe angetan, jenes Stück Knochen, aus dem Eva entstanden sein soll. Geschaffen aus einem Stück heraus, aus einem Ganzen! Ist dies nicht der sprechendste Fingerzeig für die Vollständigkeit des paradiesischen

Menschen? Könnte er ebenso wie Gott, wie das Eine, männliche und weibliche Züge in sich vereint haben?

Du verweist auf die Bibel, darauf, daß wir »sein Gleichnis« sind, darauf, daß die Frau aus Adams Rippe, einer männlichen Rippe, hervorgegangen ist?

Ist dies nicht der beste Beweis?

Inzwischen beginne ich, die männliche Geschichtsverfälschung zu durchschauen. Nicht nur aus Eva, der uralten Chawwa, wurde eine Verführerin gemacht, die dem Manne untertan sein sollte, sondern auch die Schlange, das Zeichen weiblicher Weisheit und der Verbundenheit mit der Natur, wandelte sich in den letzten Jahrtausenden zum Symbol des Bösen, zu Satan selbst. So, wie Gott zum ausschließlichen Männergott gemacht wurde!

Im Kampf gegen das Weibliche in sich, gegen die Vorherrschaft der Frauen zur damaligen Zeitenwende dürften die Männer viele Dinge auf den Kopf gestellt haben, ihnen ausschließlich männliche Namen verliehen haben. Wen wundert es da, daß im Gegensatz zu allen sonst ersichtlichen Gepflogenheiten der Natur plötzlich Adam zum »Mutterschoß« wurde, daß aus ihm Eva entstand?

Jedenfalls müßte unser Urvater, wenn ihn Gott nach seinem Ebenbild schuf, etwas von dem Weiblichen in sich gehabt haben, das der, das oder die »Eine« in sich hat, wenn es das All, sprich: alles, verkörpert. Und Eva, mit Hilfe einer männlichen Rippe gezeugt, müßte männlich vorbelastet gewesen sein. Natürlich nicht in dem Sinne »männlich«, wie es uns als typisches Rollenverhalten anerzogen wird; nicht mit dem männlichen Kampfgeist, der so gern in Blut badet, nicht mit der weiblichen Unterwürfigkeit, weiblichen Eitelkeit, Zimperlichkeit.

Wie waren sie wirklich, diese ursprünglichen Menschen, in denen noch das Beste von beiden Geschlechtern vereint war?

Vielleicht gelingt mir die Antwort, wenn ich einen weiten Bogen spanne, über Jahrtausende hinweg, wenn ich mir meinen

»Traummann« von heute vorstelle. Wie würde er aussehen? Wie würde Deiner aussehen, Mutter?

Fast komme ich mir wie ein träumerischer Teenager vor, wie die Siebzehnjährige, die immer wieder beteuerte, niemals heiraten zu wollen, und die sich – heute kann ich es ja zugeben – trotzdem den Mann ihrer Träume im Geist ausmalte. Dreizehn Jahre später sieht er natürlich anders aus, aber noch immer müßte er sensibel sein, einfühlsam und voller Verständnis, liebe- und phantasievoll. Vielleicht auch risikobereit und intelligent, manchmal auch verspielt; neugierig verspielt wie ein Kind.

Die Lust am Spiel kommt Dir nicht ganz geheuer vor, aber ansonsten würdest Du mir wahrscheinlich zustimmen, würdest Deinen Traummann ähnlich schildern. Du malst Dir einen geteilten Mann aus, einen mit typisch weiblichen Eigenschaften und männlichen Charakteristiken. Einen, der den androgynen Vorfahren, die einstmals im Paradies gelebt haben könnten, ziemlich ähnlich sieht.

Nein, nicht sieht! Ähnlich ist!

Noch immer verleitet uns das fremdartige Wort »androgyn« dazu, es mit Bisexualität, Homosexualität und Transsexualität zu verwechseln. Dabei hat es nichts mit unserem Körper zu tun, sondern nur mit unserem Bewußtsein. Mit einem neuen Bewußtsein, das sich als »anima«, als frauliches, auch im Mann entdeckt und umgekehrt als »animus« in der Frau. Ein Bewußtsein, das auch die Geschlechterschranken nicht so fest zementiert.

Du zweifelst daran? Obwohl Du selber immer über die mangelnden Gefühle der Männer klagst?

Mir fällt das Beispiel vom Geschlechtergefängnis ein, das ich irgendwo gelesen habe, von einer Strafinsel, auf der die Männer die Bewacher waren, während die Frauen schwere monotone Arbeit verrichten mußten, so lange, bis sie in einem günstigen Augenblick revoltierten und selber die Waffen übernahmen. Damit waren aber nur die Rollen vertauscht, wieder gab es

Bewacher und Geknechtete – bis endlich jemand auf die einfache Idee kam, doch gemeinsam auszubrechen, Sträflinge und Aufpasser.

Wäre das des Rätsels Lösung? Würde sich die Schlange dann nicht weiter in den Schwanz beißen, sondern sich zum Kreis schließen? Wenn jeder, Mann und Frau, seinen ursprünglichen Begabungen gemäß leben könnte, wenn wir alle dies lernten, indem wir wieder ein wenig mehr spielten?

Du hast Dich wahrscheinlich über die Verspieltheit eines neugierigen Kindes gewundert, die ich meinem Traumexemplar von Mann verordnet habe. Sie kommt nicht von ungefähr. Du kannst das Jesus-Wort »Wenn ihr nicht werdet wie die Kinder ...« als Erklärung nehmen, kannst aber auch die Freude am Spiel selbst weiterspielen; wirf den Ball, den kleine Kinder vor sich herschubsen, nach oben in die Welt unserer Gedanken. Sie werden um so aufregender, je neugieriger sie gespielt werden. Neugierig und offen für jene schöpferische Phantasie, die dem Normalmann heute abgeht und die wir trotzdem so dringend benötigen.

Wir haben schon genügend Daten und Fakten angesammelt, Dokumente eingereiht und Paragraphen erfunden. Trotzdem haben wir aus all dem, aus der ganzen ebenso logischen wie wahnsinnigen männlichen Geschichte nichts gelernt.

Wenn wir heute vor der atomaren Vernichtung der Menschheit zittern, so zittern wir alle, Männer und Frauen, mit der typisch männlichen Logik: Wir zittern und rüsten gleichzeitig weiter auf, weil es schließlich den logischen Spruch vom Frieden gibt, der dadurch gesichert wird, daß man für den Krieg rüstet, wie es schon die alten Römer wußten, denen wir heute mit unserem Rüstungsgleichgewicht nacheifern.

Vielleicht, nein: sicherlich rüsten wir auch, weil der Krieg der Vater aller Dinge ist. Niemand käme auf die Idee, die Sprüche einmal umzudrehen: den Krieg zum Aussätzigen zu machen, weil der Frieden nicht Ausnahme-, sondern Normalzustand ist, und die enormen Summen der Rüstungsindustrie der Sicherung des Friedens zufließen zu lassen; nicht den Krieg als den Vater aller Dinge zu schimpfen, sondern den Vater, den männlichen Logos als »den Krieg aller Dinge« zu beschuldigen.

Du machst Dich über meine Wortspielereien lustig, Mutter? Es sind nicht nur Wortspielereien. Es ist die Gesellschaft der Männer, der Väter, in der seit Menschengedenken »alles beißet, schläget, stößet, quetscht und feindet«, wie Jakob Böhme es einmal so drastisch ausgedrückt hat.

Ja wenn schon, wirst Du mit gequältem Lächeln und Angst vor einem neuen Krieg, dem zweiten in Deinem Leben, zugeben und fragen, was man dagegen schon tun kann. Ich frage mich mit Dir und grüble über dieses Jahrhundert nach, das trotz sprunghaft angestiegenem Wissen, trotz den großen Erfolgen in Medizin und Technik wirklich das letzte sein könnte.

Ist auch der Haß sprunghaft angestiegen? Nicht nur unter und in uns Frauen, auch unter den Männern, der Haß zwischen den Geschlechtern, der Haß in der Politik? Spielen bei Kriegen nur wirtschaftliche Interessen eine Rolle, oder steckt mehr dahinter? Ich war immer von ersterem überzeugt, hielt die Millionen Opfer für willfährige Schlachttiere, die ihr Leben lassen mußten, damit einige wenige noch saftigere Weiden abernten durften.

Langsam beginne ich daran zu zweifeln. In meine Vorstellungen fuchtelt ein kleiner Junge mit seiner Pistole hinein. Am vergangenen Wochenende drohte das Kind, das jetzt in meinen Gedanken den »Helden« spielt, seinem Vater hinter dessen Rükken mit einer Pistole. Einem strengen Vater, einem typischen Rauhbein, der nicht nur seine Vaterpflichten und -rechte handfest zu beweisen wußte, sondern auch seine Freude daran hatte, den Sohn mit allerlei brutalen Späßen, mit seiner Kriegsspielerei zu jenem Kerl zu machen, den er sich unter einem richtigen Mann vorstellt.

Der Junge war hin- und hergerissen, strahlte über das ganze

Gesicht, wenn er Kumpel sein durfte, und gleich darauf glitzerten Tränen in seinen Augen, wenn er wieder einmal angebrüllt wurde. Und beides huschte auch über sein Gesicht, die Tränen genauso wie der Triumph, als ihm der Vater den Rücken kehrte und er rachsüchtig mit seiner Spielzeugpistole auf dessen Nacken zielte.

Irgendwann in nicht allzu ferner Zukunft werden keine Tränen mehr laufen, und es wird keine Spielzeugpistole mehr sein, und er wird ein ganzer Mann sein, der nach Frauen tritt und auf Männer schießt.

Ein ganzer Mann? Trügerische Worte!

Eben noch habe ich von jenen ganzen, den androgynen Menschen des Gartens Eden gesprochen, die deshalb ganz waren, weil sie Männliches und Weibliches in sich vereinigten. Lebten sie deshalb im Frieden, im Paradies? War es diese Einheit, die hinter dem Frieden stand? Ist Frieden ohne diese Einheit eine Illusion?

Begann mit dem Verlust des Bewußtseins von den männlichen und den weiblichen Zügen in uns allen, mit dem Verschwinden der Zweigeschlechtlichkeit, nicht nur der Krieg zwischen Mann und Frau, sondern auch der Krieg unter den Männern, der Krieg zwischen den Völkern?

Warum zielte der kleine Junge mit der Pistole nach dem Kopf des Vaters? Nur weil er angebrüllt wurde, oder auch, weil er als kleiner Mann nicht auf den Schoß des Vaters klettern, den Vater nicht ebenso küssen durfte wie die Mutter? Weil sogar die mühsam zurückgehaltenen Tränen verboten waren? War die hinterhältige Pistole vielleicht die Rache für Gefühle, die dem Kind weggenommen und verboten worden waren? Trauerte der Junge ganz unbewußt gemeinsamen Wurzeln, dem metaphysischen Einssein beider Geschlechter nach?

Aber er trauerte nicht nur, sondern zielte auch mit der Pistole nach dem Kopf des Vaters.

Pistolen, Gewehre, Panzer, Raketen, Atombomben ...

Aus der Spielzeugpistole des Jungen werden die vielen Kriege, formt sich die Angst, die uns allen im Nacken sitzt.

Haben die Männer als Rache für die Vertreibung aus dem Paradies, für den Verlust ihrer weiblichen Wurzeln die körperliche Ungleichheit entdeckt, um auf ihr jenes Männerreich aufzubauen, in dem sie mehr oder minder versteckt den Geschlechterkampf austragen?

Doch selbst diese Rache scheint sie nicht zu befriedigen. Kann sie nicht befriedigen. Schließlich können fehlende Wurzeln nicht durch Äste ersetzt werden, auch wenn diese in den Himmel wachsen.

Ist der Krieg, dieses Gemetzel aller gegen alle, das immer nur für Atempausen unterbrochen wird, die Rache all der männlichen Krüppel?

Ich weiß, Mama, Du hältst Dir die Ohren zu, bezeichnest mich als Phantastin und Spinnerin. Vielleicht hast Du recht, vielleicht sind all die rächenden Pistolen nur an den Haaren herbeigezogen, vielleicht kommt es doch nicht so sehr auf die Rache wie auf die Pistole an und ist der Krieg doch der Vater aller Dinge. Aber Vater her und Krieg hin, eines weiß ich: Wenn heute noch jemand helfen kann, sind es die Mütter!

Sie müssen es lernen, sich gegen all die »richtigen« Männer zur Wehr zu setzen, denen die Gefühle wegamputiert wurden, sie müssen sich trauernd an die eigene Brust klopfen und zugeben, daß sie selbst gehörig an diesen Wurzeln herumgesäbelt haben. Dann aber müssen sie in die Zukunft schauen, in der sie ihren Kindern, vor allem ihren Söhnen, jenes ganzheitliche Denken zurückgeben könnten, um das sie sie während der langen Zeit gebracht haben, in der sie als Mütter willfährige Werkzeuge der Männer und ihrer Kriege waren.

28. Oktober

Der Fernschreiber ratterte die Meldung ebenso ernsthaft in das Nachrichtenzentrum der Redaktion wie Minuten später die Berichte über blutige Guerillakämpfe in Lateinamerika. Männliche Neugeborene hätten schon im Mutterleib Erektionen. Von Mädchenembryos sei inzwischen noch nichts Derartiges bekannt; man vermute jedoch, daß es ihnen ähnlich ergehe. Ich stelle mir lachend das winzige Schwänzchen vor. Lachst Du auch? In Gedanken an meinen Bruder? Hast Du ihn auch so gerne gepudert und dabei gekitzelt? Dabei versteckt und neckisch zugleich mit seinem kleinen Penis gespielt?

»Komische Frage!« wirst Du sagen.

Natürlich ist sie komisch, aber sie fiel mir heute morgen am Fernschreiber ein. Die Embryoerektionen erinnerten mich an den Besuch bei einer Freundin: Sie wickelte gerade ihren kleinen Sohn und spielte dabei mit viel Spaß an ihm herum. An allen Körperteilen.

Jetzt fällt mir auch mein Besuch beim Zahnarzt in der vergangenen Woche ein. Was der Zahnarzt mit Erektionen zu tun hat? Keine Angst, ich erzähle keine schlechten Witze! Ich denke nur an die Sexillustrierte, die ich dort, zwischen Angst und Neugierde schwankend, durchblätterte. Zwischen nackten Südseemädchen und üppigen europäischen Damen versteckte sich darin eine sogenannte wissenschaftliche Untersuchung, die eine alte Geschichte als brandneu servierte: Die meisten Frauen hätten den ersten Orgasmus nach ihrem dreißigsten Geburtstag, den wenigsten von ihnen mache Geschlechtsverkehr Spaß und ich weiß nicht wieviel Prozent würden nie Erfüllung in der körperlichen Liebe finden.

Die Prozentzahlen entgingen mir deshalb, weil ich schneller als erwartet zur Behandlung mußte, die Geschichte über die Erfüllung der körperlichen Liebe blieb mir im Gedächtnis haften. Nicht nur wegen des gestelzten Journalistenjargons – ich erwische mich selber viel zu oft bei solchen Verlegenheitsfloskeln –, sondern weil ich neben dieser Erfüllung die aufgerichteten Embryoschwänzchen sehe und auch an das »ähnlich« bei den Mädchen denke. Steile Phallusse gegen Ähnliches, nur in Wissenschaftlerkreisen Definierbares.

Und dann wunderte man sich über die körperliche Liebesunfähigkeit der Frauen!

Ob es wohl eine Mutter gibt, welche die Geschlechtsteile ihrer kleinen Tochter liebkost?

Du glaubst nicht?

Da sind wir ausnahmsweise einmal einer Meinung. Auch ich kann es mir nicht vorstellen.

Der Penis des kleinen Buben wird dagegen für seine spätere Karriere bereits im Wickelpolster vorbereitet. Das ist auch ganz natürlich. Die Mutter ist schließlich vom anderen Geschlecht, sie weiß dieses kleine Ding zu schätzen, bringt ihm bei, daß es geliebt wird. Und das ganz nebenbei, zwischen Windelwechseln und Baden. Ganz unbewußt wendet sie das Sprichwort vom Hans, der das nicht lernt, was er als Hänschen nicht gelernt hat, auch in Sachen Sexualität an.

Das Gretchen darf viele Dinge nicht lernen, die es als Grete dringend brauchen würde.

1. November

Allerheiligen.

Allerheiligenwetter, Allerseelenstimmung.

Heute ist wieder einmal ein Tag, an dem ich sogar aus zwanzig Kilometern Entfernung spüre, wie wütend Du auf mich bist.

Die übliche Allerheiligenwut.

Kannst es nicht verstehen, daß ich mich weigere, vor Erdhügeln, unter denen ein paar Knochen liegen, an Menschen zu denken, die mir lieb waren, weil sie so lebendig waren, so temperamentvoll, voll sprühendem Geist.

Oder verstehst Du mich doch ein wenig? So, wie ich mich in Dich hineinzuversetzen versuche? Je länger ich darüber nachdenke, um so mehr erscheint es mir sogar als typisch weiblich, daß man an diesen Resten eines Körpers hängt, zu ihnen geht, um über sie Verbindung zu den lange Verstorbenen, aber immer noch Geliebten anzuknüpfen.

Zum Körperlichen stehen Frauen sicherlich in einem ganz besonderen Verhältnis. Sie tragen neun Monate lang einen anderen Körper in dem ihren, sind Jahre für die Körper ihrer Kinder verantwortlich, und auch die Körper ihrer Männer wollen gepflegt werden, weil diese über ihren Gedanken die schmutzigen Socken nicht mehr riechen.

Für die Körperfixiertheit von uns Frauen gibt es viele Beispiele. Heute ein Socken- und ein Totenbeispiel.

Ich höre Dein: »Muß das sein?«

Den morgigen Allerseelentag als jährlichen Erinnerungstag für die Toten lasse ich ja gelten. Unverständlicher wird es mir schon, wenn Du abgehetzt zweimal in der Woche zum Friedhof rast, um Blumen zu gießen, anstatt Dich in Großmutters Ohrensessel zu setzen, um in Ruhe an sie zu denken.

Warum sieht man fast nur Frauen auf den Friedhöfen, Männer nur an seltenen Feiertagen, so wie heute und morgen? Steckt dahinter wieder die bekannte Gefühllosigkeit der Männer, oder ...?

Gerade hat es an der Tür geläutet. Die alte Dame von nebenan stand davor und fragte, ob ich ihr mit einer Packung Kaffee aushelfen könnte. Natürlich war in meinem Vorratsschrank wieder einmal Ebbe, und so bot ich ihr die paar Löffel an, die noch in der Kaffeedose zu finden waren. Sie nutzten ihr wenig. Sie wollte den Kaffee nicht für sich, sondern für den wöchentlichen Besuch bei der Tochter. Regelmäßig fährt sie zu ihr, um ihre Wohnung zu reinigen, und dabei bringt sie ihr jedesmal ein Päckchen Kaffee mit. Weil sie ihn so gern trinkt, wie sie mir erklärte, bevor sie weiterging und an der nächsten Tür klopfte. Auf Kaffeesuche für die Tochter.

Ich bereite mir jetzt selber eine Tasse Kaffee, aus den letzten Löffelchen und weil mir ein schrecklicher Gedanke gekommen ist: Es ist doch nicht nur die Gefühllosigkeit der Männer, die bewirkt, daß man diese seltener auf Friedhöfen antrifft als Frauen. Es ist etwas ganz anderes, etwas, was die Friedhofsbesuche und das wöchentliche Kaffeegeschenk, die wöchentliche Reinigung der Wohnung der Tochter gemeinsam haben: die Sucht der Frauen, sich Liebe durch Liebesdienste zu erkaufen.

Sie sitzen nicht daheim und erinnern sich in vertrauter Umgebung an liebe verstorbene Verwandte und Freunde, sondern sie müssen irgend etwas tun, das ihnen diese Liebe beweist – Blumen gießen, Gräber neu bepflanzen, Lichter anzünden. Die Nachbarin erkauft sich die Liebe einer Lebenden, die Liebe ihrer Tochter, mit Putzen und Kaffeepäckchen.

Du meinst, ich sei lieblos, beinahe brutal? Natürlich lautet der allgemeine Sprachgebrauch nicht erkaufen, sondern helfen. Alle Frauen sind gute Gehilfinnen. Gehilfinnen der Männer. Helfen ihnen, Karriere zu machen, im Alltag zurechtzukommen, helfen ihnen, daß sie ihre eigenen Kinder nicht zu sehr zu spüren bekommen. All die ungezählten Angebote zu helfen – sind sie in Wirklichkeit nur Betteleien um Liebe? Kleine Liebesdienste, für die wir ein besonderes Lob erwarten, einen zusätzlichen Kuß, ein Gespräch nach langem Schweigen?

Den Kindern wird noch selbstverständlich gedient. Vom ersten Lebenstag an und meist ein ganzes Leben lang. Wie viele Mütter, die sich nicht nur in jungen Jahren abhetzen, um ihren Kindern zu helfen.

Erinnerst Du Dich an Deine Haushaltshilfe, die noch mit siebzig putzen ging, weil das Haus ihres Sohnes so teuer war und sie ihren Teil zu den Kosten beitragen wollte? Ihr flehender Blick, wenn Du manchmal bemerktest: »Eigentlich sind Sie schön dumm!«

Auch sie war eine Käuferin, erkaufte sich Liebe durch Geld, wahrscheinlich auch durch manche anderen Liebesdienste, ganz nebenbei verrichtet. So, wie Du heute noch immer anrufst und Dich erkundigst, ob ich auch genügend gegessen hätte oder ob meine Wäsche endlich wieder einmal ordentlich gebügelt werden soll, und wie du jedesmal, wenn ich verreist bin, meine Wohnung auf den Kopf stellst. Bei meiner Rückkehr präsentierst Du mir nicht nur stolz Böden, die so sauber sind, daß man darauf essen könnte, sondern ich merke auch, wie Du Dir Deinen schmerzenden Rücken massierst. Und ich bekomme ein fürchterlich schlechtes Gewissen.

Ist Dir eigentlich schon einmal die Idee gekommen, daß ich sehr wohl zum Essen eingeladen werden möchte, nur unter anderen Voraussetzungen? Nicht, um mich aufpäppeln zu lassen, sondern weil ich wieder gern einmal mit Dir reden würde. Daß ich will, daß Du kochst, weil es Dir Spaß macht, für mich zu kochen.

Nein, Du kochst, weil es an der Zeit ist, daß Deine ewig falsch ernährte Tochter wieder etwas Ordentliches in den Magen bekommt. Was ordentlich ist, bestimmst Du und erzählst mir dabei, wie eilig Du es hast und daß Du in der nächsten Viertelstunde schon wieder weg mußt. Zuvor räumen wir noch schnell alles in den Geschirrspüler, genauso schnell, wie wir das ordentliche Essen heruntergeschlungen haben.

Für Dich war es ein Liebesdienst, für mich eher ein Liebesopfer. Männern würde so etwas nicht einfallen.

Denk an Onkel Toni, wenn er seine Tochter zum Essen einlädt. Gut, er kocht nicht selber, sondern lädt sie in ein Lokal ein. Aber er lädt sie nicht zwischen zwei Geschäftsbesprechungen ein. Die beiden gehen miteinander fort, wenn er Zeit, Lust und Laune dazu hat. Und sicherlich hat auch sie dann Spaß daran, kommt sich nicht im Namen irgendeiner Liebessucht mißbraucht vor.

Werden wir nicht alle von der Mutterliebe zu oft mißbraucht? In ihrem Namen stilisieren Frauen das zur Liebe hoch, was sie für Liebe halten: putzen, waschen, kochen ...

»Immer für den Menschen dasein!« würdest Du dazwischenrufen. Jawohl! Immer dasein. Aber nur für die Bedürfnisse, nicht für den Menschen selbst. Ob sich die alte Dame gern mit ihrer Tochter unterhält? Ob sie glaubt, daß sie mit Kaffee und Reinigungstag ihre Mutterpflichten erledigt?

Hör einmal genau hin: Fatalerweise hat beinahe alles, was mit Mutter zu tun hat, einen leidenden Ton, einen Mußton: Mutterpflichten, aufopfernde Mütter, die Sorgen der Mütter ...

Und die Kinder hören den klagenden Nebenton und fühlen sich schuldig.

So, wie die Kaffeepäckchen-Putzen-Tochter. Ob sie noch Spaß an den Besuchen der Mutter hat, oder ob sie ihr nur Schuldgefühle einimpfen? Die beiden versklaven sich gegenseitig. Die Mutter ist abhängig von der Liebe und Zuneigung der Tochter, versucht dienend oder helfend, wie immer man es nennen will, Liebe zu erschmeicheln. Die Tochter hängt an der Leine der Dankbarkeit, von Schuldgefühlen und erzwungener Liebe. Keine liebt die andere um ihrer selbst willen.

So, wie Du mich nicht deshalb einlädst, weil Du mich wieder einmal sehen, mit mir reden willst, sondern weil ein Mutterinstinkt Dir sagt, es müsse so sein.

Er sagt Dir Falsches, weil es ein unnatürlicher Instinkt ist, der Instinkt der Frau, die Dienen gewohnt ist. Und für die Dienen und Liebesdienste zur Waffe geworden sind in Ermangelung von Selbstvertrauen und eigener Macht.

– Es ist die Macht der Ohnmächtigen.
– Es sind Ketten und keine Liebe.
– Der Blick Deiner ehemaligen Reinmachfrau, der Blick so vieler Frauen: nicht nur flehend, auch unterwürfig.
– Es ist ein Sklavenblick.

Ich sehe ihn nicht nur, ich spüre ihn auch. So, wie die Ketten. Und mir fällt die traurige Geschichte von den vereinzelten Sklaven ein, die auch noch nach ihrer Befreiung Sklaven bleiben wollten. Weil es einfacher war. Weil man nicht selber Verantwortung tragen mußte, weil es einen Herrn gab, der lobte und strafte und dem man heimlich die Schuld an allem in die Schuhe schieben konnte.

Der Blick vieler Frauen, er ist ein Sklavenblick.

Das Traurige daran: Die meisten sind freiwillige Sklaven.

5. November

In den Geschichten unserer Kindheit ritten sie auf Besen durch die Luft, hatten rote Haare, manchmal auch rote Augen. Und wenn ich Dich ängstlich fragte, ob sie wirklich mit dem Teufel im Bunde seien, lachtest Du nur, nicht ohne mich zu beruhigen, denn als moderne Mutter gab es für Dich keine Hexen.

Heute fliegen sie wieder munter durch die Lüfte, nicht nur auf der Kinoleinwand und in wieder zu Ehren gekommenen Märchen, sondern auch in der Wirklichkeit.

Wie ich auf Hexen komme?

Glaub es, oder glaub es nicht, aber heute scheint der ganze Tag verhext zu sein. Schon im Gemüsegeschäft begann der Hexenzauber. Die ansonsten so gemütliche Gemüsefrau schilderte einer Kundin aufgeregt ihre Sorgen mit der Tochter, und da der ausufernde Wortschwall nur schwer zu unterbrechen war, mußte ich, während ich auf meine Orangen wartete, mit anhören, welche Hexe die Siebzehnjährige sei. In wenigen Minuten wurde das Mädchen gleich dreimal mit den Himmelsreiterinnen des Mittelalters verglichen.

»Solch eine Hexe ... Dieser Hexe werde ich es zeigen ... Dieses Hexenweib!«

So ging ich bereits einigermaßen verhext nach Hause. Verhext und nachdenklich. Ich sah brennende Scheiterhaufen, dachte daran, daß sich die Historiker darüber streiten, ob damals 300000 oder gar eine Million Frauen ihr Leben lassen mußten, und daran, daß – wie immer – schon eine einzige zuviel war.

Hinter und vor den Scheiterhaufen sah ich andere Frauen über Hexen schimpfen, sah die vielen Denunziantinnen. Wie viele Frauen wurden von Frauen verraten? Von Frauen und Müttern, die damals wie heute sorgsam darüber wachen, daß andere Frauen nicht der Teufel der Selbständigkeit reitet?

Neben erschreckenden Zahlen, Verräterinnen und den Schimpfworten der Gemüsehändlerin fielen mir die vielen Bedeutungen ein, die man den Hexen unterschiebt.

Dir erscheinen sie als arme Hascherln, die durch irgendeine Laune der Natur, ein besonderes Muttermal oder rote Haare, zu bedauernswerten Opfern wurden. Zu Opfern eines besonders finsteren Teils des Mittelalters, würdest Du betonen, so, wie Du schon vor zwanzig Jahren auf meine Fragen nach Besenritt und Teufel von einem schrecklichen Irrtum und einem der dunkelsten Blätter der Geschichte sprachst.

Aber war es wirklich nur ein Irrtum?

Ist es nicht längst an der Zeit, dieses traurige Kapitel männlicher Geschichte umzuschreiben, zu zeigen, daß es nicht nur fanatische Priester und gottgläubige Hexenfürchterinnen waren, die peinliche Befragungen und den Feuertod erfanden, sondern auch die ersten Künder der glorreichen Neuzeit?

In den Reihen der Inquisition trafen sich die frischgebackenen Mediziner, die von den eben erst eröffneten Universitäten kamen, mit den Vertretern der Staaten und Regierungen. Sie alle kämpften keinen Kampf gegen arme Hascherln oder böse Hexen, sondern kämpften gegen wissende und einflußreiche Frauen, in deren Hände damals die gesamte medizinische Versorgung lag. Das geheimnisvolle Wissen der weisen Frauen, wie man die Hexen vielleicht lieber nennen sollte, war ihnen genauso ein Dorn im Auge wie die alten Sitten und Gebräuche, die Versammlungen an heiligen Orten.

An der Schwelle der Neuzeit war der Zusammenhalt der Sippen und kleinen Völker überholt; es galt den eigenen Willen und uralte weibliche Überlieferung zu brechen, die Selbstverwaltung zugunsten des modernen Staates aufzugeben. Wen wundert es, daß die als Teufelskulte verschrienen Gebräuche eine gute Ausrede waren, um zum großen Halali auf die weisen Frauen zu blasen?

Die Teufelskulte erinnern mich an das Geschäft für Hexenzubehör des 20. Jahrhunderts. Von seiner Existenz erfuhr ich nämlich bei der zweiten Hexerei dieses Tages. Der grüne Salat, den mir die Hexenbeschimpferin verkauft hatte, war in eine alte Zeitung eingewickelt, und wie verhext oder auch bloß zufällig fiel mein Blick auf die Meldung, daß sich die Schweizer Hexen nun auch im eigenen Land mit dem »Nötigsten« eindecken können.

Jetzt grüble ich über dieses »Nötigste« und über die Teufelskulte vergangener Zeiten, des 16., 17. und auch noch 18. Jahrhunderts. Welche Ingredienzen kaufen die Hexen von heute? Welcher Betrug oder welches geheimnisvolle Wissen versteckt sich dahinter?

Ich denke an die Ururururenkelinnen der besenschwingenden Damen des Mittelalters. 50000 sollen sich im heutigen England zum Wicca-Kult bekennen, vom Hexenwahn in Amerika ganz zu schweigen.

Hexen*wahn*? Oder steckt doch mehr dahinter? »Hexerei ist Meditation statt Gebet, das Warten auf etwas, das einem sagt, was zu tun ist. Es ist sehr ruhig, natürlich und einfach ...«

Ich kann Dich beruhigen, Mutter, meine Wohnung ist noch nicht verhext! Die Hexenerklärung entspricht nicht meinen Fragen und Grübeleien rund um die weisen Frauen, sondern stammt von einer modernen Hexe, auf deren Suche ich mich in den vergangenen zwei Stunden gemacht habe. In einem Berg alter Magazine entdeckte ich endlich den Artikel über den Tod der amerikanischen Fernsehhexe, an den ich mich dunkel erinnern konnte.

Sie starb mit 65 Jahren in Florida, heißt es in dem Bericht, in dem nicht nur ihre unglaubliche Fernsehkarriere als Hexe gerühmt wird, sondern auch ihre schriftstellerische Begabung als Kolumnistin großer Zeitungen und als Autorin zahlreicher Hexen- und Kräuterbücher. Zwischendurch soll sie auch noch an den verschiedensten Universitäten Vorträge gehalten haben.

Eine Hexe, die auf der Universität lehrt!

Ob sie wohl daran gedacht hat, wie viele ihrer Vorfahrinnen sterben mußten, weil Universitäten und die neuen Wissenschaften die natürlichen Kräfte anderweitig gelehrter Frauen ausrotten wollten? Oder daran, daß diese Kräfte, die besonderen Beziehungen zur Natur, auch heute wieder zur gefährlichen Konkurrenz für die Wissenschaft werden? Nur werden es diesmal keine roten Haare und keine roten Augen sein, die als Schuldbeweise gelten können. Weil inzwischen bekannt ist, daß die rot unterlaufenen Augen nicht dem Teufel zuzuschreiben waren, sondern dem offenen Feuer, wo die kräuterkundigen Frauen beim Zubereiten von Kräutermischungen und Salben Stunden zubrachten.

Auch der Besen ist längst entlarvt! Nicht als Beförderungsmittel, sondern als das Zunftzeichen der tüchtigen Hausfrau, als das er im Mittelalter galt. Als solches wurde er auch zu den Treffen der Sippen an geheiligten Orten mitgenommen, wo er später noch eine andere Funktion erfüllte: Nach den gemeinsamen Festen diente er zum Säubern der Kultplätze.

Eine ähnlich einfache Erklärung gibt es auch für das berüchtigte »Nachtfest«, das aus heutiger Sicht ein normales Geschäftsessen war. Die Frauen tauschten dabei Rezepte und Erfahrungen aus und weihten ihre Nachfolgerinnen in die Geheimnisse von Schwangerschaft und Geburt ein.

Auch die kalifornische Fernsehhexe behauptete von ihrer »Religion«, daß ihre Familie sie schon seit 1134 ausübe. Ob sich verborgenes Wissen so lange weitergeben läßt? Ist es das Wissen der Magierinnen des Mittelalters, das jetzt in der Naturheilkunde und in dem neu bestärkten Glauben vom Einfluß des Geistes auf den Körper wieder auftaucht?

Waren die Hexen des Mittelalters die Nachfahren der altkeltischen Hohen Priesterinnen, der Druidinnen?

Wie weit zurück reicht das Wissen um den Einklang des Menschen mit der Natur?

Zu den Hebammen des Mittelalters (Hebammen heißen auf französisch »femmes sages«, also weise Frauen), den medizinisch geschulten Frauen, die sich und ihre Familien vor Seuchen zu schützen wußten, gesellten sich auch die Bewahrerinnen anderer Geheimnisse: Frauen, die von den Kräften des Mondes wußten, die sich in der Astrologie auskannten und ihre heiligen Versammlungsplätze nach den Sternen und den Strahlen der Erde ausrichteten.

Wurden die Hexen auch deshalb verteufelt? Waren die grauenhaften Verfolgungen ein letzter Versuch, weibliches Wissen auszulöschen, das vielleicht bis in die Anfänge der Menschheit zurückreichte?

Jetzt bin ich der Gemüsefrau und ihrem Wortschwall beinahe dankbar. Der Tag war wirklich verhext! Verhext in einem ganz neuen Sinn!

Die Besen meiner Kindheit haben sich in Zunftzeichen aufgelöst, aus roten Teufelsaugen wurden durchwachte Nächte, weil ein kranker Mensch Hilfe brauchte – und den Teufel konnte ich nur auf der anderen Seite entdecken, im berühmt-berüchtigten Handbuch der Hexenjäger selbst, dem »Hexenhammer«, nach dessen Anleitung so viele unschuldige Frauen gequält wurden. Auch der Hexensabbat, der darin beschrieben ist und den ich mir als Kind in den grauenerregendsten Farben ausgemalt habe, bekommt plötzlich eine neue Bedeutung. Sicherlich wurde dabei getanzt, aber nicht zu Ehren des Satans, sondern deshalb, weil die weisen Frauen von der heilsamen Wirkung von Musik, Tanz und Freude am Leben überzeugt waren.

Hüterinnen des Lebens, Ärztinnen, Apothekerinnen, moderne Therapeutinnen – der Name »Hexe« wird immer schillernder! Aus einem dunklen Kapitel der Geschichte entsteht ein Stück faszinierende Vergangenheit.

Geben uns die brennenden Scheiterhaufen trotz und über alle Quälereien hinaus ein ganz besonderes Zeichen? Eine andere Hexe kommt mir in den Sinn: Anna Göldin, eine der letzten Hexen. 1782 wurde sie in Glarus mit dem Schwert hingerichtet. Von ihr heißt es, daß sie besonders selbständig und tüchtig gewesen sein soll. Obwohl sie aus sehr ärmlichen Verhältnissen stammte, arbeitete sich Anna hinauf, bekam, ohne verheiratet zu sein, zwei Kinder und wurde als eine Frau mit außergewöhnlicher sinnlicher Ausstrahlung gerühmt. Ihre Selbständigkeit rächte sich, als sie beschuldigt wurde, die Tochter ihres Arbeitgebers krank gemacht zu haben. Unter der Folter gestand Anna Göldin schließlich, dem Kind Nagelsamen ins Essen getan zu haben, obwohl es viele Hinweise darauf gab, daß das Kind die Krankheit nur vortäuschte. Das Kind wurde übrigens später von der angeblichen Hexe geheilt – die Hexe aber wurde hingerichtet. War sie ein Opfer ihrer Selbständigkeit, ihrer selbstbewußten Weiblichkeit? Vielleicht auch nur das Opfer von Klatsch, Tratsch und Intrigen?

200 Jahre danach kann ich nur Vermutungen anstellen. Eines aber weiß ich nach diesem verhexten Tag ganz sicher: Wir Frauen sollten längst die Hexen in einem neuen Licht sehen und die Töchter nicht länger als Hexenweiber beschimpfen, sondern ihnen ein wenig von dem Stolz und der Sicherheit der Hexen mitgeben.

Neben mir liegt noch der letzte Brief an Dich. Allerseelenbrief über dienende Frauen und Sklavenblicke. Und ich frage mich, ob das finstere Mittelalter vielleicht der letzte Zeitpunkt war, zu dem die Frauen noch selbstbewußt in die Männerwelt blicken konnten, stolz und ohne niedergeschlagene Augen.

So makaber es klingen mag: Die brennenden Scheiterhaufen dürften ein letztes, stolz loderndes Zeichen für eine Zeit gewesen sein, in der die Frauen noch eine wichtige Rolle spielten, eine verblassende Erinnerung an geheimnisvolles Wissen.

24. November

Es ist sechs Uhr morgens, und Du wirst Dich wundern, was mich so früh an die Schreibmaschine treibt. Doch streng genommen sind es nächtliche Zeilen. Ich war heute noch nicht im Bett, sitze zwischen vollen Aschenbechern, neben leeren Weinflaschen und bin ziemlich erschöpft. Durchgedreht, wirst Du vermuten: Ich würde es eher als durchgeweint bezeichnen.

Es war eine feuchte Nacht. Zuviel Wein, zu viele Tränen. Du rätselst, mit wem ich wein- und heulselig die Nacht verbracht habe, und schließt wahrscheinlich von Tränen auf eine Frau.

Richtig geraten! Es war eine Frau.

Du kennst sie nicht, ich kenne sie kaum. Oder kenne ich sie nach dieser Nacht besser als alle anderen Frauen?

Kennengelernt habe ich sie vor zwei Wochen. Im Zug, wo sie plötzlich in mein Abteil stürzte, vom Regen durchnäßt und anscheinend ziemlich verwirrt, weil sie wie unter Zwang vor sich hinplapperte: vom Wetter zuerst, später von Menschen, denen man nicht vertrauen könne.

Sie störte mich beim Lesen, aber sie interessierte mich. Ihr Redefluß war nicht zu stoppen. Sie sprach von Gott und der Welt, kein einziges Wort jedoch über sich selbst. Der Schaffner unterbrach sie ziemlich barsch. Ob sie neben ihrer beiläufig vorgezeigten Fahrkarte auch den Schnellzugzuschlag bezahlt habe? Aber sie beachtete ihn nicht, murmelte weiter vor sich hin. Erst als er sie anschrie, gab sie zu, kein Geld dabei zu haben, nicht einmal für den geringen Aufpreis. Irgendwie tat sie mir leid, und so bot ich mich an, ihr das Geld zu geben. Dazu nickte sie nur, wandte aber den Kopf ab, als ich dem Schaffner das Geld reichte. Als er gegangen war, bedankte sie sich wortreich, murmelte etwas Abfälliges über Männer und wollte unbedingt meine Adresse haben, damit sie mir das Geld zurückbringen könne.

Mit dem Geld, mit einem Blumenstrauß und, wie mir schien, auch einigermaßen gefaßt, stand sie nun gestern vor der Tür. Ich bot ihr ein Glas Wein an. Aus dem einen Glas wurden viele, schon deswegen, weil so viele Tränen den Wein verwässerten. Beinahe hätte ich mitgeweint, aber ich war wie erstarrt. Die Starre von jemandem, der Statistiken kennt und diese mit der Wirklichkeit verwechselt.

Oder hast Du die Geschichte einer Frau, die geschlagen wird, die sich schlagen läßt, weil die Schläge sonst die Kinder treffen würden, schon einmal aus dem Mund einer Betroffenen gehört? Mitfühlend Gelesenes zählt in diesem Augenblick nicht! Nicht die Illustriertenberichte, die, wenn es gerade Mode ist, mitleidig in der Gewalt gegen Frauen schwelgen, nicht die Zahlenreihen von Umfragen, die Schreckliches weniger spektakulär berichten.

Am schrecklichsten ist es, wenn es Dir eine Betroffene selbst erzählt. Stammelnd, verlegen und stockend, beinahe so, als ob sie selber die Schuldige wäre. Dazwischen gab es Augenblicke, in denen mein Gegenüber wieder fröhlich wurde, in denen wieder Mut zu spüren war, Zuversicht und Spaß am Leben. Das waren die traurigsten Augenblicke. Für mich. Weil ich mich fragte, was die Frau dazu gebracht hatte, sich schlagen zu lassen, schützend die Hände über den Kopf zu halten, anstatt zurückzuschlagen. Nur die Kinder, nur die geringere körperliche Kraft? Auf jeden Fall war sie vor zwei Wochen zum erstenmal geflüchtet.

Das fehlende Geld im Zug, die Verachtung des männlichen Schaffners, der zwanghafte Redefluß über Menschen, denen man nicht vertrauen könne: All das war ihrer ersten Rebellion zuzuschreiben, einer Rebellion, die, wie sie mir verschwörerisch zuflüsterte, Erfolg gehabt habe. Ihr Mann habe sich bei ihrer Rückkehr sogar entschuldigt, die Kinder waren bereits eingeschlafen. Und auch von dem Dankesbesuch bei mir sei er informiert, erzählte sie stolz zwischen zwei Schluck Wein.

Sie muß um einiges älter sein als ich. Trotzdem kam ich mir plötzlich uralt vor, vielleicht deswegen, weil mir ihre Geschichte so bekannt erschien, so typisch weiblich. Ihr Monolog endete erst vor einer Stunde, aber mit keinem Wort wurde je erwähnt, was sie selber wollte, was sie sich unter ihrem Leben vorstellte.

Es war sehr wohl die Rede vom braven Mädchen, von der guten Schülerin, dem idealen Kind. Für die Mutter war sie ein Engelchen, für den Vater das hübscheste aller Mädchen. Ihr ganzes Leben breitete sie vor mir aus, ohne jemals zu sagen: »Ich wollte dies!« Oder: »Ich war traurig, wütend, verwirrt.« Nie sagte sie ihre eigene Meinung, nie beschrieb sie eigene Gefühle.

Oder doch?

Jetzt erinnere ich mich wieder! Das einzige Gefühl, das sie sich zugestand, war natürlich schön und natürlich ein typisch weibliches Gefühl. »Damals war ich fürchterlich verliebt!« schilderte sie mir ihre Tanzschulzeit, während derer sie ihren späteren Mann kennengelernt hatte.

Rosarote Jungmädchenträume lösten für einen Augenblick die Angst, die Gewalt und die Demütigungen ab. Mein Gegenüber stimmten sie vorübergehend fröhlich, mich eher traurig, denn ihre Tanzlektionen erinnerten mich an eigene. Sie gehörten zu den qualvollsten Stunden meines Lebens. Noch heute sehe ich mich in dem riesigen Saal sitzen, wutentbrannt und dennoch ruhig wartend, daß ich aufgefordert würde. Ich sehe auch das Tanzschulmädchen, das Du, Mama, und ich selber aus mir machten.

Kleider, die mir Gänsehaut verursachten, Kunstfrisur, die eine

Dame aus mir machen sollte. Eine kleine Kunstfrau, zurechtgerichtet für Männerblicke auf der anderen Seite des Saals, die eigentlich die Blicke von Lausejungen waren. So kamen sie mir auch vor. Pickelig und dumm, dennoch begehrenswert. Begehrenswert, weil sie die Macht der Wahl hatten.

Mir blieb nur die Qual des Wartens und die Angst vor Mauerblümchenschmach. Die Angst dauerte nicht lange, ich blieb nicht »sitzen«. Aber die Schmach blieb: Ich war diejenige, die ausgewählt wurde, ich durfte nicht selber wählen.

Ich weiß nicht, ob die jungen Mädchen von heute noch auf solche an Pferdemärkte gemahnende Veranstaltungen gehen, weiß auch nicht, ob ich damals all das Geflüster, den verletzten Stolz und die Scham über die läppische Tanzerei als erniedrigend empfand; heute aber weiß ich, daß man als Frau diesem Ausgewähltwerden nur sehr schwer entkommt, daß man sogar dann, wenn man beide Beine unter die Arme nimmt und so schnell wie möglich davonläuft, immer wieder Augen sehen wird, die einen auswählen und damit bestätigen. Auf der anderen Seite stehen nicht nur Tanzpartner, in deren Augen man sich widerspiegelt; da steht die ganze Welt, und immer sehen wir in die Augen der anderen und fragen, ob wir auch schön genug sind, nett genug, hilfreich und intelligent genug.

Auf jeden Fall fragen wir, ob wir weiblich genug sind.

So wurde auch aus meiner nächtlichen Gesprächspartnerin die ideale Ehefrau. Das war sie nach den Worten ihres Mannes, und diese Worte wiederholte sie nach der Schilderung ihrer Begegnung mit ihm in der Tanzschule ständig. So lange, bis sie stokkend davon berichtete, daß er sie schlage. Aber dies erwähnte sie nur als Fußnote zu der stundenlangen Erzählung, in der sie ausschließlich mit den Stimmen und Meinungen anderer Leute von ihrem Leben berichtete. Von einem Leben, das zuerst sehr schön war, dann voller Angst. Zuerst war sie schön und brav für andere, dann Opfer für andere. Objekt für andere war sie also immer.

Und so sitze ich zu Beginn eines neuen Tages hier vor einem neuen Brief, obwohl er mir nur als die Fortsetzung aller vorhergegangenen erscheint.

Ich denke an den weiblichen Hang zum Leiden, zum Opfer. Lassen sich Frauen deswegen auch schlagen? So, wie wir es zulassen, daß wir Objekt sind, uns immer nur in den Augen der Außenwelt spiegeln?

Bevor sie ging, fragte ich meine Besucherin, warum sie sich nicht von ihrem Mann trenne. Die Antwort darauf kam nicht von ihr. Es war die Nachbarin, die dies meinte, die Freundin, die anderer Meinung war, die Mutter, die gegen eine Scheidung war, und der Vater, der dazu überhaupt keine Meinung hatte.

Dann war sie weg. Mit einem kurzen: »Danke!«

Keine Adresse, kein Name. Nur: »Danke für das Zuhören!«

Dabei müßte eigentlich ich »danke!« sagen, denn die Frau ohne Meinung hat mir vieles klargemacht.

Ich weiß, Mutter, auch dieser Brief gefällt Dir nicht recht, schon gar nicht die Sache mit dem Objektsein. Ich gebe zu, daß es ein wenig übertrieben klingen mag. Formulieren wir es vielleicht besser so: Frauen lassen sich viel zu sehr bestimmen, lassen mit sich tun, was andere mit ihnen tun wollen. Nicht nur innerhalb der Familie, auch durch die Werbung, die vielen Mode- und Meinungsmacher. Aber man kann mit uns nicht nur nach Gutdünken schalten und walten, sondern wir gehen manchmal selber noch einen Schritt weiter. Wir gehen auf die Erwartungen ein, gehen in ihnen auf. Frauen machen sich zu den Ehefrauen, welche die Männer brauchen.

Dabei weiß ich nicht, ob die schicke Dame, die in Deinem Nebenhaus die Marionette ihres Mannes zu spielen hat, nicht noch mehr unterdrückt ist als die geschlagene Frau der vergangenen Nacht. Natürlich wird Deine Nachbarin nicht geschlagen! Im Gegenteil: Sie braucht nur einen Wunsch zu äußern, um ihn auch erfüllt zu bekommen. Aber erfüllt wird er von *ihm* und nach *seinen* Interessen. Er bestimmt, was sie anzuziehen hat, bei welchem Geschäftsfreund sie ihre Kleider und Pelze zu kaufen hat; er kauft ihren Schmuck, der letztlich auch ein Beweis für seine Kaufkraft sein soll. Sie ist für ihn ein weiteres, zugegeben schönes und auch angenehmes Aushängeschild für seine Firma, ein anderer luxuriöser Beweis für seine Finanzkraft und seine mannhaften Erfolge.

Du verteidigst die nette Nachbarin? Betonst, wie nett und hilfreich sie ist – und wie vernünftig? Eine Frau, die trotz ihres Reichtums mit beiden Beinen im Leben steht.

Solange der Mann nicht in Reichweite ist!

Du brauchst nicht weiter die Verteidigerin zu spielen. Ich kenne die Nachbarin, höre sogar ihre sympathisch-rauhe Stimme, ihre lustige Mundart, die immer dann zur ungewohnt künstlich geflöteten Hochsprache wird, wenn der Ehemann auftaucht.

Beim erstenmal war ich erstaunt, doch dann erinnerte mich der Tonwechsel an meine Schulzeit und an unsere Klassensprecherin. Auch sie war eine große Schauspielerin vor dem Herrn. So lautstark und bestimmt sie unsere Forderungen vor den weiblichen Lehrern vorzubringen wußte, so leise und verführerisch klang ihre Stimme, wenn außerhalb der Schulmauern ein männliches Wesen auftauchte. Als ich die erstaunliche Verwandlung der ansonsten so selbstsicheren Tonangeberin zum erstenmal erlebte, bekam ich einen Lachanfall.

Heute lache ich nicht mehr.

Mir fallen die verschiedenen Schläge des Lebens ein. Deine Nachbarin flötet, die Nachbarin meiner verflossenen Nacht weinte. Die uns Frauen zugedachten Schläge scheinen besonders raffiniert zu sein. Wer weiß, ob nicht weiche Polster oft größere Flecken hinterlassen als eine Ohrfeige?

Flecken auf der Seele?

Flecken, die wir alle haben; nicht nur die gewaltsam Geschlagenen, auch »wir anderen«. Alle, die sich für die verschiedenen

Hiebe zur Verfügung stellen, dazu erzogen werden, sich zur Verfügung zu stellen. Auch das ist ein Thema in Sachen Mütter.

»Alle, die sich für die verschiedenen Hiebe zur Verfügung stellen ...«, schrieb ich noch heute früh. Jetzt, am Abend, ärgere ich mich über eine Illustrierte. »Frauen mit einer Sucht nach Gewalt« steht in dicken Buchstaben quer über das Titelblatt gedruckt, das eine Frau zeigt, die schützend die Hände vor das Gesicht hält. Wird sie wirklich geschlagen?

Sicherlich nicht, wahrscheinlich ist das Foto gestellt. Trotzdem zog es gemeinsam mit dem reißerischen Titel viele Blicke an. Meine besonders, wie Du Dir nach der vergangenen Nacht vorstellen kannst.

Jetzt, nach der Lektüre des Artikels, weiß ich nicht, ob ich mich über jene angeblich schwergewichtige Engländerin ärgern soll, die zehn Jahre lang ein Asyl für mißhandelte Frauen leitete, zu den Pionierinnen der feministischen Forderung nach Frauenhäusern gehört, aber heute vollen Ernstes behauptet, daß Frauen eine körperliche Sucht nach Mißhandlungen entwickeln würden. Manche Frauen ...

Sie führt dafür auch gleich zwei besonders krasse Beispiele vor: »Es ist der Augenblick, bevor er mich schlägt!« begründete eine einstmals zu ihr Geflohene die Rückkehr zum brutalen Ehemann. »Meinst du, daß er dich umbringen wird?« fragte die mütterlich wirkende Frau eine andere zu ihr Geflüchtete. Die Frau, die schon zuvor von ihrem Mann aus dem Fenster gestoßen und mit gebrochenem Bein liegengelassen worden war, gab eine verblüffende Antwort: »Ja, das wird er tun!« meinte sie angeblich mit funkelnden Augen und kehrte zu ihrem Peiniger zurück.

Wie entschlossen ich die Illustrierte zugeschlagen habe, kannst Du Dir vorstellen. Wahrscheinlich wären wir sogar einen Moment lang gleicher Meinung gewesen, Mutter.

Zwei Wahnsinnige, dachte ich und war ganz auf der Seite der

entrüsteten Frauen, welche die Engländerin beschuldigen, der Sache der Frauen damit nur zu schaden. Schon deshalb, weil die Wegbereiterin der Frauenhäuser zugeben muß, daß 84 Prozent aller hilfesuchenden Frauen geholfen werden kann und daß diese auch nicht mehr zu ihren prügelnden Männern zurückkehren. Hinter den restlichen 16 Prozent eine Sucht zu vermuten und nicht viel eher finanzielle Not oder die Unfähigkeit, auf eigenen Beinen zu stehen, scheint mir an den Haaren herbeigezogen.

Machte nicht auch meine nächtliche Besucherin eine Bemerkung darüber, daß sie selber nicht in der Lage wäre, sich und die Kinder zu versorgen?

Nein, ich höre wieder ihre leise, zögernde Stimme: Es war ihre Mutter, die ihr riet, aus finanziellen Gründen auszuharren. Mit Worten, die mir schon heute nacht seltsam vorkamen.

Nun stolperte ich wieder darüber. Über dieses: »Wo würdest du heute sein, wenn ich bei jeder Ohrfeige, die mir dein Vater gab, davongelaufen wäre?« Und auch über eine Feststellung der weinenden Tochter: Sie hielt die Ehe ihrer Eltern für besonders gut.

Ohrfeigen und gute Ehe?

Hat die englische Frauenhauspionierin doch recht? Sie bezeichnet die freiwilligen Opfer brutaler Männer als Opfer, die schon in ihrer Kindheit dazu geprägt wurden, heißt es in dem Illustriertenartikel, und später wird darin die Sucht nach Mißhandlungen mit chemischen Vorgängen erklärt. In der Furcht vor gewalttätigen Situationen würden die kleinen Mädchen Adrenalinstöße produzieren, die sie auch später regelrecht brauchten. Darum suchten sich viele von ihnen als Erwachsene besonders schwierige menschliche Beziehungen aus, um das Gefühl äußerster Erregung möglichst oft zu erleben.

Die Nachhilfestunden über biochemische Vorgänge scheint bei mir andere Adrenalinstöße hervorzurufen. Ich werde böse. Nicht mehr auf die Engländerin, die den chemischen Prozeß entdeckt hat, der mißhandelte Frauen schon als Kinder zur Gewalt verdammt; mir fällt auch das emotionale Wechselbad aus Freude, Angst und Lust ein, das vielleicht auch meine nächtliche Besucherin schon als Kind erleben mußte.

Ein lieber Vater, eine liebe Mutter ... nur manchmal eine Ohrfeige. Für sie selber reicht die Ohrfeige schon nicht mehr aus. Sie wird geschlagen. Läßt sich schlagen – weil sie es von ihrer Mutter vorgeführt bekam.

Wieder einmal schließt sich ein Kreis, ein Kreis, in den alles so trefflich hineinpaßt. Geschlagene Frauen und Mütter, die ihren Töchtern das Mißhandeltwerden vorleben, aber auch all die anderen Frauen: die flötenden und die weinenden, die Tanzschulmädchen und die um Liebe bettelnden Mütter.

Der Kreis schließt sich in unseren Augen, die nie sich selber sehen, sondern von klein auf gewohnt sind, sich in den Augen anderer zu spiegeln, nur für diese Augen Erfolg zu haben.

Es sind nicht unsere Siege, für die wir kämpfen, wir wollen oft nicht schön, sondern lieber lustig und gescheit sein; der Tanzschuljüngling aber sucht sich die Partnerin nach der Schönheit aus.

Wir wollen verständnisvolle Mütter sein, liebevoll und einsichtig, aber die anderen beurteilen Kinder nach Noten und gutem Benehmen.

So vieles läßt sich leicht erklären, wenn ich an das kleine Mädchen in der weinenden Frau von heute nacht denke. An die Frau, die dazu erzogen wurde, die Erwartungen von Eltern, Großeltern, Nachbarn, Schule und natürlich von Männern zu erfüllen.

Die Frau ging, ohne ihren Namen zu nennen, und für mich wird sie auch nie einen haben; zuerst war sie die Tochter, dann die Ehefrau, später die Mutter. Hätte sie einen Bruder gehabt, hätte er einen Namen. Und vielleicht auch einen eigenen Willen.

Du meinst, ich übertreibe wieder einmal? Du wärst auch besorgt wegen der durchwachten Nacht, und das Thema Gewalt gegen Frauen würde Dir nicht behagen.

»Überschlaf alles einmal!«

Ja, so würdest Du reagieren!

Aber ich will mich nicht niederlegen, will diese Nacht und all die Fragen, die sie aufwarf, nicht vergessen. Ich habe es satt, das Frauenleben aus zweiter Hand! Dieses Nach-den-anderen-Schauen, Sich-nach-ihnen-Richten. Ich will andere Mädchen, andere Frauen und vor allem andere Mütter.

Mütter, für welche die eigenen Kinder nicht nur besserer Lehm sind, der beste Stoff, aus dem man eine gelungene Kopie seiner selbst herstellen kann.

Es ist an der Zeit, Subjekt, wir selber zu werden!

Weil Menschen, Mütter und Töchter – weil alle Menschen, die sich selbst genügen, nicht so leicht zu schlagen sind.

Nicht körperlich und nicht seelisch.

Und weil Mütter, die nicht mit dem Weiblichkeitsfluch beladen sind, der Aufschauen und Dienen heißt, ihre Töchter auch nicht weiter damit züchtigen.

28. November

Du warst so mit dem Märchenerzählen beschäftigt, daß mein leises Eintreten unbemerkt blieb. Auch die kleine Nachbarstochter war von der Geschichte vom Aschenputtel und seinem Prinzen so hingerissen, daß sie mir erst freudig entgegenlief, als Du mit dem üblichen »Und wenn sie nicht gestorben sind, so leben sie heute noch ...« das alte Märchen beendetest.

Es war ein richtiger Tag zum Märchenerzählen; draußen war es kalt und stürmisch, und bei Glühwein und verfrühtem Adventgebäck erinnerten wir uns an die vielen Märchen, die Du uns Kindern erzählt hast.

»Du warst ähnlich wie Judith«, meintest Du, auf das kleine Mädchen verweisend, »auch du konntest nicht genug von diesen alten Geschichten bekommen.«

Später, lesend bei mir daheim im Bett, schienen mich die alten Geschichten wieder einzuholen. Auch in den Büchern und Zeitschriften neben meinem Bett war vom Aschenputtel die Rede. Nur waren dies keine alten Märchen, sondern sehr moderne Geschichten. Geschichten, die von Frauen berichteten, die trotz besserem Wissen, trotz Emanzipation und vielem Gerede von Eigenverantwortlichkeit bekannten, daß sie lieber von einem Mann umsorgt würden, als selber ihren Mann, besser: ihre Frau zu stehen. Eine amerikanische Journalistin entdeckte diese Sucht am eigenen Leibe und nannte sie Cinderella-Komplex.

Tatsächlich scheint es so, als ob auch heute noch die meisten Frauen in die Fußstapfen Aschenputtels steigen und lieber auf den Prinzen warten, als eigene Schritte zu riskieren.

Und sie warten nicht nur. Ich blättere in den vielen verschiedenen Aschenputtelgeschichten und entdecke Beispiele von erfolgreichen berufstätigen Frauen, die trotz Karriere nach der Traumhochzeit flugs wieder zum armen, hilflosen Mädchen werden. Ich lese von Müttern und Eltern, die ihre Töchter überbehüten, ihnen alle Probleme abnehmen und so verhindern, daß sie je selbständig werden. Wie im Märchen werden kleine Mädchen so lange am elterlichen Herd beschützt, bis der ersehnte Prinz kommt. Sogar diejenigen, die es geschafft haben, unabhängige moderne Frauen, bestätigen ihr Aschenputtelsyndrom, ihre geheimen Sehnsüchte nach Abhängigkeit. Sehnsüchte, hinter denen sich die Angst vor Unabhängigkeit versteckt.

Wahrscheinlich wird dies der Märchenerzählerin in Dir, Mutter, nicht so schlimm vorkommen, weil Du Unabhängigkeit immer mit Alleinsein verwechselst. Aber es geht nicht um das Alleinsein. So, wie es im Märchen nicht nur darum geht, einen Mann zu ergattern, einen Partner zu bekommen, sondern Aschenputtel und seine Schwestern sich einen strahlenden, höhergestellten Prinzen ersehnen, wünschen sich sogar vermeintlich emanzipierte Cinderellas von heute einen Mann, der ihnen überlegen ist, zu dem sie aufschauen dürfen, von dem sie abhängig sein können.

Mir fällt wieder Dein heutiger Märchennachmittag ein, und irgendwie taucht in mir der Verdacht auf, daß all die Vorstellungen davon, was wir als Frauen oder auch als Männer zu tun haben, nicht nur etwas mit unserer Erziehung und unserer Umwelt zu tun haben.

Wird die kleine Judith später ebenso auf einen Prinzen warten, wie sie es heute andachtsvoll beim Zuhören getan hat? Sind viele Frauen deshalb so gern abhängig, weil sie die vielen Märchen von armen gefangenen Mädchen gehört haben, die von männlichen Helden erlöst wurden?

Ich hole mir ein anderes Buch. Es ist alt und abgegriffen, befleckt von schmutzigen Kinderhänden. Es ist ein oftmals und leidenschaftlich gelesenes Buch: die Märchensammlung meiner Kindheit. Für Kinder wird die phantasievollste Geschichte zur Wirklichkeit, denke ich, und daran, daß bei Märchen kaum zwischen Realität und Phantasie zu unterscheiden ist. Für die Märchenforscher sind sie längst nicht mehr nur Geschichten, die Kindern die erwachsene Welt enträtseln sollen; für sie sind es Symbole für die Beziehung der Geschlechter zueinander, für das Erwachsenwerden, für elterliches Versagen oder für kindliche Ablösungsprozesse – ein Spiegel der Menschheit und der Völker schlechthin.

Wie eifrig haben wir beide in meiner Kindheit gemeinsam mit Frau Holle die Betten geschüttelt! Wärst Du auf die Idee gekommen, in ihr auch eine Figur zu sehen, die Ursprünglichkeit und Weiblichkeit signalisiert – von dem Mutter-Tochter-Konflikt zwischen ihr und den beiden Töchtern gar nicht zu reden?

Heute sehe ich die tüchtige Hausfrau auch mit symbolischen Augen: als »große Mutter« oder als »Herrin über Leben und Tod«. Und mit den Märchenforschern entdecke ich das Herausholen des sprechenden Brotes aus dem Backofen als ein Symbol für weiblich-mütterliche Aufgaben, und der Apfelbaum, der geschüttelt werden will, wird zum Baum des Lebens.

Es scheint überhaupt ein Schlüsselmärchen zu sein, diese Geschichte von der Mutter und ihren beiden Töchtern. Zeigt sie uns nicht zwei Arten von Müttern und zwei Arten von Töchtern?

Frau Holle ist nicht nur die Mutter einer faulen und einer fleißigen Tochter, sondern ist andererseits auch die Mutter, die eine Tochter länger im Haus behalten will. So widersprüchlich es klingen mag: Die faule, daheimbleibende Tochter ist für die fleißige Bettenschütterin das Kind, das sie wirklich liebt, jenes, das so lange wie möglich kindlich bleiben und an das Zuhause gebunden werden soll. Die andere, die böse/fleißige Tochter verkörpert die Möglichkeit der Mutter, ihr Kind hinaus in die Welt zu schicken, es zu einem tüchtigen, selbständigen Wesen zu machen.

Inzwischen ist der Bücher- und Zeitschriftenstoß auf meinen Schreibtisch übersiedelt und größer geworden. Zu Märchenbuch und Aschenputtelkomplexen sind die verschiedensten Deutungen der Märchen gekommen. Die fleißige Tochter hat darin, weit weg von der dominierenden Mutter, die verschiedensten Prüfungen zu bestehen. Schließlich geht sie durch das weite Tor, das in die Welt führt, es regnet Gold, und als Gold-Mariechen kehrt sie reich und unabhängig zur Mutter zurück. Sie erzählt von der besseren der zwei Möglichkeiten, die jedem heranwachsenden Mädchen offenstehen: davon, das eigene Frausein voll und ganz zu bejahen.

Das Pech-Mariechen dagegen bleibt zeit seines Lebens das Kind seiner Mutter. Es ist faul, bewältigt nicht die vielen gestellten Aufgaben und kehrt so mit Pech verschmiert und als ewiges Kind zur Frau Holle zurück, die übrigens auch diejenige ist, die im Märchen den Lebensfaden spinnt.

Ich stelle mir die Urmutter am Spinnrad vor und die vielen anderen Mütter an symbolischen Spinnrädern. Ob ihnen bewußt ist, wie sehr sie am Lebensfaden ihrer Kinder mitwirken? Es scheint jedoch so, als ob nicht nur sie fleißig mitspinnen würden, sondern auch die menschlichen Ursymbole in den Märchen.

Unsere Frau Holle jedenfalls – die, mit der ich als Kind gemeinsam Polster schüttelte – war für mich nicht die zwiegespaltene Mutter, viel eher schon war sie böse, weil sie das Gold-Mariechen wegschickte. Und dieses, die weiblichen Pflichten so getreu erfüllend, war für mich nicht so sehr großes Vorbild, weil es selbständig, sondern weil es brav und gehorsam war.

Auch anderen gruselig-schönen Märchen lauschte ich einst als

Kind mit anderen Ohren als heute. Wie sollte ich auch wissen, daß die böse Fee an der Wiege Dornröschens an der Wiege jedes Kind stehen kann? Ich litt mit der Prinzessin, der auch das Verbot aller Spindeln im Reich des Vaters nichts nutzte, nicht ahnend, daß der vorhergesagte hundertjährige Schlag nicht nur auf einen Fluch gemünzt war, sondern auch darauf, daß viele andere kleine Mädchen niemals erwachsen werden. Der König und die Königin bewahrten im »Dornröschen« die Tochter so lange vor dem gefährlichen Stich, bis das Mädchen im hintersten Zimmer des Schlosses die uralte Frau mit der Spindel entdeckte. Weniger königliche, aber ebenso besorgte Eltern glauben auch heute noch, so ihre Kinder, vor allem die Mädchen, vor den Klippen des Lebens bewahren zu können.

Die Frau, die auf den erlösenden Prinzen wartet und am eigenen Leben vorbeischläft, könnte auch heute Dornröschen genannt werden. Dornen drücken sie sicherlich: Sie flüchtet vor der Eigenständigkeit, lastet anderen die Verantwortung für sich auf und kann deswegen nur enttäuscht werden.

Ein anderes Märchen und ein anderer König weisen einen anderen Weg: »Was du versprochen hast, mußt du halten!« erklärt der König im »Froschkönig« seiner Tochter, der vor dem grausigen Frosch ekelt, mit dem sie sich nicht an eine Tafel setzen und nicht in ein Bett legen will. Damit will er der Prinzessin sagen, daß sie ihre Weltfremdheit überwinden, zu ihrem Wort und ihrer Weiblichkeit stehen und auch die Welt außerhalb des Palastes, die Welt der Männer, kennenlernen soll.

Heute erscheint mir die Deutung der Märchenforscher plausibel, die psychoanalytische Erklärung der Symbole weist auf viel Vergessenes und Unbemerktes in der wirklichen Welt hin. Trotzdem verunsichert mich die Rolle all dieser Phantasiegestalten. Der königliche Vater im »Froschkönig« war in meiner Kindheit ein böser Vater, während der vorsorgende Beschützer im »Dornröschen« mein Herz erobert hatte.

Sind auch die Märchen Fallgruben für Frauen und Mädchen? Kein Wunder, daß all die verwunschenen Prinzessinnen, die braven oder bösen Mütter, Hexen und verzauberten Prinzen vielen Frauen von heute nicht sonderlich sympathisch sind. Kein Wunder, daß die Frauenbewegung die Rollen ablehnt, welche Frauen im Märchen vorspielen. Auf unserer Wunschliste sollten für die Kinder von morgen längst aktivere Frauengestalten stehen.

Vielleicht, Mutter, denke ich mir einmal ein weibliches »Hans im Glück« aus, damit Du beim nächsten Mal der märchenbegierigen Judith diese Geschichte vorliest. Du meinst nicht, daß dies notwendig ist, glaubst, mir hätten »Schneewittchen« und »Dornröschen« auch nicht geschadet. Ich wäre mir dessen nicht so sicher, entdecke ich doch immer wieder dornröschenhafte Züge an mir, wenn ein neuzeitlicher Prinz im Anzug ist. Alle meine Interessen, meine Arbeit beginnen nebensächlich zu werden und in kurzfristigen Schlaf zu verfallen, wenn ein neuer Mann am Himmel auftaucht. Ich weiß zwar längst, daß man sich nur selber wachküssen kann; anscheinend ist mir aber entgangen, wie lange »Dornröschen« und andere Geschichten weiterleben.

Die Sucht nach prinzessinhaftem Schlaf, nach Schutz und Abhängigkeit dürfte langlebig sein. Der Aschenputtelkomplex macht uns tatsächlich zu Schläferinnen: zu geistigen und emotionalen Schläferinnen. Forscher bescheinigen abhängigen Frauen geringere intellektuelle Fähigkeiten. Jemand, der abhängig ist, vertraut nicht seinem eigenen Urteil, sondern verläßt sich nur auf Orientierungshilfen von anderen und ist daher nicht in der Lage, eigene unabhängige Schlüsse zu ziehen. Daß uns das Cinderella-Dasein auch zu gefühlsmäßigen Schläferinnen macht, spüren wir alle.

Wie viele von Deinen eigenen Wünschen, Sehnsüchten, Träumen, wieviel von Deiner Persönlichkeit hast Du, Mutter, der Abhängigkeit von Deinem Mann geopfert?

In bin inzwischen wieder bei den Märchen angelangt. Sie

geben wahrscheinlich die treffendste Antwort. All die Aschenputtel und Prinzessinnen leben nur durch und für den Prinzen. »Und wenn sie nicht gestorben sind, so leben sie heute noch ...« – der hübsche Schluß aller Märchen. Du hast ihn nicht vergessen. Vielleicht hast Du sogar irgendwann einmal daran gedacht, daß sie in gewissem Sinn wirklich noch leben. Wir alle haben mit Hänsel und Gretel im Wald gezittert, aber kaum je entdeckt, daß dies nicht nur die Geschichte von der bösen Hexe ist, auch nie nur eine Geschichte für Kinder. Früher setzten Eltern ihre Kinder im Wald aus, weil sie zuwenig zum Essen hatten, heute liefern sie sie manchmal auf ganz andere Art aus: als zu junge Mütter und zu junge Väter, die noch nicht reif sind für die Elternrolle. Heute handeln Eltern nicht aus Hunger stiefmütterlich und stiefväterlich, sondern tun dies oftmals unbewußt. So, wie sie die Kinder auch nicht gehen lassen und vor allem Mädchen an sich binden. »Hänsel und Gretel« ist aber auch die Geschichte von der Bewährungsprobe, die auf alle Kinder an der Schwelle zum Erwachsenwerden wartete. Aus den hilflosen Geschwistern wird nach Bestehen der Gefahren die selbstsichere Gretel, die ihrem Bruder zu Flucht und Unabhängigkeit verhilft.

Der Blick hinter die geheimnisvolle Kulisse der Märchenwelt läßt auch mich träumen. Zwischen Traum und Realität hin- und herschwankend, träume ich einen neuen Traum: Aus der Gretel, die ihren Bruder aus dem Gefängnis befreit, wird die selbstsichere Frau, die sich und den Mann aus dem Gefängnis der Geschlechter befreit.

Das erinnert mich an ein ungewöhnliches Märchen, an eines, in dem es zur Abwechslung einmal nicht um einseitige Frauenrollen geht, in dem Dulderinnen und böse Hexen eine sympathische Schwester bekommen. Die Dame mit dem ausgefallenen Namen »singendes, springendes Löweneckerchen« ist das einzige weibliche Wesen, das im männlich beherrschten Märchenwald mit einem Drachen kämpfen darf. Dabei beginnt die Geschichte nicht nur wörtlich, sondern auch sinngemäß mit dem üblichen: »Es war einmal ...«

Sie erzählt von einem reichen Vater, der gemäß dem üblichen Klischeerahmen seinen drei Töchtern von einer Reise Geschenke mitbringt: Perlen für die erste, Diamanten für die zweite und für die dritte das namengebende Löweneckerchen, was eine alte Form von Lerche ist. Für diese Lerche mußte der Vater einem verwunschenen Löwen das Leben desjenigen Lebewesens versprechen, das ihm zu Hause zuallererst über den Weg laufen wird. Wie erwartet, ist dies die jüngste Tochter, die dann auch den Löwen heiratet. Als Löweneckerchen kämpft sie fortan einen heroischen Kampf um den verwunschenen Gemahl. Sie kämpft mit dem Drachen, mit einem Lindwurm, später mit dem Gatten selber, der, zurückverwandelt in die ursprüngliche Gestalt, seine Befreierin nicht mehr wiedererkennt.

»Jetzt bin ich erst wirklich erlöst!« ruft der Prinzgemahl aus, als ihm das Löweneckerchen nach Jahren in der Fremde die gemeinsame Geschichte erzählt hat; eine Odyssee, die erst so richtig begonnen hat, wo sonst das Ende der Märchen ist: bei der Hochzeit und der Erringung des Prinzen. So ist das Löweneckerchen nicht nur ein Beispiel weiblicher Tapferkeit, sondern das Märchen erzählt auch von wahrer Selbstwerdung, vom gemeinsamen Reifen einer Beziehung.

In anderen Märchen ist nicht die Rede von mutigen Frauen, auch enden die wenigsten von ihnen harmonisch. Vor allem die männliche Welt der Märchen läßt so manches Kinderherz furchtsam höher schlagen. In ihr lauern als Gegenpol zu weiblichen Hexen böse Tiere. Und auch diese Bösewichte leben in uns fort.

Die hübsche Geschichte von »Schneeweißchen und Rosenrot« ist ein Beweis für Märchenhaftigkeit im Alltag, denn nicht nur in Kindergeschichten werden aus tugendhaften Töchtern einschmeichelnde Liebkoserinnen von tapsigen Brummbären, sondern auch die Frauenwelt von heute kennt solche. Und nicht nur die Brüder Grimm erfanden unbeholfene Bären, die sich zu strahlenden Jünglingen mauserten; auch das ausgehende zweite nachchristliche Jahrtausend bevölkern solche.

Das urweibliche neckische Spiel, das verführerische Mädchen im Märchen treiben, ist in den männlichen Zügen der Tierwelt angepaßt. Schneeweißchen hat den großen kräftigen Wolf als Gegenspieler, bei den sieben Geißlein spielt der Wolf die Rolle des männlichen Verführers.

»Und wenn sie nicht gestorben sind ...«

Ich höre Deine Stimme, Mutter, und versuche mich zu erinnern, welches Märchen wohl einst als Kind den größten Eindruck auf mich gemacht hat. War es die mächtige »Frau Holle« oder war es ein männlich-böses Tiermärchen?

Ich kann mich nicht mehr erinnern. Vielleicht weißt Du es besser? Wenn ich Dich das nächste Mal märchenerzählend antreffe, werde ich Dich danach fragen.

Der Ausflug in den Märchenwald hat mir jedenfalls gezeigt, daß Märchen nicht nur Phantasiegebilde sind. Die Zauberschlüssel zum Reich der Kindheit holen sich ihre Nahrung aus dem Reich der Erwachsenen. Und dieses ist noch immer eine fein säuberlich teilende Welt – auf jeden Fall war sie es vor 200 Jahren, als die meisten unserer Märchen entstanden. Und sie wird es auch weiterhin sein, wenn wir den Kindern Märchen von verzauberten, auf Erlösung hoffenden Prinzessinnen erzählen, von Mädchen, die ihr Ziel mit weiblicher List und Einschmeichelkunst erreichen, aber auch von fehlerlosen strahlenden Prinzen, von unbeholfenen oder bösartigen männlichen Tieren.

Darum, Mutter, werde ich Dich schon bald nach meinem Lieblingsmärchen fragen, nicht erst bei der nächsten Märchenstunde. Hoffentlich war es nicht nur die »Frau Holle«.

Heute würde ich nämlich das »Tapfere Schneiderlein« bevorzugen, ein Märchen, das nicht so sehr von einem Mann erzählt, sondern von einem erwachsenen Kind. Der »Mordskerl«, der sieben Fliegen auf einen Schlag tötet, um sich dann ins Reich der Phantasie aufzumachen, läßt auch Kinderherzen noch immer am höchsten schlagen. Seine Streiche sind die Streiche der Kinder, die Schnippchen, die er den Riesen schlägt, schlagen Kinder tagtäglich der Welt der Erwachsenen; seine Luftschlösser sind die Luftschlösser unserer Kindheit. Der kleine Wicht tut so vieles, wovon wir alle träumen. Er bricht in eine neue Welt auf, ohne zurückzublicken.

Zurückblicken ...

Ich glaube, irgendwann werde ich doch noch eine weibliche Märchenfigur erfinden. Vielleicht brauche ich sie aber gar nicht zu erfinden. Vielleicht entlarven Frauen und Mütter ohnehin bald so »hübsche« Geschichten wie jene vom Aschenputtel. Vielleicht wird dann zur Abwechslung in ihren eigenen Erzählungen aus dem lustigen Gesellen eine lustige Gesellin. Ein Mädchen, das ohne die weibliche Last der Vergangenheit – nur mit einem Stückchen Käse – in die weite Welt zieht, um dort – ohne Blick zurück auf Schneewittchen und Dornröschen – seinen eigenen Weg zu finden.

6. Dezember

Wenigstens brieflich richte ich Dir inzwischen die Grüße unserer gemeinsamen Friseuse aus. Wahrscheinlich werde ich es aber bald mündlich tun müssen, da ich immer mehr daran zweifle, ob Du je einen dieser Briefe zu lesen bekommen wirst. So sehr ich mich auch bemühe, einmal einen schönen, lustigen Gesprächsstoff zu finden, so sehr wird fast automatisch eine Anklage gegen die Mütter daraus.

Auch dann, wenn ich mich eigentlich über die Männer lustig machen will. Um die ging es nämlich heute beim Friseurbesuch. Zuerst nur um den Mann unserer Friseuse, der, während sie auf Betriebsausflug war, die ganze Wohnung auf den Kopf gestellt hat, später um die Spezies im allgemeinen. All die Damen rundherum wußten eine boshafte Geschichte über Männer zu erzählen. Auch ich konnte mein Lästermaul nicht halten. So wurde wieder einmal die alte Geschichte vom verflossenen Freund zum besten gegeben, der mich eines Tages mit herrlichem Flieder überraschte. Überraschte im doppelten Sinn: Er kam mittags, verteilte den Berg üppig duftender Blüten in mehrere Vasen und legte sich zu einem Mittagsschläfchen nieder. Aus dem Schläfchen wurde ein ausgedehnter Schlaf, aus Mittag später Nachmittag. Ich kam nämlich erst um fünf Uhr nach Hause, und bis dahin war auch der Flieder entschlafen. Der Blumenkavalier hatte das Wasser vergessen – in allen Vasen.

Warum ich Dir die Geschichte noch einmal erzähle? Du kennst sie bereits, und daß ich damit unter den Trockenhauben Lacherfolge einheimste, glaubst Du mir. Aber die Fliederanekdote verführt nicht nur zum Lachen; trotz der allgemeinen Heiterkeit machte sie mich nachdenklich.

Das bemerkte ich erst ein wenig später, auf der Heimfahrt, im Auto. Ich fuhr durch die Wiesen, durch die wir früher immer spaziert sind. Im Winter und im Sommer, zu jeder Jahreszeit, bei jedem Wetter.

Nach den Schulaufgaben hieß es: »Hinaus ins Freie!« Als Kinder liefen wir auf den Spielplatz; später, als ich sechzehn oder siebzehn Jahre alt war, gingen wir spazieren, wir beide allein, weil es meinem Bruder meist gelang, mit einer Ausrede diesem »Luftschnappen« zu entgehen. Einem Sauerstofftanken, das doch viel mehr war, was mir erst jetzt auffiel, als mir bei der Fahrt durch unsere Spazierwiesen eine Mutter und ihre Tochter entgegenkamen. Dem Alter nach waren sie es jedenfalls, und sie sahen ebenso vertraut miteinander aus wie wir damals.

Da hatte ich nicht mehr nur Späße und Plaudereien über hilflose Männer im Kopf, da horchte ich auch vierzehn, fünfzehn Jahre zurück: »Laß dies Papa lieber nicht hören! Er hat genug anderes im Kopf, und bei solchen Dingen ist er ohnehin hilflos!«

Ich kann mich nicht erinnern, worum es sich handelte, aber ein anderes Mal hörte ich Dich sagen: »Diese Männer – nach außen hin haben sie alle einen großen Mund; geht es jedoch einmal um etwas Wichtiges, sind sie hilflos wie Kinder!«

Wieder ein anderes Mal fragtest Du Dich siegessicher: »Was er wohl machen würde, wenn er mich nicht hätte?« und gabst auch gleich die Antwort: »Verlassen wäre er, völlig verlassen und hilflos!«

Jetzt höre ich nicht mehr zurück, plötzlich ertönen diese und ähnliche Worte aus allen Ecken. Es sind Frauenworte, gern und viel gebraucht.

Die lustige Hilflosigkeit starker Männer, die Männer als zusätzliches Kind ...

Sind es Schutzwälle zwischen der Männer- und der Frauenwelt? Schutzschilder, die rufen: Ihr da draußen in eurer Arbeitswelt, dort drüben leistet ihr vielleicht Besonderes, vielleicht Besseres als wir, aber hier bei uns, im familiären Alltag, seid ihr Versager!

– Der große Arzt: nur ein Mutterkind?
– Der gefürchtete Unternehmer: ein Versager?
– Der Gelehrte: ein weltfremdes Bübchen?

So, wie die Weltgeschichte ihre Treppenwitze hat, so machen wir Frauen die »großen« Männer zu kleinen Witzfiguren. Ich habe mich während der restlichen Heimfahrt sehr amüsiert. Wie damals über den welken Flieder. Ich gönne den Männern ihre Doppelgänger in der weiblichen Phantasie.

Aber während ich lachend den armen Flieder bedauerte, fiel mir die andere Seite der Witze über Männer ein, die tragische: Ich sah vom unpraktischen Boß, vom hilflosen Chirurgen hinüber auf die andere Seite, auf die der Frauen. Über ihren gesunden Menschenverstand, ihren Sinn für Naheliegendes brauchen wir keine Witze zu machen. Der Mangel an Frauen, die im Leben draußen besonders erfolgreich sind, ist offensichtlich, und die, die es bis ganz oben auf einer Karriereleiter gebracht haben, verfügen noch über genügend weibliche Tatkraft auch für die häuslichen Angelegenheiten, so daß man über sie nicht spotten kann.

Angeblich soll sich ja sogar Frau Thatcher ihre Schuhe selber putzen und dies nicht ihrem Gemahl überlassen. Die eiserne Lady, diese Ausnahmefrau mit männlich-kriegerischen Attitüden, war es auch, die mich auf eine Idee brachte, die ich noch gar nicht so recht auszusprechen wage.

Sie regiert ein Land, und sie putzt Schuhe, soll sogar ihre

Küche selber ausgemalt haben. Warum schaffen dies nicht mehr Frauen, fragte ich mich, und dabei fielen mir unsere Frauenwitze über die Männer ein.

Sind wir wieder einmal selbst schuld an unserer Benachteiligung? Brauchen wir uns deshalb keine Witze über Frauen an der Spitze auszudenken, weil wir unsere Späße über die Männer haben?

Du kennst Dich nicht aus? Siehst keinen Zusammenhang? Denk an spazierengehende Mütter und Töchter, denk an andere weibliche Zusammenkünfte, vor allem an die Witze dabei. Und denk dann auch an die wenigen Karrierefrauen. Warum schaffen es so wenig Frauen bis zu den Spitzenpositionen?

- Nur weil sie fauler sind?
- Nur weil kleinen Mädchen eine andere Rolle vorgelebt wird?
- Nur weil unsere Schulen noch allzugut wissen, was weiblich und was männlich ist?

Irgendwoher lacht wieder eine Frau hervor und sagt mir, daß es nicht nur das vielbeschuldigte weibliche Rollenbild ist, das aus uns keine Fernsehbosse macht. Es ist auch dieses Witzbild des Mannes, die besonders süße Rache aller Frauen, die uns auf dem Weg nach oben zurückhält, uns zurückzieht in Heim und Familie. Dieses Weltbild, das uns unsere Rolle bestätigt, uns mit uns zufrieden sein läßt.

Aus Witzen, schuheputzenden Politikerinnen, spottenden Frauen wird jenes Geschichtsbild lebendig, das ich zwar immer bezweifelt habe, das mich aber trotzdem nie ganz losgelassen hat. Es seien die Männer gewesen, die Geschichte machten, während die Frauen die Geschichte seien, meinte der berühmte Geschichtsphilosoph Oswald Spengler.

Was mir daran nicht gefällt?

Geschichte zu sein ist schließlich nicht die schlechteste Rolle.

Ich weiß! Aber hinter der so feministisch anmutenden Geschichtsphilosophie versteckt sich noch mehr: die Flucht der Männer aus der Welt der Frauen und der Rückzug der Frauen in sich selbst.

Spengler untermauerte seine Theorie damit, daß die Frauen nach der Teilung in eine männliche und eine weibliche Welt instinktiv gespürt hätten, daß sie ohnehin alles in sich selbst trügen und es nicht nötig hätten, hinauszugehen und sich selbst zu beweisen.

Klingt nicht so unvernünftig, meinst Du?

Auf den ersten Blick sicherlich. Beim zweiten sehe ich wieder spottende Frauen, Mütter und Töchter, die durchaus liebevoll den Vater, den Bruder und Freunde ein wenig herabsetzen. Es ist ein angenehmer und nicht böse gemeinter Zeitvertreib, aber indirekt sagt er dem Mädchen: Diese Welt da draußen, die Männerwelt, ist nicht so wichtig, wie es immer heißt. Sie sind zwar nach außen hin die Macher; bei den wichtigen Dingen des Lebens aber versagen sie. Ohne daß Mütter und Töchter es wissen, wird bei lustigen Späßen eine Anderswelt aufgebaut, die nicht mehr ganz so erstrebenswert ist, auch wenn das Mädchen in dieser männlichen Welt etwas erreichen will, wenn sie z.B. eine große Politikerin werden möchte.

Das Ziel liegt ja in einer Welt, die von Versagern bevölkert ist, und aus dem Lager der Frauen tönt es mit belustigter Stimme: »Warum bleibst du nicht bei uns, hier, wo sich das echte Leben abspielt, wo die sind, die dieses Leben schaukeln?«

Das Mädchen auf der Wiese, es hörte die Stimme nicht wirklich, aber es spürte sie, so, wie viele Frauen sie spüren, bei denen sich Beruf und Berufung hinter weiblichen Idealen anstellen müssen.

Aber nicht nur das Mädchen hört die Stimme. Die Stimmen aus der Frauenwelt hallen weiter. Und sie werden von anderen Stimmen begleitet, vom Echo, das aus jener Zeit heraufklingt, zu der sich die Frauen zurückzogen. Historisch fällt sie wahrscheinlich mit dem Auszug aus dem behüteten Stammesleben zusammen. Das Leben in Dörfern und Städten zog einen Graben zwischen Männern und Frauen.

Spengler sprach einmal davon, daß sich die Männer von den bis dahin gewohnten biologischen Rhythmen und Prozessen der Frauen ausgeschlossen gefühlt hätten. Isoliert seien sie gewesen, meinte er, hätten sich in Aggressivität und Chauvinismus zurückgezogen und damit den Grundstein für die männlich geprägte Gesellschaft der letzten Jahrtausende gelegt.

Wir scheinen wieder bei den Witzen über Männer angelangt zu sein, denn die Schutzlosigkeit unserer Vorväter ringt mir beinahe ein Schmunzeln ab. Weniger schmunzelnd stelle ich mir dann vor, wie die alleingelassenen und enttäuschten Männer ihre Hilflosigkeit in Gewalt umsetzen. Ernst aber werde ich, wenn ich mir die blutigen Gemetzel vorstelle, die Kriege, die diese von den Männern geprägte Geschichte kennzeichnen. Oder ist sie doch nicht nur ausschließlich von Männern geprägt, wie ich in einem meiner ersten Briefe behauptet habe? Hat Spengler in einem ganz anderen Sinn recht, wenn er behauptet, es seien die Frauen, die Geschichte sind?

Wäre die Geschichte anders, friedlicher verlaufen, wenn sich die Frauen nicht zurückgezogen, nicht zugelassen hätten, daß diese Welt von einem männlichen und einem weiblichen Prinzip geprägt wurde? Würde sie in Zukunft anders aussehen, wenn wir Frauen einsähen, daß die Trennung lange genug gedauert hat, daß es Zeit für den ganzen Menschen ist?

Für einen Menschen, der im Sinne des Thomas-Evangeliums das Königreich erst dann betreten wird, wenn er weiblich zu männlich und zu einem einzigen macht und das Männliche nicht männlich und das Weibliche nicht weiblich ist.

Welches Königreich und welches Thomas-Evangelium?

Du kennst keinen Evangelisten, der Thomas heißt?

Ich weiß, dieses apokryphe Evangelium, das die Kindheitsgeschichte Jesu beschreibt, wird in unseren Kirchen nicht verkündet, und das Königreich darf sich jeder selbst ausmalen; für mich ist es das Symbol einer schöneren Gesellschaft, die wir erleben könnten, wenn wir Frauen nicht länger in unserer weiblichen Gegenwelt verharren würden, die so friedlich aussieht und trotzdem die Wurzeln für die blutige Männerwelt in sich trägt.

8. Dezember

Die Witze und die abfälligen Äußerungen über Männer haben mich nicht losgelassen. Den ganzen gestrigen Tag spukten sie in meinem Kopf herum: während der Arbeit, auf der Straße, sogar während des Konzerts am Abend. Und sie spukten nicht nur im Kopf, sie spukten auch in der Wirklichkeit.

Die Sekretärin, die mir beim Kaffeekochen erklärte, wenn nicht sie für den starken Aufputschtrunk sorgen würde, wäre »die ganze Bude« längst eingegangen. »Der da drin hält sich nur mehr mit Zigaretten und Kaffee aufrecht! Und wenn ich den nicht kochen würde, wäre er zu gar nichts mehr fähig!« Er war dann sehr wohl fähig, die Tür aufzureißen und wütend nach der fälligen Tasse Kaffee zu brüllen. Er bekam ihn mit niedergeschlagenen Augen serviert.

Am Abend im Konzert: zwei Freundinnen, die etwas Nebensächliches erzählten. Der Schlußsatz: »So dumm können auch nur Männer sein!« fiel, als gerade zwei solcher Exemplare zu uns stießen. Sie waren plötzlich nicht mehr dumm, im Gegenteil, sie wurden eher begehrend angeblinzelt.

»Die ärgsten Feinde stehen im eigenen Lager!« Ich habe diese alte Weisheit längst von Dir erwartet, Mutter! Aber ich versuche nur, ehrlich zu sein, und je ehrlicher ich bin, um so entsetzter bin ich auch.

Darum lese ich neuerdings kein interessantes Buch mehr und

lasse mir auch nicht die Zeit vom Fernseher vertreiben. Deswegen muß ich weiterschreiben, an diesen Briefen weiterschreiben. Und ich bin gar nicht mehr so sicher, an wen sie eigentlich gerichtet sind.

Vielleicht habe ich sie an mich geschrieben?

Auf jeden Fall sehe ich jetzt manches deutlicher, vergesse langsam sogar die Geschichten von den bösen Männern und den armen Frauen. Nicht aber die von den Müttern, die über Tolpatsche lachen, ihre Söhne aber wiederum dazu erziehen. Und sie machen sie auch zu starken Männern, die, wie Du es bezeichnest, grobschlächtig sind. Sie erziehen sie zu Buben, die sich selber nicht kennenlernen dürfen, die nur nach draußen, in eine unerbittliche, männliche Welt schauen müssen.

Nur nach draußen!

»Jungen dürfen nicht weinen!« sagen noch immer viele von ihnen und wundern sich gleichzeitig, wenn eigene Tränen von den Männern als typisch weiblich abgetan werden. Und sie machen nicht nur aus kleinen Jungen unsensible Männer, sondern aus den Mädchen unlogische Frauen.

Drohst Du mir jetzt triumphierend mit dem Zeigefinger, meinst, mich endlich erwischt zu haben? Wirfst Du mir meine eigenen Worte über die männliche Logik vor, die ich auch den Frauen verschreibe?

Ob ich aus den Frauen verkappte Männer machen will? Ich stelle mir diese Frage selber, weiß nicht, ob es darauf eine Antwort gibt. Doch dann fallen mir die vielen Frauen an den Fließbändern ein, die ungezählten kleinen Angestellten, aber auch Lehrerinnen, Ärztinnen ... Sie alle müssen ganz gehörig strampeln, mitschwimmen in Gewässern, die von männlichen Krokodilen mit messerscharfem Verstand und gefühllos spitzen Zähnen bewacht werden. Wen wundert es, wenn sie mit weiblicher List versuchen, diese Gewässer zu erobern?

Weil sie sie erobern müssen! Gut ein Drittel aller Frauen geht arbeiten, die meisten von ihnen nicht aus Spaß, sondern weil das tägliche Essen nicht nur gekocht, sondern auch bezahlt sein will. Sie alle arbeiten als kleine Fische im großen Arbeitspool, als diejenigen, die ganz tief unten die Gewässer säubern; nur ausnahmsweise schwimmen sie als geduldete Alibifischchen zwischen den gefährlichen Krokodilen ganz oben herum.

Sie arbeiten in dieser Männerwelt. Daheim sind sie nicht in ihr. Das Tragische ist, daß sie nirgendwo mehr daheim sind! Nicht mehr in der Frauenwelt, noch nicht in der Männerwelt. Und nicht in sich selbst.

Warum nicht? Warum sind wir Frauen nicht in uns zu Hause? Männer sind es! Sie mögen alles mögliche sein, kein Einfühlungsvermögen haben, psychisch verkümmert sein – aber in sich zu Hause, das sind sie. Sie haben ihre feste Rolle, ihren fixen Platz in dieser Welt.

Gilt dies für Frauen nur deswegen nicht, weil sie zwischen Heim und Beruf hin- und hergerissen sind? Oder steckt mehr hinter dieser Heimatlosigkeit?

Die Sekretärin gießt wieder Kaffee ein und lacht über ihren Chef, ich höre die zwei Freundinnen im Konzert, sehe Mutter und Tochter auf unserer Wiese. Mütter, Frauen ...

Die vielen Frauen, die nicht mehr in sich selbst daheim sind und auch nicht draußen, weil sie in der männlichen Welt mit ihren eigenen Waffen kämpfen müssen, mit weiblichen Waffen, die nicht immer die ehrenhaftesten sind. Deswegen erziehen sie ihre Töchter, ohne es zu wissen, auch zu Intrigantinnen.

Und die Männer machen wir zu Kunstfiguren, zu denen wir einerseits aufsehen, über die wir andererseits auch gleichzeitig lachen können. Müssen wir Frauen deshalb ihre Logik erlernen, wenigstens durchschauen lernen, damit wir Gleiche unter Gleichen sind, um dann vielleicht den Schritt zur nächsten Stufe zu wagen, zu einem ausgeglicheneren ganzen Menschen? Könnte dies der Schlußstrich unter unsere Gespaltenheit sein?

Denn zerrissen sind wir …

Die Sekretärin ist verschwunden, ebenso die Freundinnen. In einem leeren Zimmer sehe ich eine Frau. Sie sitzt am Boden, fremd mit einem fremden Gesicht.

Oder kenne ich sie doch?

Ist es unser aller Gesicht?

Die Frau schimpft vor sich hin, schreit und protestiert. Als sich die Tür öffnet, schweigt sie, blickt mit einem Lächeln zu dem Mann im Türrahmen hoch. Auch dieser: fremd und bekannt zugleich.

Die Tür schließt sich. Jetzt wird die Unbekannte wieder lebendig. Die Frau macht Witze über den Eindringling, lacht lauthals und höhnisch.

Ist das die Männer-Frauen-Situation schlechthin?

Als sich die Tür erneut öffnet und der Mann ins Zimmer tritt, beginnen beide miteinander zu sprechen. Es ist ein ganz normales Gespräch, nichts ist zu merken von Wut, von Hohn und protestierender Verzweiflung. So geht es weiter. Unablässig.

Dazwischen lacht die Frau wieder, lacht über eigene Witze und überlegt dabei, wie der männliche Besucher hereingelegt werden kann.

»Eine Verrückte!« würdest Du sagen.

Sei vorsichtig, Mutter! Das Beispiel ist auf alle Frauen gemünzt.

22. Dezember

Die Weihnachtsgeschenke sind bereits eingepackt, übermorgen wird sich die ganze Familie bei Dir treffen. Heute muß ich aber noch schnell in unseren heimlichen Dialog einfügen, daß ich in letzter Zeit öfter von Dir geträumt habe.

Von Dir und von der Frauenschlange.

Sie ist noch ebenso widerspenstig wie die Kette vor vielen Monaten, aber in letzter Zeit bemerke ich, daß die Unruhigen eher am Anfang und am Ende der Reihe vor- und zurückreißen. Niemand zieht so energisch am Seil wie Du, Mutter – und wie ich, die ich mich in Gedanken längst der Traumkette angeschlossen habe.

Als ob wir flüchten wollten. Nicht nur der Schlange entfliehen, sondern gleich mit der ganzen Kette fliehen, als ob wir die anderen, die Zögernden, mit uns reißen wollten.

Ein Frauenzug auf der Flucht aus dem Gefängnis? Die letzten, die energisch zerren – haben sie es besonders eilig, unsichtbaren, aber um so bedrohlicheren Gittern zu entkommen? Sind wir Frauen dieses ausgehenden Jahrhunderts vielleicht in noch schlimmere Fesseln gelegt als unsere Urgroßmütter, die wir aus unserer Perspektive geflissentlich bedauern, weil die Zeiten für Frauen damals so schrecklich waren?

Waren sie es etwa gar nicht? Waren es andere Fesseln, solche, die nicht so schmerzhaft ins Fleisch drückten? Meine Anschuldigungen, all die Klagen gegen die Mütter – waren sie an Machtlose, an Gefesselte gerichtet?

Die Kleider der Frauen in der Wirklichkeit, draußen auf der Straße, neben mir in den Wohnungen, sie wehen nicht mehr so lang wie in der Traumfrauenkette. Sie sind kurz, die Röcke der jungen Mädchenmütter. Sie sind siebzehn, achtzehn, manchmal auch zweiundzwanzig oder vierundzwanzig Jahre alt. Nur im seltenen Fall dreißigjährige Spätesterstgebärende.

Gynäkologensprache! Ärzte lieben biologisch junge Mütter. Kein Gedanke an eingesperrte Hoffnungen, an gefangene Kinder, die in engen Wohnungen in hohen Häusern, im besseren Fall in weiten Wohnungen in niederen Häusern, ihre Kinder wiegen.

Leer sind sie immer, diese Wohnungen.

Die Frauen in den langen Kleidern in der Kette, auch sie waren junge Mütter, vielleicht noch jüngere. Aber sie waren nicht in leeren Wohnungen allein mit ihren Kindern. Für sie war immer jemand da: in der Großfamilie, auf dem Bauernhof, im kleinen Dorf. Kinderkriegen war keine so ernste Sache, die Kinder liefen nebenbei mit. Nicht nur neben der Mutter, auch neben Großeltern, Tanten und Onkeln und neben dem Vater, der meist noch daheim arbeitete.

Die Mutter war Mutter und mütterlich, aber sie hatte noch andere Aufgaben; auch war nicht nur sie für das Kind verantwortlich, nicht nur ihr schob man die Schuld an Fehlern in die Schuhe. So, wie ich dies in vielen Briefen gemacht habe.

Aber ich muß über andere Mütter schreiben, über die des zwanzigsten Jahrhunderts, Mütter, die gezwungenermaßen dieses Jahrhundert zu dem des Kindes machten.

»Gezwungenermaßen?« wirst Du fragen. Vielleicht auch: »War es ein schlechter Zwang?«

Ich glaube es beinahe! Die Maschinen schenkten den Frauen mehr freie Zeit und isolierten sie zugleich. Sie holten die Männer von daheim weg und ließen die Frauen allein zurück, zurück mit den Kindern, für die sie von heute auf morgen viel mehr Zeit hatten. Kinderpsychologie, Erziehungsstile, ja sogar eine eigene Mode für Kinder – all das wurde erst um die Jahrhundertwende geboren. Zuvor hatte man Kinder eher als kleine Erwachsene behandelt.

Aber die Maschinen sorgten nicht nur dafür, daß es plötzlich modern wurde, die Kindheit zu behüten; sie sind gerade wieder dabei, die Kindheit abzuschaffen. Die elektronischen Medien sind bereits eifrig an der Arbeit. Die Zukunft gehört kleinen Robotern und nicht der natürlichen Neugierde des Kindes.

Ich verdächtige dieses Jahrhundert des Kindes auch, weil Jahrhunderte, ebenso wie Jahre, die irgendwem zu Ehren getauft wurden, nur heuchlerische Trostpflaster sind. Sonst hätte es nach dem Jahr der Frau und dem des Kindes auch ein Jahr des Mannes geben müssen. Aber an dem war ja nichts gutzumachen.

Den Kindern haben die Maschinen und der Fortschritt die Selbstverständlichkeit der Großfamilie und der Natur weggenommen. Dafür sperrt man sie in Hochhäuser und in schöne Wohnungen, sperrt sie zu den anderen Eingesperrten, zu den Müttern, die an Wohnung, Haushalt und Kinder gefesselt sind – berufstätige Mütter zusätzlich gefesselt an ihren Beruf.

Die Frau im Stockwerk unter mir: Sie hetzt hin und her zwischen der Wohnung, den beiden Kindern, Schule, Hausaufgaben, Kochen, Waschen und einem Beruf, der ihr Spaß machen könnte, aber nicht macht. Im Beruf denkt sie an ungebügelte Wäsche, an schlechte Noten der Kinder, daheim an die aufgeschobene Arbeit im Büro.

Die Frau in der Wohnung nebenan: Sie ist allein mit dem Baby, allein von morgens halb acht bis sechs am Abend. Dazwischen hat sie, wie es der Ehemann verkündet, die Freiheit, daheim zu bleiben, sich der Pflege des Haushalts, der Erziehung des Kindes zu widmen.

Es ist nicht die Freiheit, die ich meine, denn zur Freiheit gehört die Möglichkeit der Wahl. Diese hat sie nie gehabt, auch wenn sie sich Ehe und Kind wirklich gewünscht hat. Der Wunsch wurzelte in der weiblichen Hypothek, die Ehe und Mutterschaft als das einzig Wichtige ansieht; andere Wurzeln als typisch weibliche Wurzeln, aus denen vielleicht ein befriedigender Beruf, eine interessante Aufgabe gewachsen wären, gab es nicht.

Die einzigen, die heute die Freiheit der Wahl haben, sind die Männer! Sie haben in der einen Hand das sichere Pfand, daß sie mit ihrem Leben machen können, was ihnen vorschwebt; mit der anderen Hand könnten sie freiwillig ihre Kinder streicheln. Nicht nur streicheln, sondern auch Verantwortung übernehmen. Vielleicht auch, wenn ihre Mütter es zulassen, selber die Rolle von Müttern übernehmen oder die von Vätern, von richtigen Vätern, nicht nur von Geldvätern.

Damit nicht nur immer die Frauen die Prügel bekommen. Damit die Töchter von morgen auch an die Väter Briefe schreiben können. Damit kleine Mädchen Vorbilder bekommen, kleine Jungen auch weinen dürfen. Damit Männer nicht so bereitwillig in den Krieg ziehen und damit Mädchen Politikerinnen werden, Politikerinnen, die Kriege verhindern und nicht so bereitwillig in gewalttätige Männerfußstapfen steigen. Damit alle Fußstapfen nicht so festgetreten sind in enge weibliche und große männliche.

Festgetreten?

Die Frau in der Mitte der langen Reihe von Frauen, die schon wieder durch mein Zimmer geistert, zeigt auf feste Schuhe, auf deutliche Fußstapfen. Ob sie eine Schneidersfrau des Mittelalters ist, ein Fürstentöchterchen der Renaissance, eine Bürgerstochter der Romantik?

Die Kleider, die Leute machen – ich kann sie nicht mehr sehen, die wehen zu sehr hin und her. Auf jeden Fall zeigt die Frau auf feste Schuhe, auf Schnürschuhe. Und sie zieht nicht, zerrt nicht an den anderen Frauen. Trotz den festen Schuhen.

Ist es ein Hinweis? Vielleicht auf die Frauenrolle von damals, die zwar eng und begrenzt war, aber auch in festen vorgezeichneten Bahnen verlief. Die Frau des Schneiders wußte, was sie in der Werkstatt und im Haushalt zu tun hatte, der Fürstentochter war klar, daß sie den vom Vater heiratspolitisch ausgewählten Grafen oder Fürsten ehelichen mußte, die Bürgerstochter konnte sich an fünf Fingern ausrechnen, daß sie einmal drei oder vier Kinder haben würde, die als Stützen des väterlichen Geschäfts vorgesehen waren.

Ziehen sie deshalb nicht? Weil das Leben der Frauen damals genau vorgeschrieben war, jedes Mädchen schon als Kind erfuhr, was als Frau einmal auf sie zukommen würde? Die Lasten waren im voraus abschätzbar. Freilich schwere Lasten!

»Das wäre genau das richtige für dich! Du würdest dich schön anschauen, wärst die erste, die dagegen ankämpfen würde!«

Hundertfünfzig, zweihundert Jahre nach dem sittsamen Bürgerstöchterchen rechne ich mir jetzt an meinen fünf Fingern aus, daß Du ähnliches sagen würdest, Mutter. Etwas anderes konnte ich mir nicht so sicher ausrechnen: meine Zukunft.

Wir Frauen finden heute breitere Straßen vor, vor allem verschiedene Wege – auch wenn sie noch immer festgetreten sind. Wer sagt uns je: Deine einzige Berufung ist, Ehefrau und Mutter zu sein! Nicht einmal Du, Mutter! Auch Du weißt, daß diese Zeiten endgültig vorbei sind, daß sich so vieles geändert hat. Theoretisch steht uns heute die Welt offen. Besser noch, es stehen uns mehrere Welten offen: die Männerwelt draußen, die Frauenwelt drinnen und unsere verschiedenen Seiltänze dazwischen. Und all das Unbehagen: das in der Wohnung nebenan, wo die Nachbarin hofft, das Kind würde ihr all das ersetzen, was sie draußen versäumt; das Unbehagen und die Hetzerei in der Wohnung der berufstätigen Mutter unter mir, Dein Unbehagen, wenn wir über Frauenthemen sprechen, das Unbehagen, mit dem ich diesen Brief schreibe – all das kommt von dieser Wahlmöglichkeit, die uns nur in der Theorie, nie jedoch in der Praxis offensteht.

Wenn die Frau neben mir ihr Baby nicht nur streichelt, sondern es manchmal sogar haßt, dann tut sie es, weil sie von den Möglichkeiten weiß, die ihr das Kind verdirbt. Möglichkeiten, die ihr Mann erleben darf. Vielleicht ahnt sie diese Möglichkeiten auch nur; die Frau des Mittelalters kannte solche Ahnungen nicht. Für sie war die Zukunft genauso hart umrissen wie die Gegenwart, aber sie war fest umrissen.

Die Frau mit dem langen Kleid braucht sich nicht länger zu bücken und auf die Schnürschuhe zu zeigen. Ich weiß jetzt, daß man darin eingesperrter ist als in Sandalen, weiß aber auch, daß man darin mehr Halt findet. Für die Frau in der Mitte der Reihe hatte das Gefängnis zwar Mauern, aber es waren selbstverständliche Mauern, solche, die alle Frauen einengten und deshalb nicht in Zweifel gezogen wurden. Waren sie zwischen den Mauern freier als wir?

Es war eine abgeschlossene, festgefügte Welt. Es waren keine Freiheitsgefängnisse, wie es unsere modernen Wohnungen sind, in denen Frauen mit ihrer Freiheit kämpfen, die zu oft Einsamkeit, Unerfülltheit und Zerrissenheit bedeutet.

Die beiden Nachbarinnen: die eine allein und einsam, die andere allein, weil ihr niemand hilft, die vielen Stunden voll von Arbeit, Berufs-, Mutter- und Haushaltspflichten zu bewältigen. Ob sie beide ihre Töchter wieder zu neuen Zerrissenen erziehen, die Söhne zu Ignoranten?

Die Frage stimmt mich traurig. Ich befürchte beinahe, daß sie sich in voller Tragweite noch nicht beantworten läßt. Oder gibt es eine Antwort darauf, wie krank oder gesund die Kinder von hin- und hergerissenen Frauen, von seelisch kranken Müttern sind?

Du meinst, daß ich übertreibe?

Nimm ein anderes, ein einfacheres Beispiel, und stell Dir vor, wie gut ein Festessen schmeckt, wenn Du beim Kochen schlecht aufgelegt bist. Es gibt Leute, die davon nicht einmal kosten würden. Negative Gedanken und Strahlen beeinflußten es, meinen sie. Du mußt gar nicht so weit gehen – nur zugeben, daß es wahrscheinlich bei weitem nicht so köstlich wird, wie wenn Du mit Lust und Laune kochst.

Ähnliches geschieht bei der Erziehung: Unser Verhältnis zu uns selber, zu unseren Mitmenschen, zu unserer Umwelt ist der Stoff, aus dem kleine Kinder nicht nur ihre Träume, sondern auch ihre spätere Welt aufbauen. Ist unsere eigene Welt eine sichere und lustvolle Welt, so wird es auch die ihre sein, ist sie eine zwiespältige, so werden auch die Kinder zu Zerrissenen.

Die Verunsicherung der Mütter kennen wir: In den Mittelstandsfamilien der Großstädte haben die Frauen und Mädchen den halben Weg zur Emanzipation bereits zurückgelegt – auf den ersten Blick ein Grund zum Jubeln, auf den zweiten Blick (auf den, der auf die Kinder fällt) ein eher trauriger Blick; die halbe Emanzipation hinterläßt Zweifel und seelische Wunden, die Mütter von den Kindern kurieren lassen. Allzuoft wird der Nachwuchs zur Ersatzkarriere der Mutter.

Du findest ihn nicht einmal so schlecht, den Ausdruck? Ich weiß, Mama, er klingt nach emanzipiertem Muttersein. Aber dies ist es leider nicht. Noch haben sich die wenigsten Frauen bewußt und freiwillig dafür entschieden. Noch ist es leider wieder einmal ein Beweis dafür, daß man, auch wenn man das Gute will, etwas Böses bewirken kann.

Daran sind nicht nur unbewußte Mütter schuld. Genauso sind es die abwesenden Väter und vor allem die isolierte Situation der Kleinfamilie. In dieser sind Kinder voll und ganz der Mutter ausgeliefert – und diese wiederum dem Alleinsein und der Unsicherheit.

So wird oftmals Ohnmacht zu Macht. Mütter stürzen sich mit aller Liebe, mit besten Vorsätzen und mit den größten Hoffnungen auf eine glänzende Mutterkarriere: auf die Erziehung. »Mamasyndrom« nennen Wissenschaftler in Amerika diese Entwicklung, deren Folgen noch nicht abzusehen sind. An ihrem Ende stehen Erwachsene, die diesen Namen nie verdienen, weil sie immer abhängige und zugleich fordernde Kinder bleiben werden, die ihre Sucht nach Liebe mit Alkohol, Drogen und der Flucht in psychische oder physische Krankheiten beantworten. Am anderen Ende stehen Mütter, die nicht mehr mit Hieben, sondern mit Liebe erziehen.

Dazwischen steht die große Frage, wie sich die ohnmächtige Macht der Mütter auf weitere Generationen auswirken wird. Die Kleinfamilie mit der dominierenden Übermutter, die an eigener Machtlosigkeit leidet, ist erst wenige Generationen alt; trotzdem wird sie angesichts dessen, was sie bereits an Unheil angerichtet hat, schon als Anachronismus bezeichnet.

Wahrscheinlich verstehst Du jetzt überhaupt nichts mehr.

Auch ich habe die bösen Streiche, welche die scheinbare Emanzipation den Kindern spielt, bis vor wenigen Tagen ebenso wenig verstanden wie die dominierende Übermama.

Bis ich in der vergangenen Woche eine Freundin vom Zug abholte.

Der Zug hatte Verspätung; so blätterte ich in der Wartehalle in einer psychologischen Zeitschrift und bekam das praktische Beispiel zur Theorie auch gleich von einem kleinen Jungen mitgeliefert. Er wartete mit seiner Mutter ebenfalls auf den Zug. Es war eine moderne Mutter, schick, selbstsicher und anscheinend auch eine gute Mutter: Sie hatte jede Menge Geduld mit dem etwa drei Jahre alten Buben, erklärte ihm sein Bilderbuch ebenso genau wie die kleinen Tabak- und Zeitungsgeschäfte in der Halle, besprach ernsthaft mit dem Sprößling, was sie am nächsten Tag unternehmen wollten, und blieb sogar gelassen, als der Kleine begann, den Zeitschriftenstand zu plündern. Ihre einzige Reaktion darauf war: »Wenn du nicht aufhörst, hat dich die Mutti nicht mehr lieb, dann bleibst du hier, und sie geht fort!«

Eine Viertelstunde zuvor wäre mir diese Drohung noch völlig harmlos erschienen, aber die Zeitschrift, die ich in der Hand hielt, während ich das immer länger werdende Gesicht des kleinen Jungen betrachtete, behandelte zufällig ein Thema, das genau in die Situation paßte: den Liebesentzug als die Peitsche dieses ausgehenden Jahrhunderts.

Heute prügelt man nicht mehr, aber niemand findet etwas dabei, einem Kind zu drohen, es allein zu lassen, es nicht mehr zu lieben. Schließlich haben wir alle unsere Lektionen gut gelernt. Moderne Mütter wissen mehr über Erziehung als alle anderen Generationen vor ihnen; das richtig erzogene Kind, sein gepflegtes Äußeres, seine Umgangsformen, seine schulischen Leistungen sind zu den Visitenkarten der Mütter geworden. Vor allem aber ist nichts verpönter als eine Erziehung von anno dazumal.

Hierbei scheint es den Kindern genauso zu ergehen wie den Frauen. Sie leiden an den Fehlern und Unsicherheiten des neuen Systems, und die Sicherheit alter Zeiten ist unwiderruflich vorbei. Den Kindern von damals mag das Hinterteil nach einer Tracht Prügel ganz schön weh getan haben, aber der körperliche Schmerz ging vorbei; über den Kindern von heute liegt das »Ich liebe dich nicht mehr, ich gehe weg!« als eine immerwährende Drohung. Das hilflose Kind, das von den Krücken der Erwachsenenlogik noch nichts weiß, spürt sehr genau, daß es nichts anderes hat als die Liebe der Mutter. Es bleibt ihm gar nichts anderes übrig, als sich diese Liebe mit allem, was es tut, zu erkaufen. Dieser Handel mit dem Objekt Liebe hat weitreichende Folgen. Das Kind lernt, daß es, koste es, was es wolle, auf die Launen und Wünsche der Mutter eingehen muß. Später sind es Kind gebliebene Erwachsene, die nur reagieren, sich nur nach der Außenwelt richten und der zunehmenden Vermassung unserer Gesellschaft kein eigenes Ich entgegensetzen können.

Die Folgen dieser Vermassung, die zunehmende Heimatlosigkeit des Menschen, der sein eigenes Ich nie kennenlernen durfte, sehen wir überall: nicht nur in der seelisch kranken Gesellschaft selbst, sondern auch darin, was diese Gesellschaft mit ihrer Umwelt anstellt.

Du glaubst, daß das achtlos hingeworfene »Ich mag dich nicht mehr!« nicht so schlimm ist?

Weit gefehlt! Untersuchungen haben bewiesen, daß nicht einmal eine angedrohte Tracht Prügel Kinder so verunsichert und verängstigt wie die tägliche »liebevolle« Erpressung der Mütter. Die Antwort darauf geben erst verunsicherte Erwachsene, deren Unsicherheit ihren Grund in den wechselhaften Gefühlsbädern der Mütter hat. Ihrer selbst nicht sicher, zeigen sie dem Kind einmal die kalte Schulter, ein nächstes Mal überhäufen sie es mit Liebe; vor allem aber darf der kleine Mensch nie seinen eigenen Willen durchsetzen, denn das wäre ein Attentat auf die mütterliche Ehre, und die Kraft und Selbstsicherheit, ein solches zu ertragen, haben die wenigsten Mütter.

Darum wird mit der Liebe hin- und hergewedelt. Einmal ist sie im Übermaß vorhanden, dann verschwindet sie wegen des kleinsten kindlichen Fehlers – je nach Lust und Laune der Frau Mama.

Auch der kleine Mann in der Wartehalle war verunsichert. Ein drohender Fingerzeig und ein bestimmtes »Nein!« hätten das Zeitungsausräumen wohl auch verhindert, wären aber später schnell vergessen worden. Mit dem Alleinsein war es etwas anderes, vor allem, weil dieses plötzlich wieder in Gemeinsamkeit und überschäumende Liebe umgewandelt wurde. Der Lautsprecher kündete die Ankunft des Zuges an und damit anscheinend die des Herrn Papa. Das Gesicht der Mutter hellte sich auf, freudestrahlend hob sie den Jungen in die Höhe und küßte ihn ab, um dann Hand in Hand mit ihm auf den Bahnsteig zu laufen. Auch ich ging schnell hinaus, um meine Freundin abzuholen. Auf dem

Bahnsteig erspähte ich noch einmal das Gesicht des Kindes: Es war verwirrt und dankbar zugleich.

Es ist mir seitdem nicht mehr so ganz aus dem Kopf gegangen.

Und wenn ich jetzt wieder in der psychologischen Zeitschrift blättere, die das ständige gefühlsmäßige Wechselbad moderner Kinder als Wurzel vieler Neurosen, als den Grund für Pessimismus, für Ängste und Depressionen bezeichnet, so geistert der Junge dazwischen. Wird er im späteren Leben zur Seite der absolut Angepaßten gehören, total vom Applaus der Umwelt abhängig sein, Alleinsein und Kritik fürchten? Hat er es schon so trefflich gelernt, auf die Bedürfnisse der Mutter einzugehen, daß er nie ein eigenes Selbstwertgefühl bekommen, sondern zu den ewigen Jasagern gehören wird? Oder reagiert er später das kindliche Bedürfnis nach uneingeschränkter Liebe der Mutter auf eine andere Art und Weise ab? Wird er später zur großen Zahl der Drogenabhängigen gehören und die bedingungslose Liebe, die ihm als Kind gefehlt hat, in der Betäubung durch einen chemischen Traum suchen? Wird er in eine Sekte fliehen, in eine Krankheit oder in den Alkoholismus, als dessen Ursache amerikanische Psychiater zu 80 Prozent eine dominierende Mutter vermuten, die das Kind trotzdem immer wieder enttäuscht?

Kinder brauchen Liebe und vor allem liebevolle, ausgeglichene Mütter, heißt es in der Zeitschrift, und ich denke daran, wie leicht sich dies sagen und wie schwer es sich verwirklichen läßt. Schließlich soll dem Kind ja auch gezeigt werden, wie man in dieser Welt zurechtkommt.

Ich erinnere mich dabei an ein seltsames Inselvölkchen. Die Trobriand-Insulaner haben es da leichter. Ihr Brauch, einen Onkel quasi als Zuchtmeister der Kinder anzustellen, hat mich schon immer fasziniert. Dieser spielt den Lehrer, den Erzieher, und wenn nötig, teilt er Strafen aus. Die Eltern dagegen sind liebende Kameraden, bei denen sich die Kinder sicher und geschützt vorkommen.

Ja, Mutter, ich weiß schon, die Erziehungssysteme irgendwelcher Eingeborenen sagen Dir nicht viel. Vielleicht aber weisen sie uns auf die Fragwürdigkeit der heutigen Mutterrolle hin: Vielleicht auch darauf, daß nicht nur die Frauen und Mütter die Hilfe der Dorfgemeinschaft, der Sippe und Großfamilie verloren haben, sondern auch die Kinder ein größeres und mannigfaltigeres Blickfeld hinaus in die Welt der Erwachsenen.

Die moderne Kleinfamilie läßt dem Kind keine andere Möglichkeit, als sich nur nach der Mutter zu richten. Früher gab es mehrere Geschwister, Onkel, Tanten, Großeltern, Mägde und Knechte, die für Kinder Vorbilder waren. Heute ist es nur mehr die Mutter. So gilt es für das Kind, nicht nur um jeden Preis deren Liebe zu erkaufen – die Mutter ist auch die einzige Identifikationsmöglichkeit.

Ab dem zweiten Lebensjahr beginnt ein Kind, sich sehr genau in der Welt rundherum umzuschauen. Sie wird zum Vorbild für das spätere Leben. Und für viele Kinder wird dann die besorgte Karrieremutter zur Übermutter, die ihre Kinder nie mehr losläßt. Die Töchter identifizieren sich mit der zwiespältigen Mutterrolle der halbemanzipierten Frau, die Söhne kommen auf andere Art und Weise zu kurz. Sie können sich nur mit Vätern identifizieren, die in der Familie eher zu Gast als zu Hause sind, oder mit den Männlichkeitsbildern im Fernsehen.

Du wirst Dich fragen, warum ich plötzlich so versessen auf männliches und weibliches Rollenverhalten bin. Ich weiß – ansonsten lehne ich solch ausgetretene Fußstapfen immer ab. Aber wir sind noch nicht so weit, daß Kinder sich selbst gehören. Vielleicht sind wir auch nicht mehr so weit. Vielleicht gehörten sich frühere Kinder viel mehr selbst als die von heute, deren Grenzen die der Wohnungen und der Städte sind und deren Himmel die Liebe der Mutter ist.

Darum gehören heute Kinder mehr denn je den Müttern, und diese geben ihnen ihre Vorstellungen von Geschlechtszugehörigkeit mit. Der Sohn lernt aus Erzählungen, aus Berichten der Mutter, was Mann sein heißt, als weibliches Vorbild prägt sie seine späteren Vorstellungen von der Frau.

Die Welt unserer Kinder ist eine Mama-und-Frauen-Welt, die beide einschnürt: die Kinder, die von leidenden und unsicheren Müttern im Namen der Liebe ausgenützt werden, und die Mütter, die sich ebenfalls im Namen einer zweifelhaften Mutterliebe ausnützen lassen. Die einzige Möglichkeit, um dieser Welt zu entkommen, sind bewußtere Frauen, die andere Lebensformen fordern, Mütter, die sich weigern, weiterhin alle Last auf ihren Schultern zu tragen.

Ich weiß, Du hast die Last gern getragen. Aber hast Du auch daran gedacht, daß sie unbewußt auf die Kinder abgewälzt wird? Darum brauchen wir die tatkräftige Hilfe der Männer in den Familien; noch besser wären alternative Lebensformen, welche die Kleinfamilie abschaffen. Ob Wohngemeinschaft, Nachbarschaftshilfe oder eine neue Art der Großfamilie ist eine Frage des Geschmacks – auf jeden Fall entlasten sie Mütter und Kinder.

Du schüttelst den Kopf, Mutter, glaubst es nicht?

Schau nach vorn zu den wenigen neuen Müttern, oder schau zurück: Dein Platz in der Mitte ist der schlechteste! Die Bürgersfrau des Mittelalters wußte genau, wie sie ihre Kinder erziehen sollte, vor allem konnte sie nicht viel falsch machen. Die Bauersfrau des vergangenen Jahrhunderts erzog kleine Bauern und kleine Bäuerinnen.

Sie waren besser dran als Du, Mutter! Schau um Dich: Wir alle zerren und reißen, spüren die Gitter überall und kommen doch nicht aus dem Gefängnis heraus.

Nicht nur, weil es keine Mauern mehr sind, sondern schwerer durchschaubare Gitter; auch, weil wir den Schlüssel für die Gefängnistür in unseren eigenen Taschen haben.

In den eigenen Taschen ...

30. Dezember

War es der bevorstehende Weihnachtsfriede, weshalb ich letztes Mal mitten im Satz aufhörte, oder war es jenes dumme Gefühl, das man hat, wenn man lange nach der Brille sucht, um sie dann auf der eigenen Nase zu entdecken? Ich weiß es nicht, weiß nur, daß der Brief kein Brief über Frauengefängnisse werden sollte, sondern ein Brief an Dich, Mutter. Und daß ich in dem ganzen langen Brief eigentlich nur sagen wollte, daß Du Deine Sache so gut gemacht hast, wie Du nur konntest.

Welche Sache?

Nun, natürlich meine Erziehung. Obwohl ich dieses Wort nicht mag, denn es drückt so treffend aus, was wir mit unseren Kindern machen: sie in eine ganz bestimmte Richtung ziehen. Diese Richtung ist bei den Mädchen von den Fesseln der Frauen bestimmt, die man heute kaum mehr sieht, die deswegen aber besonders tückisch sind. Bestimmt auch von der Machtlosigkeit der Frauen, von dem Gefängnis, dessen Gitterstäbe Frauenängste und die Hoffnungen von Frauen sind.

Aus diesem Gefängnis heraus hast Du sicherlich Dein Bestes getan. Entfliehen konntest Du ihm nicht. Die Schlüssel zum Tor des Gefängnisses hatte schon Deine Mutter in ihren Taschen versteckt. Sie wußte nichts davon, aber es war ihr Schlüssel, der im Schloß Deiner heutigen Gefängnistür knirscht.

Ich frage mich, wie weit es mir gelungen ist, die Gitterstäbe meiner Gefängniszelle auseinanderzubiegen. Wenn sie nicht mehr ganz so eng sind, hast Du mir die Kraft dazu gegeben.

Aber das wirst Du wahrscheinlich nie erfahren. Morgen ist der letzte Tag dieses Jahres, hier vor mir auf dem Tisch liegen, fein säuberlich geordnet, 35 Briefe. Ich weiß nicht, ob ich sie jemals abschicken werde. Sie sind zu traurig! Und ich fühle mich nach dieser Zeit des Fragens, Zweifelns und Suchens so, als ob ich am Eingang eines riesigen Labyrinthes stehen würde ohne Hoffnung, je einen Ausgang zu finden.

Wo in diesem Irrgarten ist der Punkt, wo wir Frauen uns verlaufen haben? Ist es ein weibliches Labyrinth oder ein männliches, in dem wir uns verirrt haben?

Das labyrinthische Spiel nimmt mich gefangen; am berühmten Faden der Ariadne gelange ich zurück zur Minotaurus-Sage und zu Theseus, der sich durch den magischen Irrgarten hindurchfand, weil ihm seine Geliebte einen Faden mitgab. Ariadne war Mondpriesterin und die Verkörperung der Weisheit. Haben ihre späteren Geschlechtsgenossinnen den magischen Faden, die weibliche Weisheit, verloren, als sie in die abgeschlossene Welt der Frauen zurückzogen, vielleicht auch abdrängen ließen? Wurde das Labyrinth erst recht zum Irrgarten, als es nur mehr ein männliches war?

Theseus gelang es nicht nur mit Hilfe des sagenumwobenen Fadens, den Minotaurus zu besiegen, der das Sinnbild des verwirrten Geistes sein könnte; er umarmte am Ende seiner Reise auch Ariadne und gelangte damit zu Weisheit und Stärke, wie es so schön heißt.

Weisheit ... Die weise Mondpriesterin Ariadne ...

Denkst auch Du jetzt wieder an die weisen Frauen, an die Hexen als Bewahrerinnen uralten Wissens?

Überall kommt einem die Weisheit im weiblichen Gewand entgegen, der Logos, das abstrakte Denken, im männlichen. Gibt es also doch Unterschiede, muß es sie geben? Haben die Frauen recht, die sich auch heute wieder auf typisch weibliche Werte berufen?

Das Labyrinth wird noch rätselhafter. Und mir fehlt der Faden der Ariadne. Oder ist das der Fingerzeig?

Ariadne begleitete ihren Geliebten mit ihrer Weisheit, gab ihm die Intelligenz des Weiblichen mit, ohne deren Hilfe Theseus sie nach seiner langen Suche nicht hätte umarmen können. Mir kommt eine andere Männerbeschützerin in den Sinn: jene Circe, die wir nur als Schweineverwandlerin von Odysseus' Männern kennen. Über dieser Zauberei vergessen wir, daß sie es war, die dem Helden Mut machte, als er durch die unbekannten Hallen des Hades zum blinden Propheten Tiresias mußte. Und Odysseus, dessen Reise durch das Land der Toten ja beinahe der durch ein Labyrinth gleicht, winkt mir aus der Vergangenheit herauf, um mir zu erzählen, daß der blinde Prophet Tiresias nicht nur blind war, sondern auch androgyn.

Wieder einmal ein Hinweis auf den ganzen Menschen? Doch was nutzen mir all die vielen Hinweise, was nutzt ein Labyrinth und sein Faden ohne den Ausweg, den ich nicht sehen kann?

Wo ist unser Ausweg, wo der Pfad, der uns alle, Männer und Frauen, aus dem Verwirrspiel hinausführt? Ist es die Weisheit oder der Logos?

Wie oft habe ich mir diese Frage schon gestellt! Wenn ich mit heimlichen Fragezeichen im Kopf behauptete, Frauen müßten die manchmal so zerstörerische Denkart der Männer annehmen, um in der männlichen Arbeitswelt zu bestehen, wenn ich Kriege und Grausamkeiten als eine Entartung eben dieses Geistes bezeichnete, wenn ich die zwiespältige Rolle überdachte, die gerade die Mütter im Dienste dieses Logos spielen, wenn sie ihre Kinder in Schulen schicken, die alle Wurzeln der Weisheit zerstören.

Der Faden der Ariadne ... Ist er es, der mir plötzlich sagt, daß die Antwort sehr einfach ist? Der Faden begleitete Theseus – und die Antwort heißt nicht entweder – oder, sondern sowohl als auch! Wir haben lange genug Trennlinien gezogen. Zwischen Männern und Frauen, Geist und Gefühl. Wir müssen beides vereinbaren lernen.

Aber wie vereinbaren? Das Labyrinth verheißt das Tor auf der anderen Seite, aber noch immer nicht den Weg.

Ob mir Circe, die Listenreiche, helfen kann? Die so verführerisch weiblich wirkende Magierin? Sie verwandelte Odysseus' Mannschaft in Schweine, um auf die Streiche hinzuweisen, die unser Geist uns manchmal spielt, und sie ermutigte Odysseus, den Weg in das Ungewisse zu gehen, hinabzusteigen in den Hades, dessen Durchquerung als Prüfung gedacht war.

Ist das ihre Botschaft?

Erst im Land der Toten erkannte Odysseus seine Unwissenheit. – Müssen auch wir in einem Niemandsland erkennen, daß rein logisches Denken Unwissenheit bedeutet, daß es nur ein Wegweiser zur allumfassenden Weisheit sein kann? Ein Wegweiser, dem wir aber folgen müssen, weil auch das erstrebenswerte weibliche Weisheitswissen nach so vielen Jahren, in denen es verlorengegangen war, nicht aus dem Nichts auftauchen kann?

Ich weiß, Mutter, das klingt wahrlich labyrinthisch! Aber wir müssen gar nicht so weit zurückgehen, nicht ins Reiche des Todes, nicht einmal in Labyrinthe. Heute wahrscheinlich nur in eine Zwischenwelt, die nicht ausschließlich weiblich oder männlich ist, möglicherweise auch in eine Welt, in der Intelligenz, kritisches, logisches Denken sogar gefragt sind – nur nicht als allein seligmachend hingestellt werden. Dieses Denken, ein neues Bewußtsein und ein größeres Wissen um die Geschichte von uns Frauen könnten die Leitern zurück und vorwärts zur Weisheit sein.

Ariadne und Circe scheinen mir jetzt nicht nur das Tor, sondern auch den Pfad gezeigt zu haben. Während zu Beginn der Geschichte der Menschheit der männliche Logos aus der weiblichen Weisheit geboren wurde, müssen wir uns heute auf den

Weg zurück machen, um vorwärts zu kommen, müssen mit Hilfe des Logos die ursprüngliche Weisheit neu entdecken und erfahren.

Gibt uns die scharfsinnige Circe auch noch einen anderen Fingerzeig? Sie war es, die Odysseus auf die unsichere Reise schickte – ist es auch für uns Frauen von heute an der Zeit, in unbekannte Gebiete aufzubrechen, unsere wirkliche Erbsünde aufzuarbeiten, vor allem aber einmal die Kinder vorauszuschicken, um wenigstens die Generationen nach uns von der Erbsünde der Mutterschaft zu befreien?

Ich weiß, Mutter, ich bin wieder einmal in der Frauenwelt angelangt, vor deren Tür mein Besen allzugut zu kehren wußte. Und ich muß leider zugeben, daß ich tatsächlich tiefen Haß gefunden habe, wo mir Liebe gelehrt wurde, verschlossene Ohren und Augen, wo wir beide weit öffnen sollten; ich habe Frauen das Feuer der gewaltsamen Männerwelt schüren sehen, vor allem habe ich Mütter gesehen, die immer wieder Hoffnungen zerstören.

Ich gebe zu, ich habe wenige Männer gesehen. Aber es war die Frauenwelt, in die ich zurückkehren wollte. Und diese Welt sperrt die Männer inzwischen aus. Den Schlüssel haben die Frauen in der Tasche. Sie müssen nur selber aufsperren, selber aus ihrem Gefängnis heraustreten.

Mit ihren Kindern und durch ihre Kinder.

Neue Mütter mit neuen Kindern.

Mütter, die um die Worte von Laotse wissen:

Der Uranfang des Universums
ist die Mutter aller Dinge
Kennt man die Mutter, so kennt man die Söhne ...

Bislang schließen wir noch von den Töchtern auf die Mütter, von den Müttern auf die Töchter, und deshalb besteht auch wenig

Aussicht, daß wir uns in der Mitte treffen, dort, wo keine Gitterstäbe sind, keine Geschlechtergrenzen.

Aber vielleicht entdecken wir Frauen den Schlüssel, finden ihn in uns selbst und in Müttern, die nicht nur biologische Mütter sind, sondern auch geistige.

Vielleicht ist die zweite Mutterschaft die letzte Chance für uns alle, der Weg in jenes Paradies, wo Frauen männlich und weiblich sein dürfen und Männer weiblich und männlich, wo Kinder Kinder und nicht Liebesersatz sind – die Menschen von morgen.

31. Dezember

In zwei Stunden beginnt ein neues Jahr. Ich schreibe einen allerletzten Brief, obwohl ich schon gestern Schluß machen wollte. Aber dieser Schluß war zu schön, zu harmonisch. Kein Schluß für mich.

Nun weiß ich es sicher: All diese Briefe galten nicht Dir. Sie waren an mich gerichtet. Und ich will keine schönen harmonischen Schlußakkorde. Nicht so schöne wie im Lied von Milva, das ich gerade noch begeistert mitsummte, in melancholischer Jahreswechselstimmung. Einschmeichelnd dazu die Stimme der italienischen Pantherin:

»Ich mag dich, weil du klug und zärtlich bist.
Und doch, das ist es nicht allein.
Du zeigst mir immer, daß es möglich ist,
ganz Frau und trotzdem frei zu sein!«

Trotzdem frei!

Die vielen Briefe des vergangenen Jahres waren erfolgreich. Meine Melancholie wandelt sich zu purem Hohn. Wer ist schon ganz Frau? Wer trotzdem frei? Was soll das »trotzdem«?

Die historische Frauenschlange windet sich durch die letzten Töne des Liedes. Sie alle waren und sind nicht »trotzdem frei«. Ihnen zeigte und zeigt niemand etwas. Schon gar nicht Freisein.

Die Schlange windet sich in friedliches Kerzenlicht und macht mich zornig.

Ich weiß jetzt, warum ich keinen schönen Schluß haben wollte, so, wie ich keine schönen Frauenbefreiungslieder will – schon gar keine, in denen Männer Frauen etwas zeigen.

Ich will mir alles selber zeigen! Auch wenn es nicht schön, sondern traurig ist, auch wenn ich ein Jahr lang ehrliche und manchmal bittere Briefe schreiben mußte, bei denen ich zum Schluß darauf kam, daß sie mir selbst gelten.

Der Frau in mir!

Ich will Visionen von mehr Freiheit und mehr Selbstbewußtsein für uns Frauen entlarven, die so lange Visionen bleiben, wie wir nicht selber die Stolpersteine dafür wegräumen. Zuerst die großen Stolpersteine in uns selbst, dann die vielen kleineren der Männergesellschaft.

Ich will mich schämen, wenn ich »ja« sage und »nein« meine. Ich will nicht länger über die Herrschaft der Männer jammern, weil sie in ihren Wurzeln eine Frau-und-Mutterschaft ist. Ich will diese Herrschaft auch in dem entlarven, was Frauen schaffen, vor allem aus ihren Kindern schaffen.

Ich will traurig sein, wenn ich in den Spiegel blicke und den Haß in meinen Augen entdecke. Und wenn ich lange genug darüber traurig war, wenn es lange genug weh getan hat, dann will ich auch die Liebe sehen, die hinter diesem Haß steckt. Die Liebe, ohne die es den Haß nicht geben würde.

Ich will stolz sein darauf, daß wir Frauen wenigstens noch fähig sind für diese Liebe.

Vielleicht auch offen für die Fragen:

– Wieviel Wahrheit verträgt der Mensch?
– Wieviel Wahrheit vertragen wir Frauen?

Ich hoffe: viel. Damit wir endlich Menschenfrauen werden.

Nachwort

Zugegebenermaßen sind die Mütter in diesem Buch nicht immer gut weggekommen. Aber wer von uns kommt schon gut weg, wenn er vor der eigenen Tür kehrt? Vor der Tür der Väter war nicht zu kehren. Diese Türen sind ohnehin zugeschüttet. Um so wichtiger erschien mir ein besserer Zutritt zur Welt der Mütter. Er könnte uns irgendwann in näherer oder fernerer Zukunft auch die Türen zu den Vätern öffnen.

Für den Blick in den eigenen weiblichen Spiegel plädiert auch die Psychoanalytikerin Margarete Mitscherlich. Selber Feministin, sieht sie Hoffnung vor allem in der Kritik am eigenen Geschlecht: »Wer sich als Frau dazu entschließt, seine Fähigkeit offen zu nutzen, selbständige Entscheidungen zu fällen, für Verhaltensänderungen bei sich und anderen zu kämpfen, seine Angst vor notwendigen Aggressionen zu überwinden, muß seine masochistische Unschulds- und Vorwurfshaltung aufgeben. Ich weiß, wie schwer das ist, aber ohne ein kritisches und selbstkritisches Aufbegehren gerade der Frauen kann und wird sich in dieser Gesellschaft nichts ändern.«

Daß sich in unserer Gesellschaft etwas ändern muß, läßt sich nicht leugnen. Wir alle stecken auf vielerlei Art und Weise schon viel zu sehr im Sumpf, als daß wir die Innen- und Außenweltverschmutzung weiter unbeachtet lassen könnten.

Die Beziehung der Geschlechter zueinander wird dabei eine

wichtige Rolle spielen. Für Frauen bedeutet dies: Schluß mit dem Selbstmitleid und auch Schluß mit dem Kampf gegen die Männer. Für die Männerwelt könnte es heißen, daß die eigene Verunsicherung nicht der neuen – ach so starken – Frau angekreidet wird, sondern daß die Wurzeln viel eher in einer falschen Vorstellung von Männlichkeit liegen.

Es sind Wurzeln, die wie andere, viel tiefer liegende Wurzeln des Geschlechterkampfes bei den Müttern zu suchen sind. Hilflose und unsichere Mütter erziehen unsichere Töchter, und diese werden wiederum zu hilflosen Müttern: Die Schlange beißt sich in den Schwanz. Und sie beißt jetzt auch die Männer. Darum müssen wir, wenn es um neue Wege für Frauen und Männer geht, um einen Ausweg aus der Krise schlechthin, wohl oder übel bei den Müttern anfangen:

- auch wenn man dabei zuerst einmal in den Verdacht der Frauenfeindlichkeit gerät;
- auch wenn es so aussieht, als ob man die Fehler der Männerwelt entschuldigen wollte;
- auch wenn es schwerfällt, die Person zu kritisieren, die uns als erste liebte, manchmal vielleicht als einzige.

Dabei geht es nicht um Urteile, nicht einmal um endgültige Antworten. Weil es diese nicht gibt, nicht geben kann. Gerade in einer Zeit, in der ohnehin ein jeder alles besser weiß, in der Experten und Ratgeber die Lebensgestaltung des einzelnen übernommen haben, sind Fragen vielleicht der einzige noch gehbare Weg.

Dieses Buch versteht sich als eine Ansammlung vieler Fragen – und als Aufforderung, das Fragen neu zu lernen. Weil neue Fragen neue Antworten bedeuten und weil das Eingeständnis eigener Fehler die von anderen verständlicher macht.

Gerade der immense Berg an Schmalz, der um den Mythos

Mutterschaft aufgehäuft wurde, erfordert neue Fragen und neue Antworten. Und der Mythos ist es, der uns darauf hinweist, daß die Befreiung der Geschlechter und ein größeres Selbstverständnis der Mütter nicht nur mit äußeren Rechten und innerem Erleben zu tun haben. Neben den Paragraphen und der Seelenforschung haben wir die Mythen vergessen, jene alten Bilder der Menschheit, die in unserem Unterbewußtsein ein mehr oder minder fröhliches Spiel treiben. Auf jeden Fall ein unbemerktes Spiel.

Wer von uns hat je das leidende Judenmädchen Maria für das Leiden so vieler Frauen und Mütter verantwortlich gemacht? Das Gegenteil ist der Fall: Leidende Frauen beten zur Gottesmutter um Hilfe und kämen nie auf die Idee, daß sie in ihrem Leiden dem großen Vorbild nacheifern. Welche Frau würde die Schmerzen bei der Geburt wenigstens zu einem Teil jenem männlichen Gott anlasten, der vor so viel tausend Jahren Eva mit dem Bannfluch »Du sollst in Schmerzen gebären!« belegte?

Die Geschichte der Benachteiligung der Frau und der Zwiespältigkeit von Müttern ist ebenso alt wie die Geschichte der Menschen überhaupt, und wir Frauen können sie nicht in wenigen Jahren vollständig ausradieren. Wir können uns aber dessen bewußt werden, daß es nicht nur ein Patriarchat gegeben hat, sondern auch ein Matriarchat; letztlich sollten wir aber vor allem an jenes legendäre Goldene Zeitalter denken, in dem Frauen und Männer Gleiche unter Gleichen waren.

Natürlich müssen wir uns dazu auch noch selber besser kennenlernen und die psychologischen Fallgruben aufdecken, in die beinahe alle Frauen stolpern. Wir müssen uns eingestehen, daß männliche Babys von Müttern immer noch anders behandelt werden als weibliche, daß es Eifersucht zwischen Müttern und Töchtern gibt, daß Mütter ihre unerfüllten Wünsche immer auf ihre Töchter übertragen: Vor allem aber müssen wir die zwiespältige Rolle der Mutter erkennen. Sie soll so vieles sein:

Hausfrau, Mutter, Geliebte, Partnerin – und dazu möglichst noch ein eigenes Leben führen, zu dem ein Beruf gehört.

In den Gelehrtenkämmerlein der Feministinnen diskutiert man seit Jahren über die Absurdität dieser Situation, genauso, wie sich Psychologinnen nach einem jahrzehntelangen Blick in die weibliche Seele jetzt auch ins Unterbewußtsein und in die Mythologie aufmachen. Die Normalmutter, die Normalfrau wagt es jedoch noch nicht, ihre Rolle in Frage zu stellen. Instinktiv weiß sie, wissen wir alle, wieviel dabei kaputtgehen könnte.

Wirf das hehre Bild der Mutterliebe vom Sockel, und du zerstörst eine Gesellschaft! Aber wieviel, so frage ich mich trotz allen Zweifeln, ist daran noch zu zerstören? Was haben die Frauen, die Mütter noch zu verlieren?

Wir Frauen haben uns zu lange Zeit daran vorbeigeschwindelt, daß es die Mütter sind, die sexistische Männer erziehen und untertänige Frauen. Wir können nicht länger eine weibliche Vogel-Strauß-Politik betreiben, den Kopf vor unseren eigenen Fehlern in den Sand stecken und die Schuld ausschließlich der anderen Seite zuschieben.

Ein altes Sufi-Sprichwort sagt: »Die Frucht der Furchtsamkeit: weder Gewinn noch Verlust.« Es könnte die einleuchtendste Erklärung für die derzeitige Krise der Frauenbewegung sein. Vielleicht denken wir deshalb auch an das hierzulande gebräuchlichere Sprichwort von den Scherben, die Glück bringen, und stoßen das letzte Tabu unserer Gesellschaft, das überlieferte Mutterbild, wirklich vom Podest, nicht ohne ihm einen neuen Platz einzuräumen, einen, der einer neuen Gesellschaft, einer neuen Frau und einem neuen Mann angepaßt ist.

Aber dazu brauchen wir mehr Verständnis!

So stand am Anfang dieses Buches der Wunsch nach mehr erfahrbarem Wissen. Meine Briefe an die Mutter – an alle Mütter – sollten soziologisches, psychologisches und kulturhistorisches Wissen mit der List der Belletristik durchschaubar machen. Zugegeben ein seltsamer Wunsch in einer wissenschaftlichen Welt, die so viel von abstraktem Wissen hält.

Aber der Scheuklappenverstand der ach so logisch denkenden Menschen hat einen seltsamen Schutzmechanismus: Er sieht stets nur die Spitze des Eisberges, zieht immer nur die nächstliegende Konsequenz. Wir kennen die Ergebnisse dieser Art zu denken: Es sind Atombomben, die gebaut werden, weil ihre Wirkung für den menschlichen Geist nicht vorstellbar und auch nicht nachvollziehbar ist.

Es gibt den hübschen Spruch: »Was der Bauer nicht kennt, ißt er nicht.« Er meint vielfach auch: Was er nicht kennt, existiert auch nicht. Inzwischen gibt es in unserer verschmutzten Umwelt nicht mehr allzu viele Bauern, und Städter essen international; wahrscheinlich aber geht man nicht fehl, wenn man, an dem Bauern anknüpfend, feststellt, daß Dinge, die dem Menschen nicht persönlich erfahrbar gemacht werden können, von ihm auch nicht verstanden werden: nicht die möglichen Folgen der Genmanipulation, der Experimente mit der menschlichen Erbmasse, deren katastrophale Folgen sogar die Atombombe in den Schatten stellen könnten, nicht die vielleicht noch schlimmeren Folgen der Umweltverschmutzung, die uns jetzt langsam, dafür um so schlimmer einholt.

Wir wissen davon, aber wir verstehen es nicht.

Erstaunlicherweise war es der Begründer der modernen Wissenschaft, der Franziskanermönch Roger Bacon, der 1267 in seinem *Opus maius* vor den Gefahren der reinen Logik warnte: »Es gibt zwei Formen des Wissens«, schrieb der größte Denker des Mittelalters, »Wissen durch Beweisführung und Wissen durch Erfahrung. Die Beweisführung führt zu Schlußfolgerungen und zwingt uns, diese anzuerkennen. Sie bringt jedoch weder Gewißheit, noch beseitigt sie Zweifel, so daß der Geist in der Wahrheit ruhen könnte, es sei denn, diese Gewißheit käme durch eine neue Erfahrung zustande.«

Es geht also um Erfahrung! Und es geht um eine neue Art des Denkens, die Intuition, Gefühle und Beteiligtsein als ebenso legitim ansieht wie die strenge Ratio.

Ohne diese neue Art zu denken, ohne neue Frauen und Männer, die ihre Probleme nicht nur kennengelernt, sondern auch verstehen gelernt haben, kommen wir alle nicht aus dem Debakel heraus, das wir uns gemeinsam beschert haben und darum auch nur gemeinsam lösen können.

Und dies – auch wenn es böse klingt – mit tatkräftiger Hilfe der Mütter. Schließlich sind sie die besten Steigbügelhalter der Männergesellschaft. Es sind Frauen, die ihre Töchter zu schwachen Frauen machen, zu Frauen, die wiederum die Sache der Frauen schwächen; und es sind Frauen, die ihre Söhne zu gefühllosen Ignoranten erziehen. Frauen machen ihre Söhne zu Arbeitstieren und ihre Töchter zu Frauen, die freiwillig die schlechtere Arbeit wählen. Sie sind es, dic das Wirtschaftssystem der Männer am Leben erhalten und damit das beste Werkzeug für die eigene Unterdrückung.

Ebenso, wie reines Wissen nicht ausreicht, um die Tragweite der Krise zu begreifen, in der die Menschheit steckt, wollen wir das Ausmaß der Mitschuld von Frauen und Müttern nicht begreifen. Dabei ist es höchste Zeit, an die eigene Brust zu klopfen, eigene Fehler einzugestehen – und zu betrauern –, um dann den einzig möglichen Schritt in die Zukunft zu machen, nämlich den zu einem neuen Menschen. Doch dieser braucht eine neue Art von Mutter, eine, die sich selbst akzeptiert hat und ihr Frausein in einem neuen Licht sieht.

Für den französischen Surrealisten Louis Aragon ist die Frau »nicht nur die Zukunft des Mannes«, und er schneidet damit eine Thematik an, die alle Bereiche des Lebens betrifft:

– ein Wirtschaftssystem, das in den letzten Atemzügen liegt, weil es ausschließlich auf künstlicher Nachfrage aufgebaut ist;

- eine Wissenschaft, die im Namen des Menschen an seinen wirklichen Bedürfnissen vorbeiforscht;
- eine Kunst, die zwar Hochkultur ist, der aber das Geheimnis jeder Kunst, nämlich der Sinn, fehlt;
- eine Politik, die von Männern gemacht wird, deren Droge die Macht ist;
- eine Religion, die nicht mehr Verbindung zum Geheimnisvollen ist, sondern Krücke für unsere Schwächen;
- vor allem aber einen Alltag, der Lieblosigkeit uns selbst gegenüber bedeutet, gegenüber den Mitmenschen und gegenüber der Natur.

Das Zeugnis, das wir uns ausstellen können, sieht schlimm aus, und die Mütter von morgen sollten es sich genau ansehen, denn die Frauen sind in der Tat nicht nur die Zukunft des Mannes, sondern könnten auch das Schicksal dieser Erde bestimmen. Die Schriftstellerin Anaïs Nin formulierte dies schon vor Jahren: »Ich will eine andere Welt, eine Welt, die nicht dem Machthunger entspringt, der für den Mann charakteristisch ist und der Krieg und Ungerechtigkeiten verursacht. Wir müssen eine neue Frau schaffen!« Anaïs Nin kannte auch die einzige Möglichkeit, dies zu tun: »Und ich wünsche so sehr, daß die Frau dies tut – daß sie anfängt, eine andere Art von Frauen zu formen, eine andere Welt ...«

Wie sie wohl aussehen wird, diese Welt? Vielleicht können wir sie uns annähernd vorstellen, wenn wir den weiblichen Beitrag zur gegenwärtigen Krise unter die Lupe nehmen. Es waren und sind auch und vor allem die Bedürfnisse der Frauen, die uns zu Kindern dieses Industriezeitalters machen. Das Frommsche Haben erlernt das Kind schon im Gitterbett, vom Sein erfährt der Mensch manchmal nie etwas. Dabei könnte dieses »Sein« – so einfach es klingt – viele Probleme mit einem Schlag lösen. Sein, wirkliches Sein, bedeutet auch Liebe, und wirkliche Liebe zu sich selbst ist im Anklang an das Jesus-Wort auch Liebe zu den Mitmenschen, zur Umwelt.

Darum brauchen wir andere Frauen für unsere Wirtschaft, für die Kunst, die Kultur, für Politik, Religion und für unsere Umwelt! Frauen, die sich nicht von der Werbung manipulieren lassen und so künstliche Industrien schaffen; Frauen, die wieder etwas mit ihrer Freizeit anzufangen wissen und Bildung als ein mögliches Kulturgut von morgen ansehen – ein Konsumgut, das nicht unsere Bäche verschmutzt und die Luft vergiftet. Wir brauchen die Intuition und die Phantasie von Frauen in den Chefetagen und in den Familien. In diesen brauchen wir mehr Väter, Väter, die von guten Müttern zu solchen gemacht wurden. Vor allem aber brauchen wir verschiedenste Lebensformen, die Mann und Frau nicht in abstrakte Rollen pressen. Wir müssen die Kunst und die Kultur wieder aus den Museen holen, um sie in Lebenskunst zu verwandeln. Es gilt, Hölle, Strafe und einen rachedurstigen Gott durch einen liebenden zu ersetzen, der überall und in allem zu entdecken ist.

Daß es für dieses »Jetzt« bereits fünf Minuten vor zwölf ist, wissen wir spätestens, wenn wir einen Blick auf die Politik tun. Wenn es stimmt, daß ein Volk immer die Herrscher hat, die es verdient, sollten wir uns zuerst schleunigst selber ändern. Der Wunsch »Mehr Frauen in die Politik« ist längst überfällig, aber auch er garantiert keinen Erfolg. In zu vielen Fällen ist seine Erfüllung nur ein Beispiel dafür, daß der Weg der Frau, in der Männerwelt männlicher als männlich zu sein, der falsche ist. Die Damen, die bislang die Bretter der hohen Politik erklommen haben, waren in negativer Hinsicht der eindeutige Beweis dafür, daß der Unterschied zwischen Mann und Frau nicht allzu groß ist. Auch wenn ein weiblicher Premier Kinder hat, scheint dies kein Hindernis dafür zu sein, anderer Leute Kinder in einem Krieg hinmetzeln zu lassen.

Daneben stellt sich die Frage, ob dem französischen Kulturphilosophen Roger Garaudy widerspruchslos beizupflichten ist, der sich Hoffnung ausschließlich vom »schwachen« Geschlecht verspricht. Er gibt den Forderungen nach Gleichberechtigung einen neuen Sinn und malt ein düsteres Zukunftsbild an die Wand: »Ohne eine Feminisierung der sozialen Beziehungen kann es geschehen, daß der Roman der Menschheit nach drei Millionen Jahren im Schiffbruch endet.« Der Schiffbruch ist in Aussicht, die Feminisierung der Welt nach Jahrtausenden voller Herrschaft und Aggression mag Rettung in letzter Not sein.

Oder ist es wieder einmal nur das übliche Extremdenken eines scharfen Verstandes?

Wir sehen nur: hier Mann, dort Frau – und reagieren darauf ähnlich eingleisig. Auf das Matriarchat folgte das Patriarchat, und heute wird wieder auf eine Feminisierung gedrungen. Aber was bedeutet Feminisierung, was bedeutet feminin?

In den fünfunddreißig Briefen über Mütter, Töchter und mögliche Söhne wurden viele weibliche Tugenden als nicht ganz so tugendhaft entlarvt. »Ich habe Haß gefunden, wo mir Liebe gelehrt wurde, verschlossene Ohren und Augen, wo wir beide öffnen sollten ...« steht in einem dieser Briefe. Darum sollten wir mit dem Begriff »feminin« vorsichtiger umgehen, sollten ihn vielleicht auch mit den Worten Karen Horneys, der Leitfigur der feministischen Psychoanalyse, hinterfragen, die zu diesem Thema meint: »Je mehr wir unsere Konflikte bewältigen und eigene Lösungen finden, desto mehr gewinnen wir innere Freiheit und Stärke.«

Echte innere Freiheit könnte unsere Augen und Ohren wieder öffnen dafür, was Einfühlsamkeit und Mitleid bedeuten, vor allem aber jenes Verstehen, das den Haß in Liebe umwandeln würde. Es wären nicht mehr die Liebe und das weibliche Mitgefühl, die heute als feminin gelten und jenen dienenden Beigeschmack haben, der Untertänigkeit signalisiert.

Die neue Stärke, geboren aus der Bewältigung eigener Fehler, würde Lebendigkeit bedeuten, innere Spontaneität, die allen unseren Beziehungen eine andere Qualität gibt.

Man mag dieses neue Denken, das aus der inneren Selbstsicherheit jedes einzelnen entspringt, feminin nennen, ich würde es lieber »ganzheitliches Denken« nennen. Es wäre jenes umfassende Bewußtsein, das die kleine Welt jedes einzelnen und unsere gemeinsame große Welt ändern könnte. Es wäre das Denken jenes ganzen Menschen, den wir so dringend brauchen und der sowohl Weiblichkeit wie Männlichkeit in sich vereinigt, jene Utopie, die sowohl der Traum der Zukunft als auch der Vergangenheit ist. Ein Traum, der von den Kindern von morgen verwirklicht werden könnte.

Aber dazu brauchen wir andere Mütter und keine Frauen, die selber enttäuscht wurden und diese Enttäuschung als Teufelserbe weitergeben: die Erbsünde der Mutterschaft.

Was uns immer noch dringend abgeht, ist jenes bessere Verständnis für die Schlüsselfigur Mutter, das Licht auf alle anderen Probleme werfen könnte: auf weibliche, männliche und sogar auf globale.

Mit Emanzipiertheit allein ist es längst nicht mehr getan! Wir brauchen neue Frauen, neue Mütter, die das Schicksal dieser Erde bestimmen werden. Frauen, welche die Gitterstäbe ihres Geschlechtsgefängnisses durchbrechen, um Menschenfrauen zu werden. Sie sind es, welche die Männer von morgen erziehen, die auch mütterlich sein sollten, die Frauen, die väterlich sein dürfen – die Menschen von morgen.